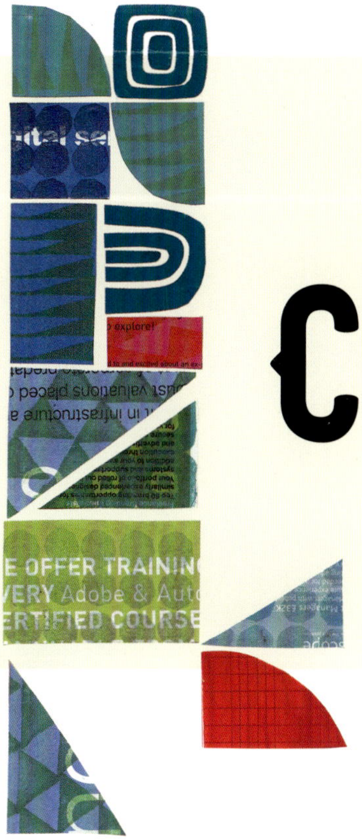

CLARE YOUNGS

COLLAGEN

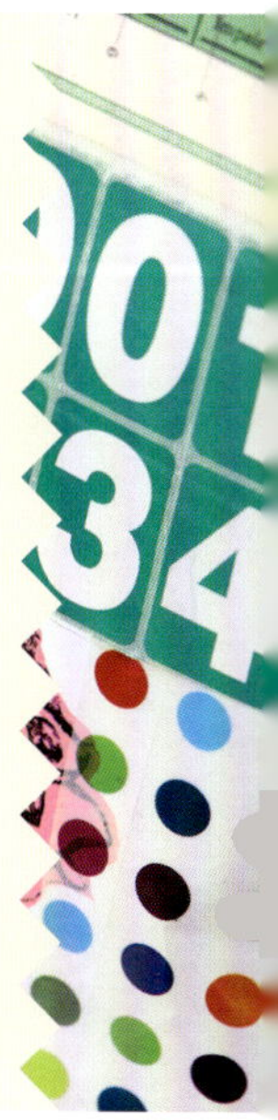

Haupt
GESTALTEN

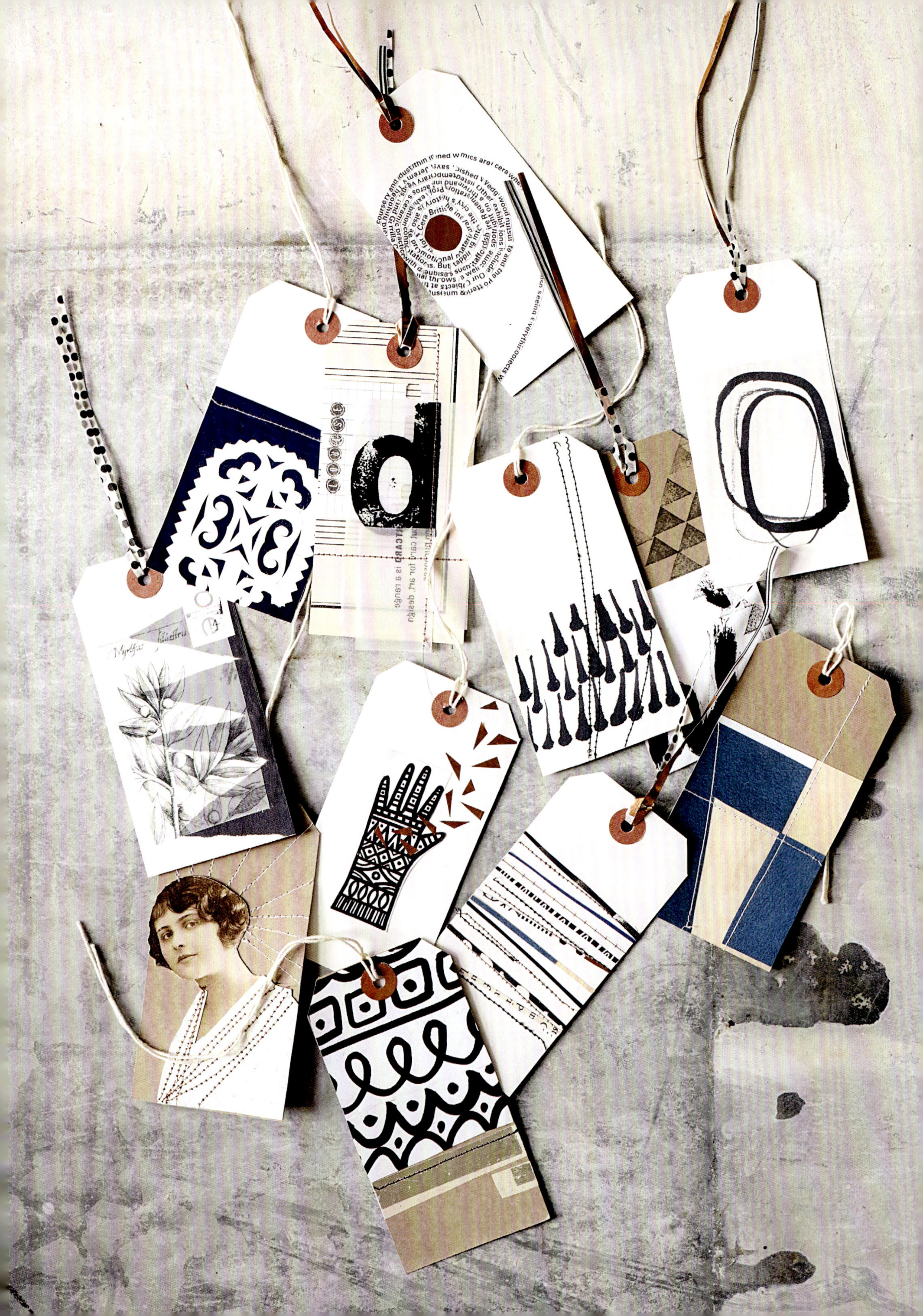

CLARE YOUNGS

COLLAGEN

30 PROJEKTE

FÜR WANDKUNST, BRIEFPAPIER, WOHNACCESSOIRES UND MEHR

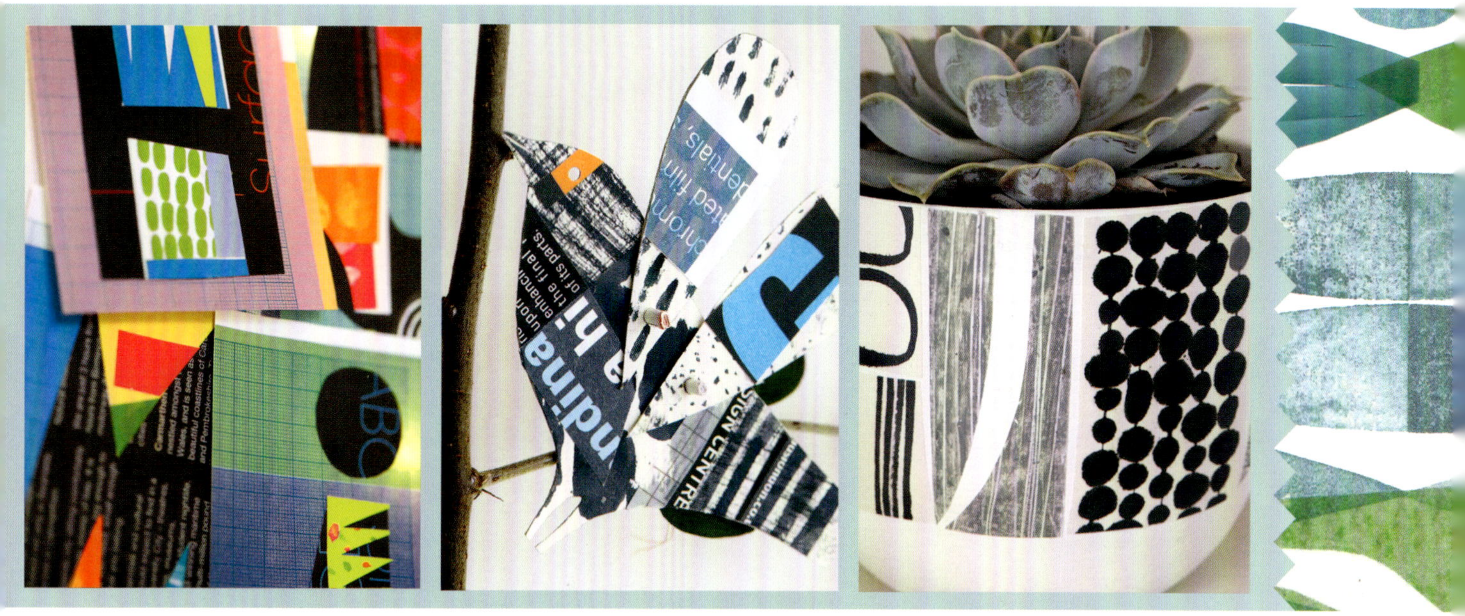

Haupt Verlag

Die englischsprachige Originalausgabe erschien 2017 unter dem Titel *Creative Collage* bei CICO Books, einem Unternehmen von Ryland Peters & Small Ltd, New York.

Aus dem Englischen übersetzt von Nina Loose, D-Düsseldorf
Redaktion der deutschsprachigen Ausgabe: Ute Orth, D-Freiburg
Satz der deutschsprachigen Ausgabe: Die Werkstatt Medien-Produktion GmbH, D-Göttingen
Umschlaggestaltung der deutschsprachigen Ausgabe: Silversign GmbH, CH-Bern
© Hintergrundmuster Umschlag: Fotolia.de

Printed in China
Um lange Transportwege zu vermeiden, hätten wir dieses Buch gerne in Europa gedruckt. Bei Lizenzausgaben wie diesem Buch entscheidet jedoch der Originalverlag über den Druckort. Der Haupt Verlag kompensiert mit einem freiwilligen Beitrag zum Klimaschutz die durch den Transport verursachten CO_2-Emissionen und verwendet, wann immer möglich, nachhaltiges FSC-Papier.

Diese Publikation ist in der Deutschen Nationalbibliografie verzeichnet. Mehr Informationen dazu finden Sie unter http://dnb.dnb.de

ISBN 978-3-258-60186-1

Der Haupt Verlag wird vom Bundesamt für Kultur mit einem Strukturbeitrag für die Jahre 2016–2020 unterstützt.

Wünschen Sie regelmäßig Informationen über unsere neuen Titel zum Gestalten? Möchten Sie uns zu einem Buch ein Feedback geben? Haben Sie Anregungen für unser Programm? Dann besuchen Sie uns im Internet auf www.haupt.ch. Dort finden Sie aktuelle Informationen zu unseren Neuerscheinungen und können unseren Newsletter abonnieren.

www.haupt.ch

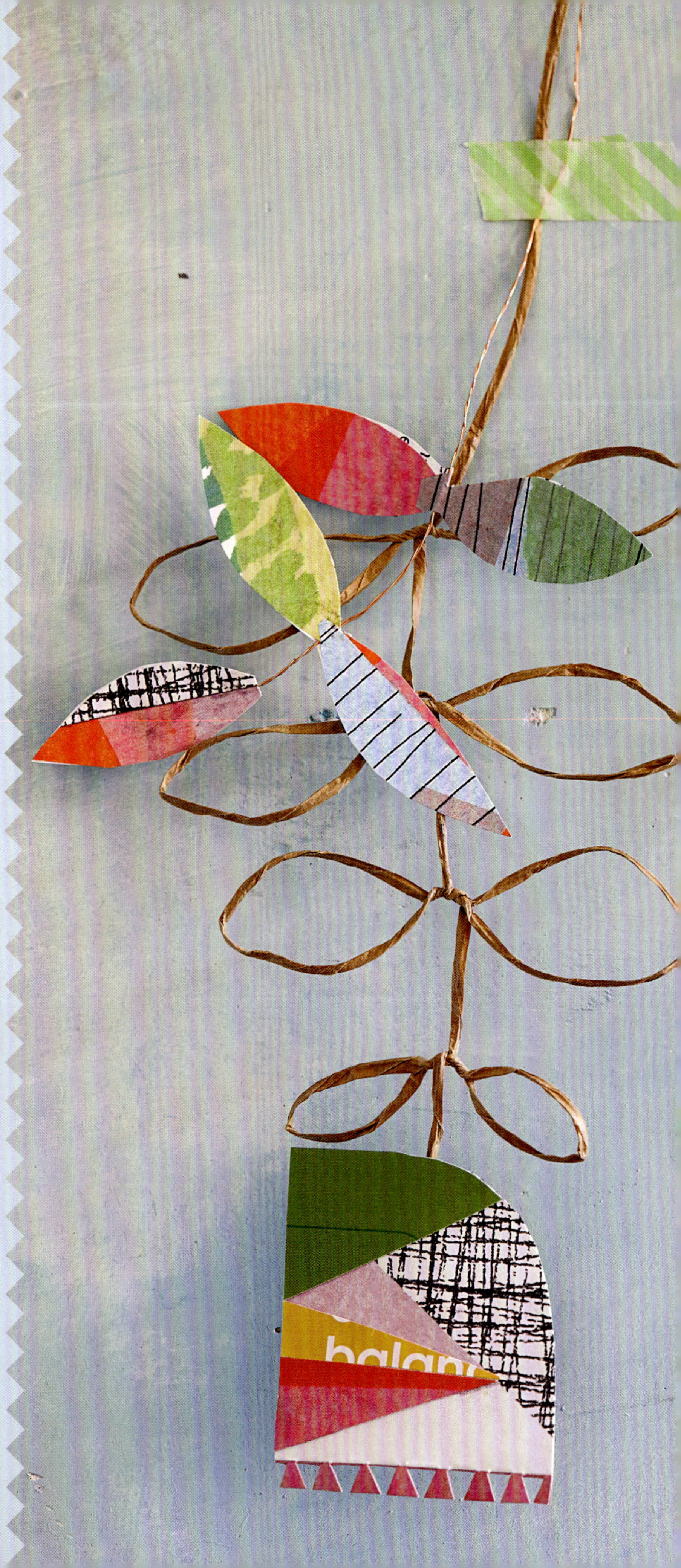

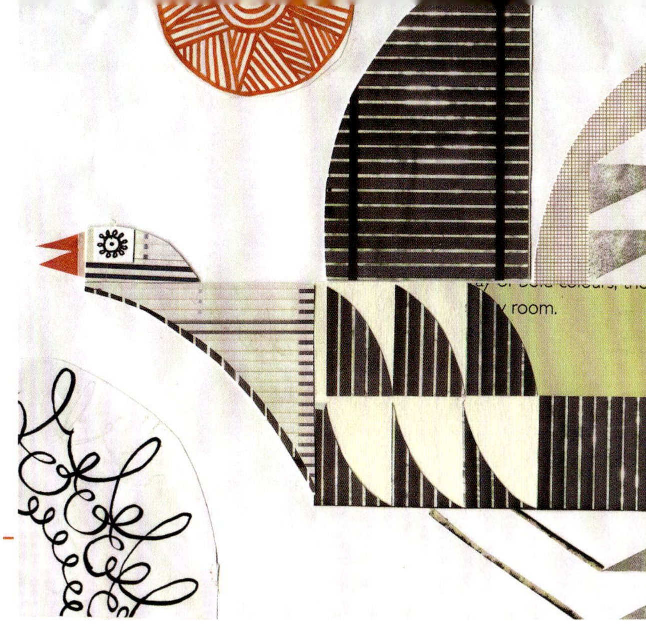

INHALT

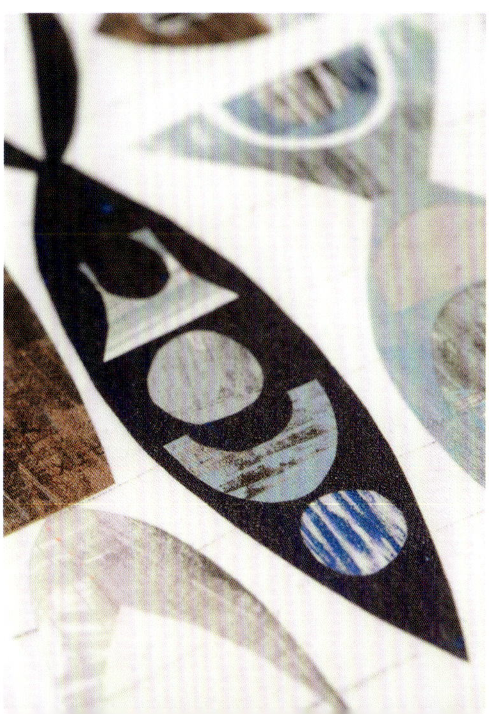

EINLEITUNG

Schon als Kind hatte ich eine Leidenschaft für Papier, und noch heute ist die Collage für mich eine unglaublich kreative Technik. Im Alter von sieben Jahren gewann ich mit einer Igel-Collage einen Wettbewerb. Seitdem bin ich ein großer Fan von Collagen. Zuletzt stellte ich mich der Herausforderung, **jeden Tag eine Collage** anzufertigen – ein 100-Tage-Projekt auf Instagram. Wenn man zur Schere greift, die Papierschnipsel immer wieder neu arrangiert und festklebt, entsteht daraus eine **ausdrucksvolle** Kunst, die **befreiend** wirkt und jede Menge Spaß macht!

Als Inspiration dienten mir schon immer große Künstler, die sich ebenfalls der Collage verschrieben haben. Obwohl diese Technik so alt ist wie das Papier selbst, das etwa 105 n. Chr. in China erfunden wurde, tauchte der Begriff „Collage" erstmals Anfang des 20. Jahrhunderts in Verbindung mit Georges Braque und Pablo Picasso auf. Damals gehörte die Collage-Technik zum Repertoire der modernen Kunst. Ich liebe z. B. die Werke von Peter Blake, der das Plattencover zu „Sgt. Pepper's Lonely Hearts Club Band" von den Beatles mitgestaltete – ein weltberühmtes und sehr anschauliches Beispiel für Collagen. Seine spezielle Art, zu collagieren und Ephemera zu verarbeiten, finde ich sehr faszinierend. Ich selbst sammele seit Jahren die Etiketten alter Streichholzschachteln – mittlerweile sind es Tausende – und verwende sie in meinen Collagen. Matisse kreierte seine besten Kunstwerke gegen Ende seines Schaffens aus Scherenschnitten. Er nannte diese Technik „Zeichnen mit der Schere" – ein wundervoller Ausdruck!

Die Collage ist eine Kunstform für jedermann. Sie kostet nicht viel, man braucht nur wenige Materialien, sie macht den Kopf frei und erzeugt jede Menge kreative Energie, von der Sie überrascht sein werden. Die besten Collagen entstehen, wenn Sie sich einfach dem kreativen Flow hingeben.

In diesem Buch erkläre ich Ihnen zunächst die ersten Schritte: wie Sie von Hand bemaltes Papier herstellen können oder wie Sie Bildmaterial und Ideen sammeln, um daraus rasch ein paar Collagen zu zaubern. Sie können direkt einsteigen, die vielfältigen Möglichkeiten der Collage-Technik kennenlernen und sich anschließend, im zweiten Teil des Buchs, konkrete Tipps holen, wie Sie Ihre Kunstwerke präsentieren bzw. Ihre Collagen in verschiedene Projekte integrieren. Schritt für Schritt erfahren Sie, wie Sie eine alte Kommode aufmöbeln, wie eine Collage auf ein Kissen gelangt oder wie das Collagieren auf Holz funktioniert. Die einzelnen Projekte in diesem Buch können Sie auch kombinieren. Vielleicht wollen Sie eine bestimmte Idee für mehrere Projekte nutzen oder Ihre Collagen – statt sie weiterzuverwenden – lieber einrahmen. Möge dieses Buch Sie inspirieren und Ihnen meine Leidenschaft für das „Zeichnen mit der Schere" nahebringen. Möge es Ihnen das nötige Selbstvertrauen geben, um Collagen zu kreieren, die ebenso einzigartig sind wie Sie selbst.

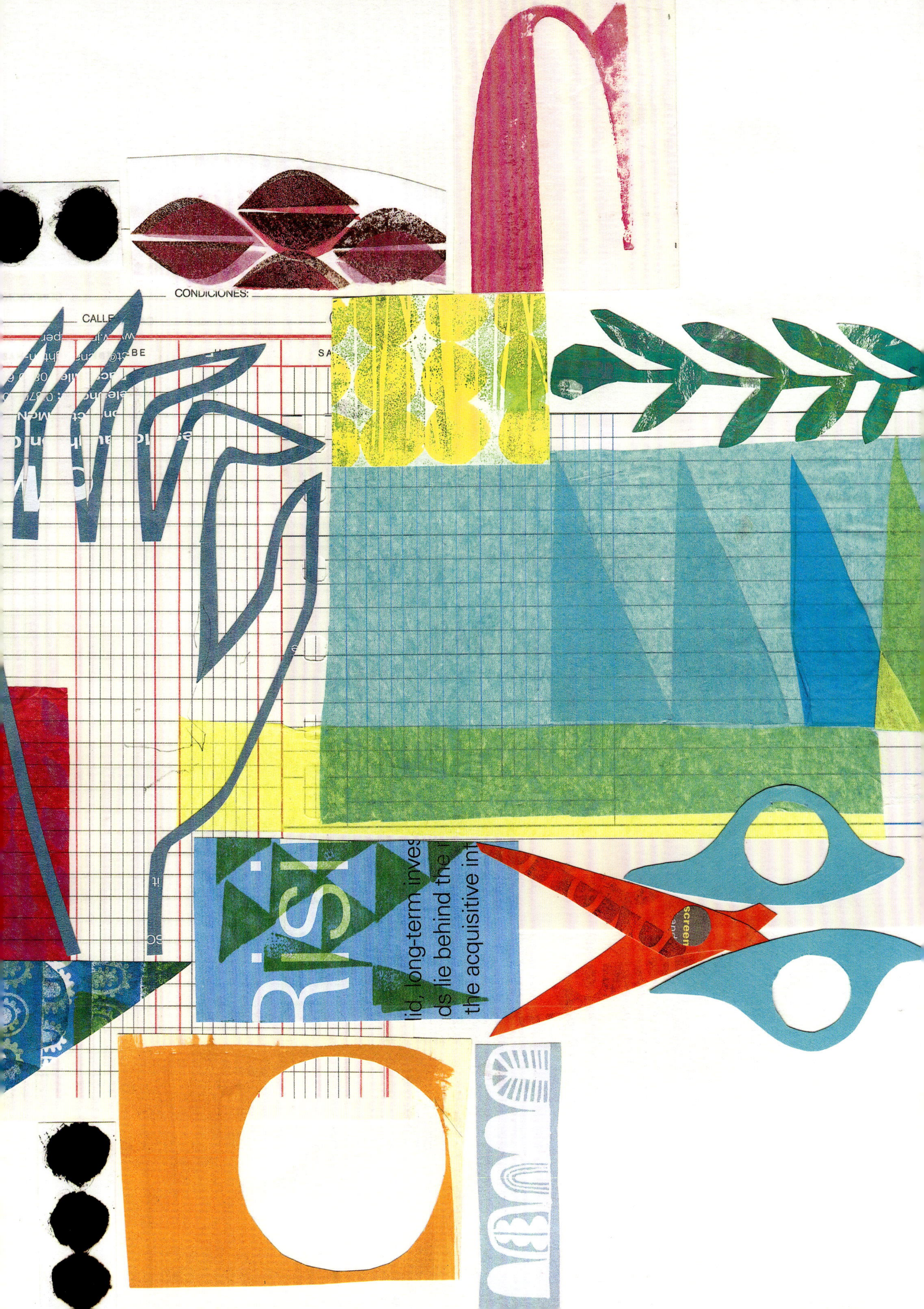
CONDICIONES:
CALLE
lid, long-term inves
ds lie behind the
the acquisitive int
screen

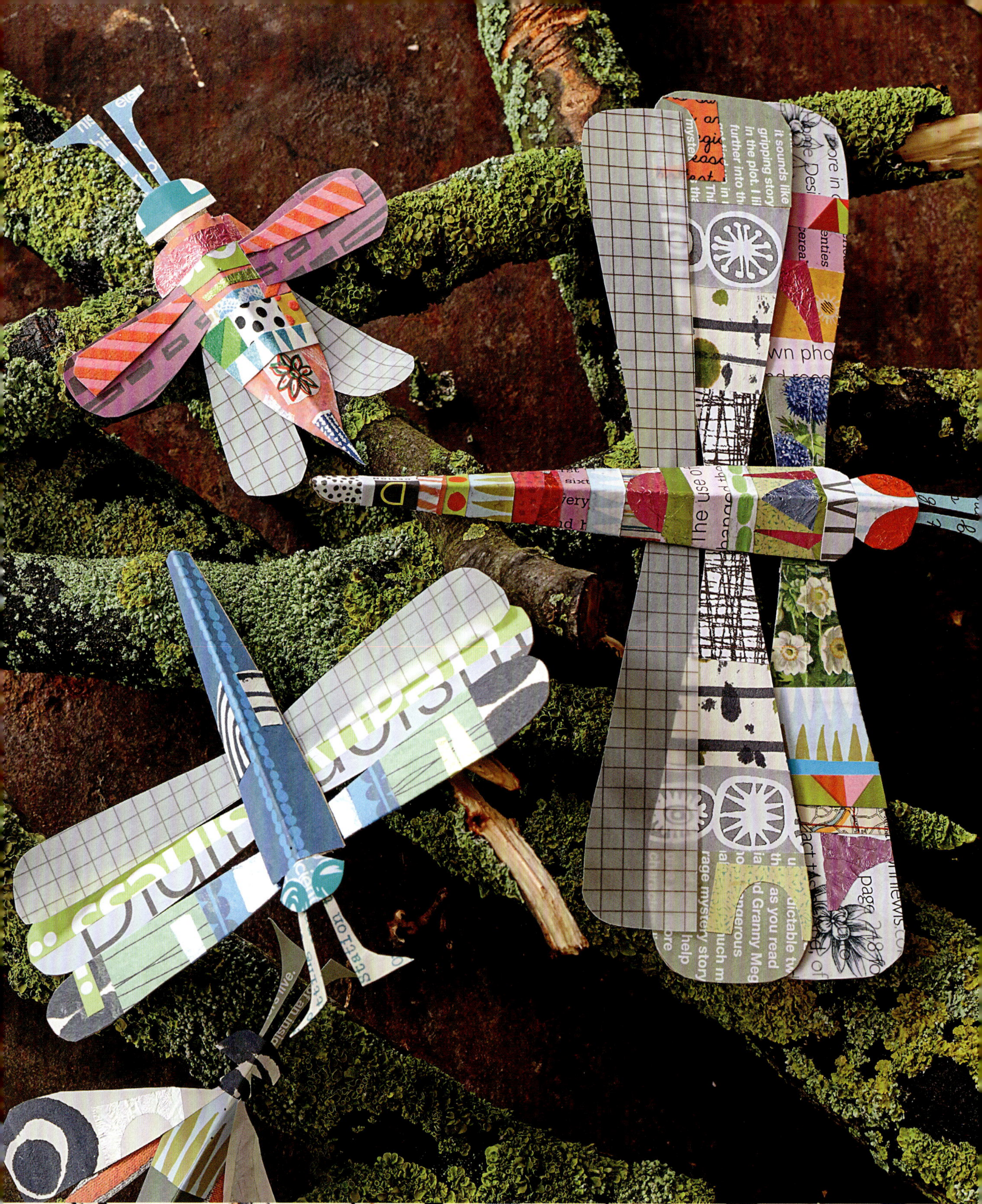

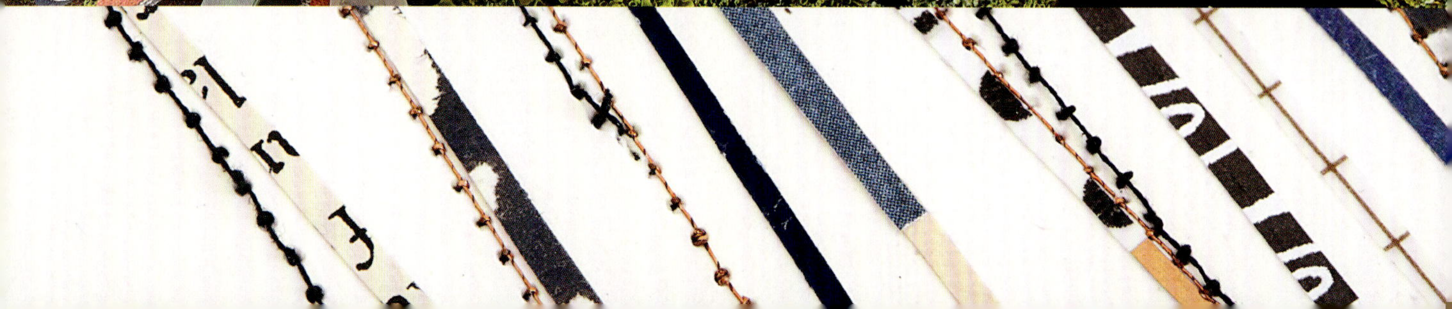

KAPITEL EINS

ERSTE SCHRITTE

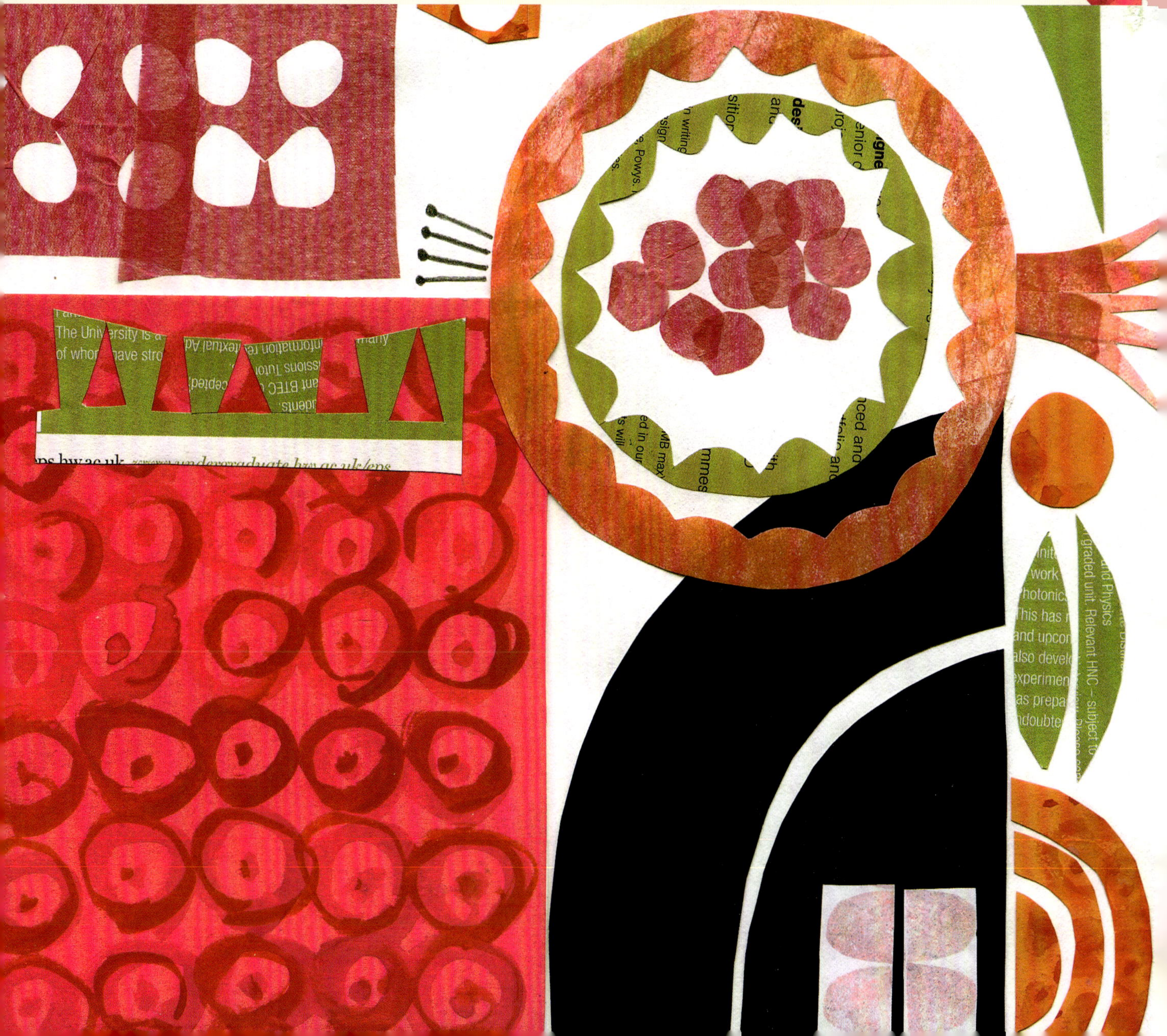

WERKZEUGE & GRUNDTECHNIKEN

Um eine Collage herzustellen, brauchen Sie nicht viel mehr als **Papier**, **Schere** und **Klebstoff**. Für die Projekte in diesem Buch habe ich allerdings eine große Auswahl an Papier – **und sogar an Stoff** – vorgesehen, um möglichst viele verschiedene Effekte zu erzielen.

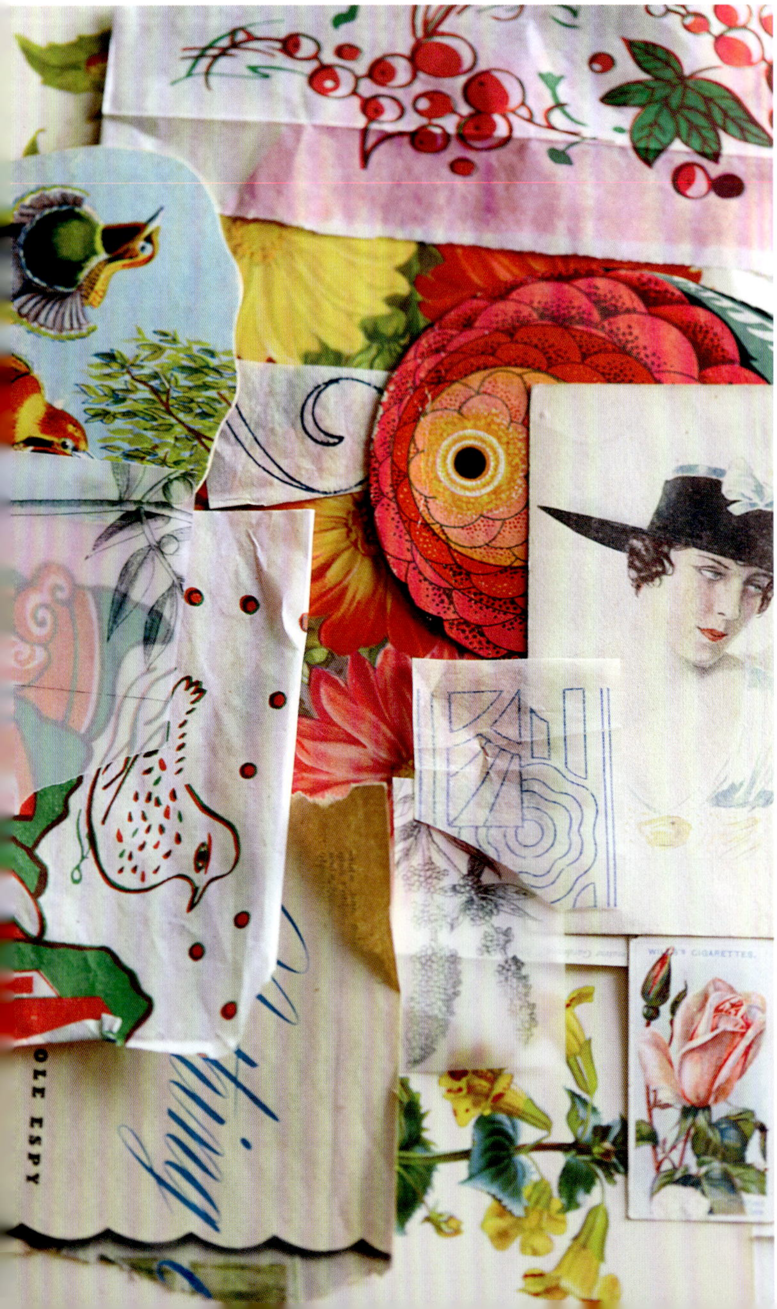

PAPIER

Sie können eine Vielzahl unterschiedlicher Papiersorten verwenden: bemaltes Papier; Packpapier, mit und ohne Muster; Ausschnitte (aus alten Büchern, Zeitschriften oder Landkarten, von Postkarten sowie Fotografien oder Geschenkpapier), Transparentpapier, kariertes oder liniertes Papier, weißes Druckerpapier, Zeichenpapier, weißes Tonpapier oder auch Graukarton.

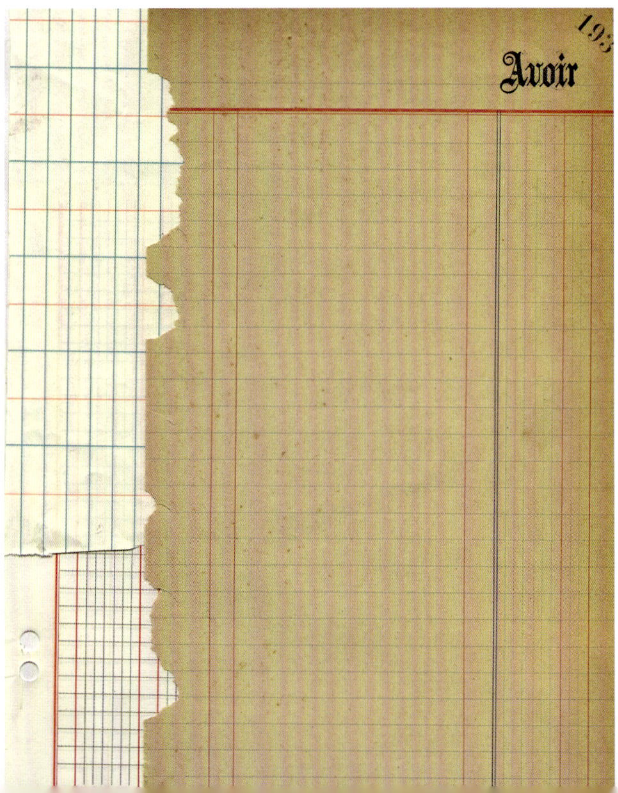

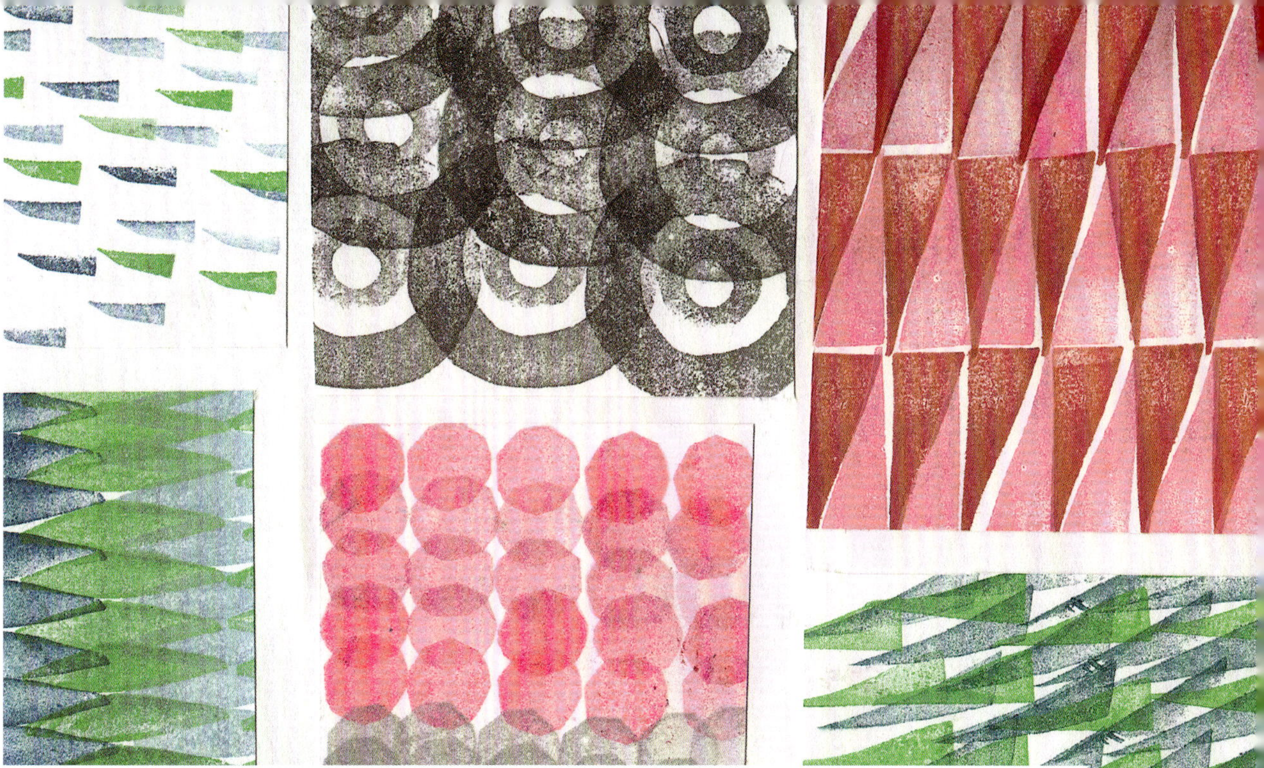

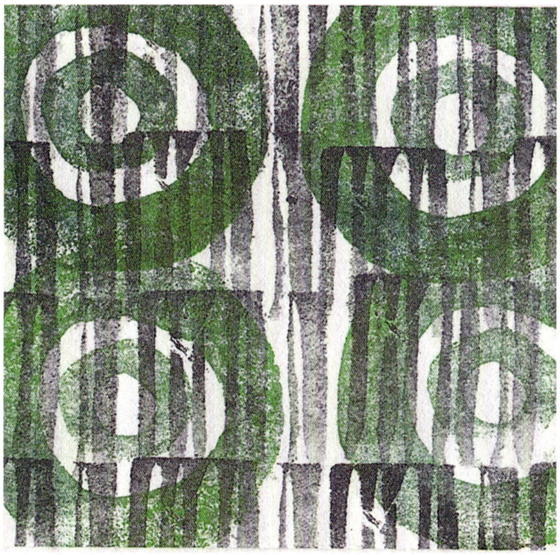

BEMALEN UND KOLORIEREN

Ihre selbst gemachten Collagen können Sie nach Belieben verzieren: Entweder bemalen Sie Ihr Papier von Hand oder bedrucken es mit einem Motivstempel. Für die Kolorierung verwende ich meist Gouache, aber Acryl- oder Aquarellfarbe ist ebenso geeignet. Zum Auftragen der Farbe verwenden Sie am besten alte Malpinsel. Und auch mit Ölkreiden, Zeichenstiften, Tinte oder Filzstiften lassen sich interessante Effekte erzeugen.

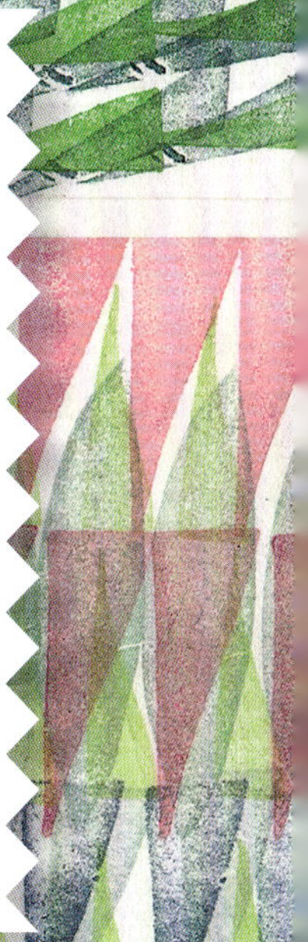

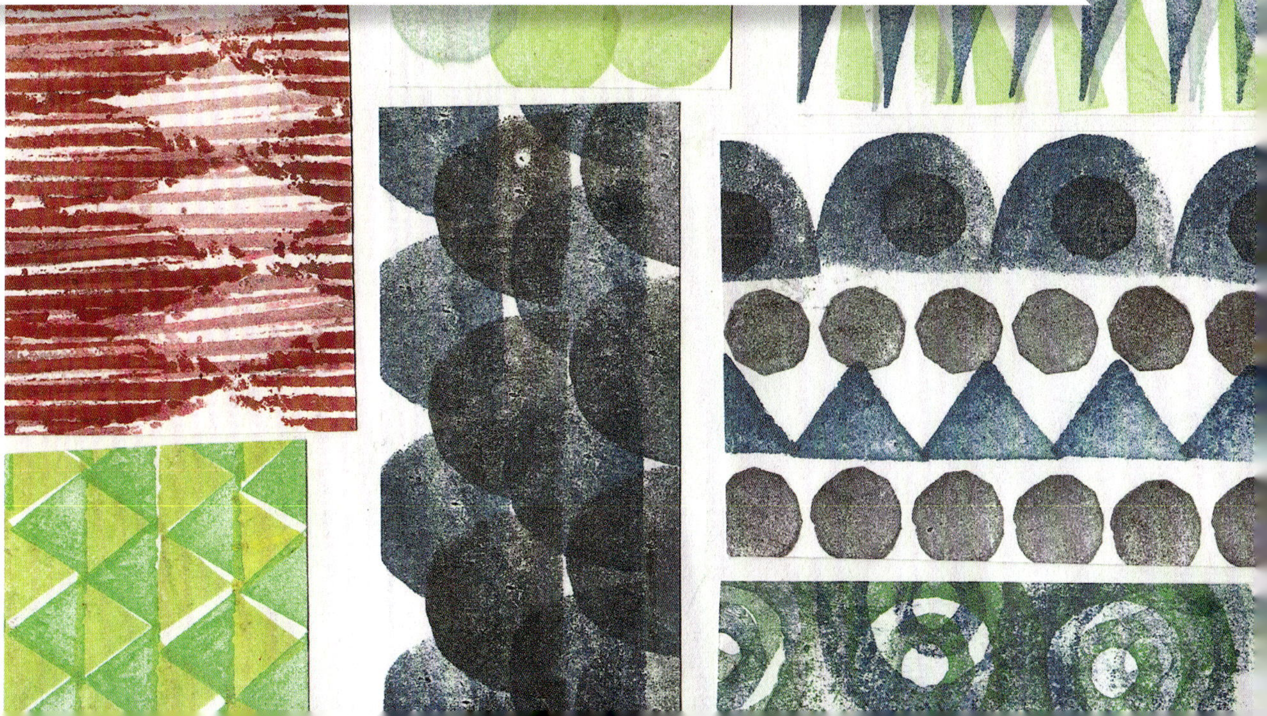

GUMMISTEMPEL

Gummistempel eignen sich hervorragend für Verzierungen. Schneiden Sie einfache Formen aus einem Radiergummi oder aus Gummiplatten, die Sie im Bastelbedarf bekommen. Für den Zuschnitt der Grundform verwenden Sie ein Cuttermesser, für feine Linien, Striche und Punkte spezielles Linolschnitt-Werkzeug.

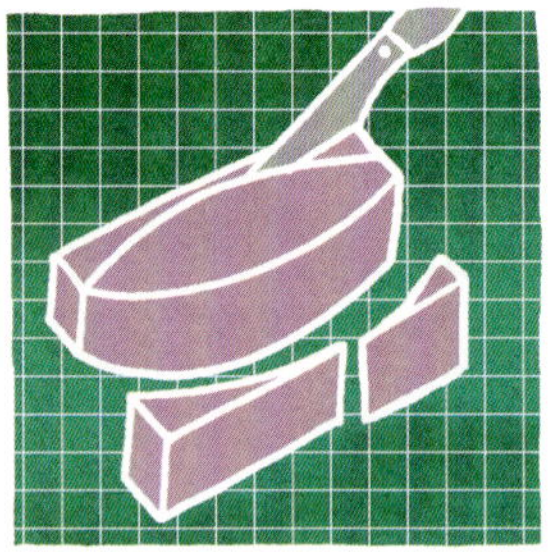

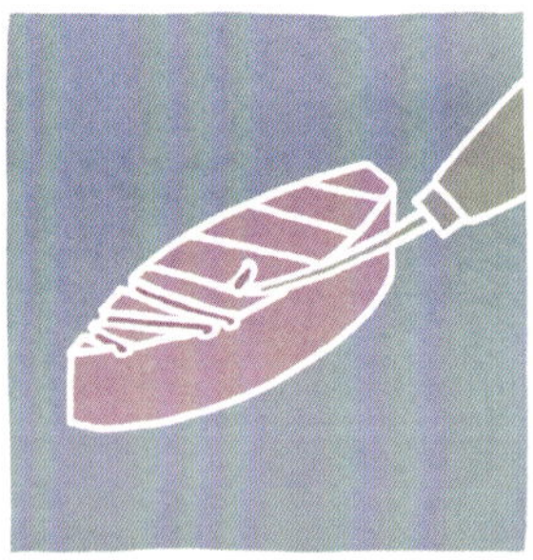

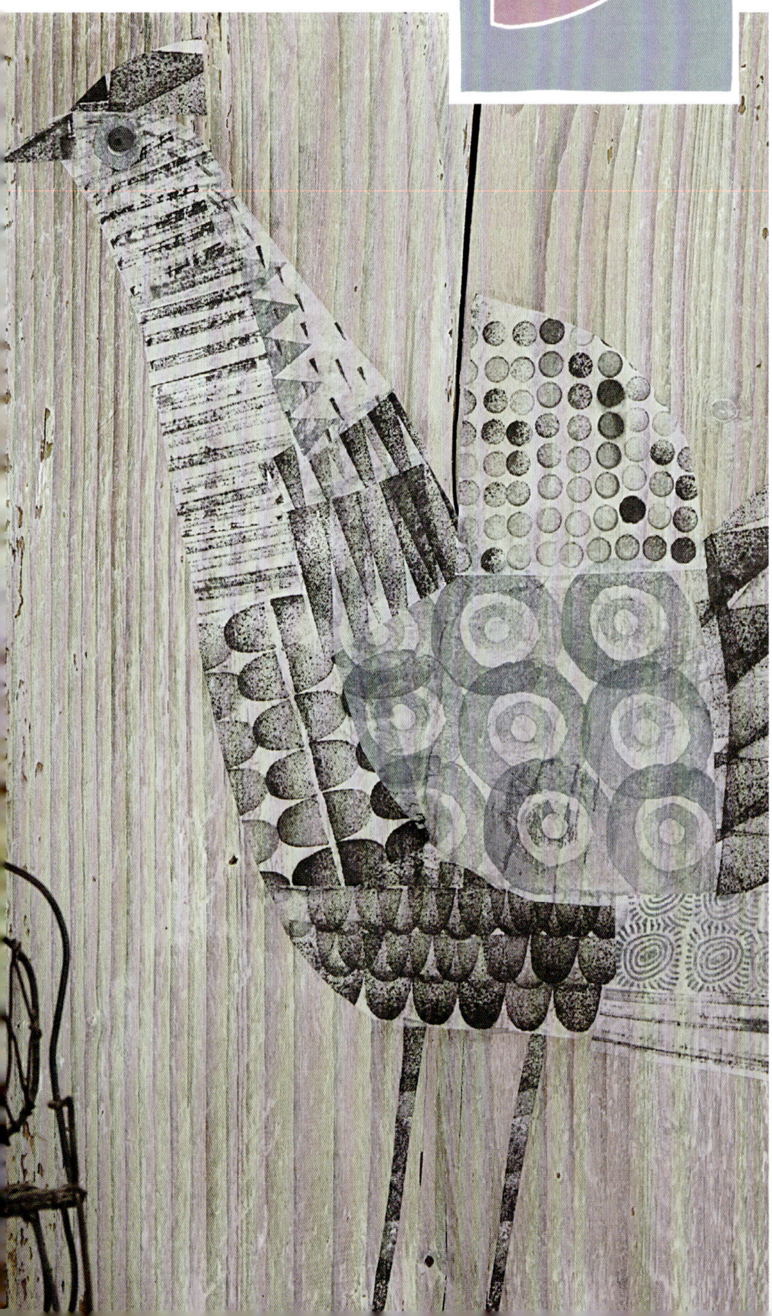

MASS NEHMEN

Zum exakten Ausmessen Ihres Materials eignen sich ein spitzer Bleistift und ein Metalllineal. Ecken und Winkel lassen sich exakt mit einem Zeichenwinkel bzw. Geodreieck einzeichnen.

SCHNEIDEN UND EINRITZEN

Für filigrane Arbeiten benutze ich am liebsten eine kleine Bastelschere mit schmalen, spitzen Blättern. Um Karton oder andere feste Materialien zu schneiden, brauchen Sie eine größere Schere. Für viele Projekte verwende ich auch ein Skalpell oder Cuttermesser. Dabei sollte die Klinge stets scharf sein und Sie sollten niemals ohne Schneidematte arbeiten. Für gerade Schnitte benutzen Sie ein Metalllineal und fahren, ohne abzusetzen, mit der Klinge daran entlang. Bei einigen Projekten müssen Sie das Papier nur mit einem Falzbein oder einem stumpfen Messer leicht einritzen, um später eine saubere Falzlinie zu erhalten.

FIXIEREN UND KLEBEN

Kreppband brauchen Sie z. B., um beim Herstellen einer Schablone das Transparentpapier zu fixieren. Klebstoff verwende ich – je nach Projekt – in verschiedenen Varianten, meistens aber als Stift. Besorgen Sie sich am besten einen transparenten Kleber, denn dieser verschmiert seltener. PVA-Klebstoff ist ein guter, klar auftrocknender Alleskleber und ideal geeignet, um Seidenpapier zu kleben. Dazu wird der Kleber leicht verdünnt auf die Oberfläche der Collage aufgetragen und das Seidenpapier darübergelegt. Falls Sie Sprühkleber verwenden, sollten Sie genau nach Anleitung vorgehen. Bei einigen Projekten habe ich Acrylmedium als Malmittel benutzt. Sie können es ebenso gut als Klebstoff verwenden oder damit die Oberfläche Ihrer Collage versiegeln.

DAS PERFEKTE FINISH

Streichen oder rollen Sie mit einem Falzbein bzw. einer Druckwalze über Ihre Collage, um die Oberfläche zu glätten. Dekorieren können Sie sie mit Washi-Tape, wenn Sie Ihr Werk an der Wand befestigen oder mit einem Rahmen versehen wollen.

PAPIER SELBST GESTALTEN

Von Hand kreiertes Papier ist ein wichtiger Bestandteil meiner Collagen. Durch seine **Farben, Textur und Lebendigkeit** wird eine gewöhnliche Collage zu einem einzigartigen Kunstwerk. Damit können Sie Ihre Collagen individualisieren und dabei Ihren ganz persönlichen Stil entwickeln. Vertrauen Sie sich einfach dem Stift oder Pinsel an. Im Nu entsteht eine Auswahl an unterschiedlichen dekorativen Papieren, die Sie beliebig zuschneiden und in Ihre Collagen einarbeiten können.

GOUACHE

Am liebsten arbeite ich mit Gouache. Sie wird in zahlreichen schönen Farben angeboten und kann durch Mischen oder Verdünnen jede erdenkliche Nuance annehmen. Ich verbringe Stunden damit, leere Blätter mit ebenmäßigen Farbfeldern zu versehen, nur um sie anschließend zu zerschneiden, oder ich bemale sie mit den unterschiedlichsten Mustern – mit Streifen, Punkten, Klecksen und Gitterstrukturen. Zu diesem Zweck habe ich immer ein paar ausgediente Pinsel zur Hand, mit denen sich wunderschöne Effekte erzielen lassen. Wenn Sie die Borsten beim Malen z. B. zusammendrücken und dann wieder auseinanderspringen lassen, entsteht ein interessantes Muster, oder Sie verwenden ein dickflüssigeres Farbgemisch, um unterschiedliche Texturen zu erzeugen. Bereits koloriertes Papier können Sie ebenfalls mit bunten Mustern versehen. Hin und wieder übermale ich auch bedruckte Textseiten aus alten Zeitschriften – mir gefällt der Kontrast zwischen den unregelmäßigen Schlieren oder Klecksen und dem exakten Schriftbild.

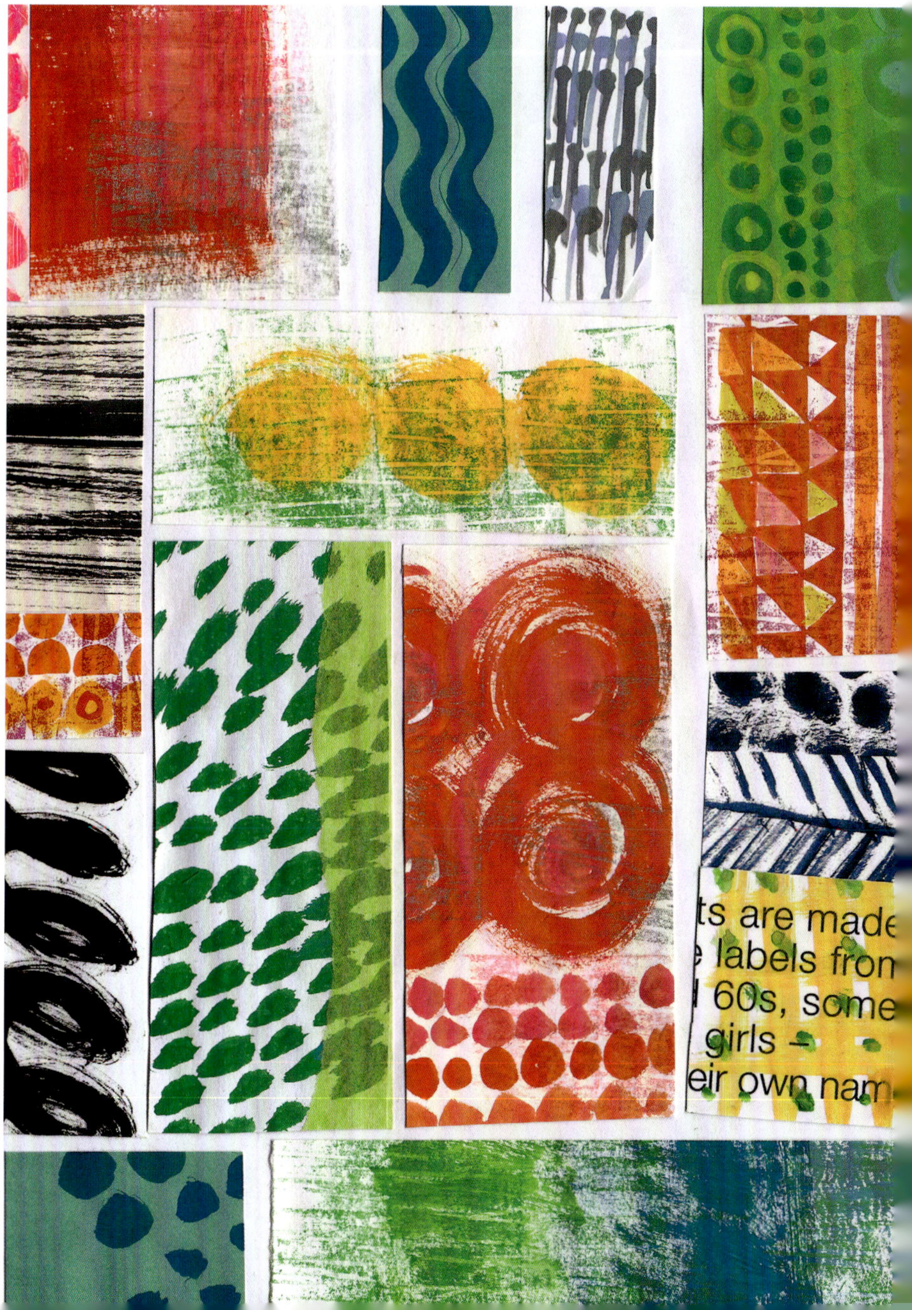

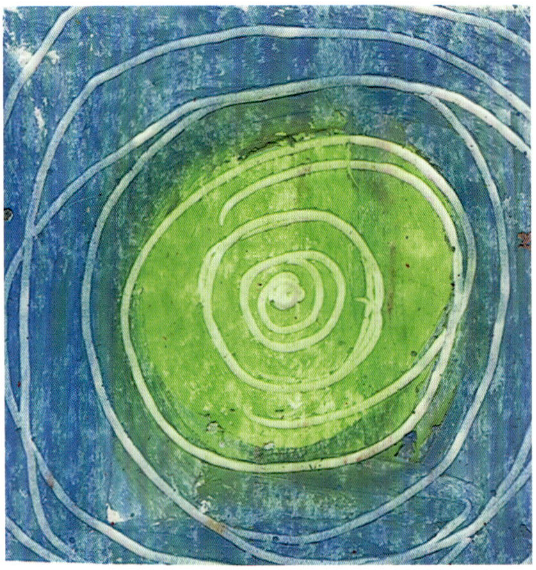

ÖLKREIDEN

Ölkreide kann man in mehreren Schichten übereinander auftragen und anschließend die oberste Schicht einritzen, um Muster zu erzeugen. Nehmen Sie dafür einen spitzen Gegenstand, wie z. B. eine Stopfnadel. Die Kreidereste, die dabei wie kleine Röllchen aus der Fläche herausgeschält werden, verwende ich manchmal sogar weiter. Ich sammele sie auf einem Blatt weißem Papier, drücke sie mit den Fingern in die Oberfläche und werde mit einer schönen, verwaschenen Optik belohnt!

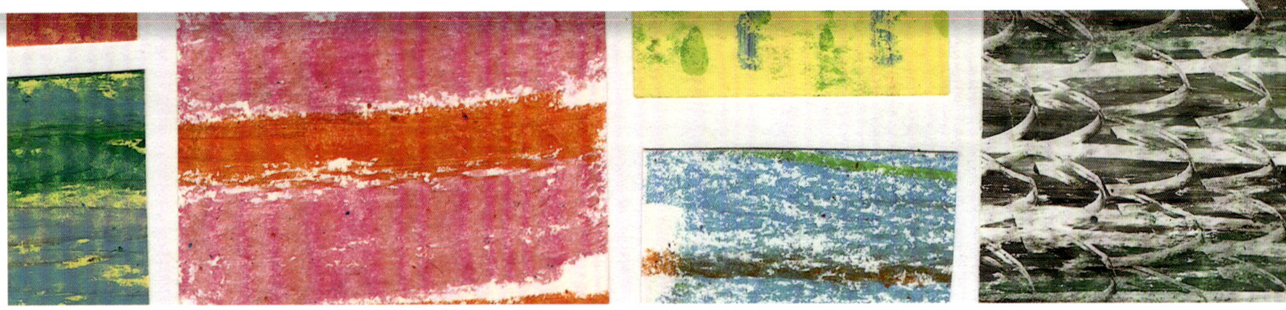

WEITERE TECHNIKEN

Besonders gerne arbeite ich mit Filzstiften in Neonfarben. Sie eigenen sich hervorragend zum Gestalten auf Transparentpapier sowie für mehrschichtige Collagen (siehe Schichten, Seite 26). Mit Tinte zeichne ich seitenweise Schnörkel, Schlangenlinien und Muster, daneben verwende ich auch Zeichen- oder Bleistifte.

Wenn Sie mit Ihrer Auswahl an Papier zufrieden sind, verarbeiten Sie einen Teil davon zu Schnipseln und collagieren Sie daraus z. B. einen Fisch, wie rechts abgebildet. Er besteht aus Papier, das mit Gouache, Filzstift und Tinte bemalt wurde. Schneiden und kleben Sie dabei einfach drauf los! Aus mehreren solcher Fische können Sie ein wunderschönes Mobile zaubern.

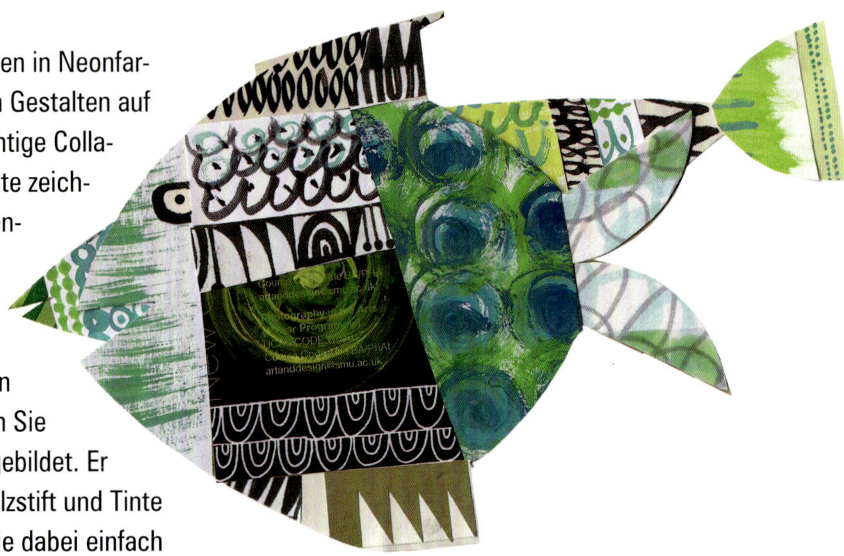

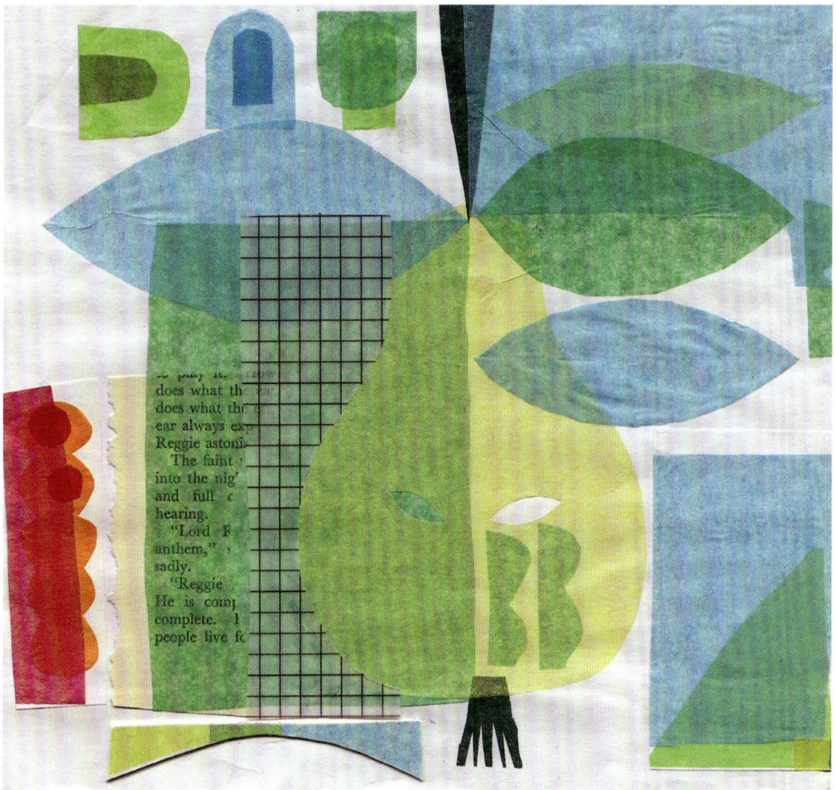

PAPIERSORTEN

Verwenden Sie möglichst viele verschiedene Papiersorten, ich bedrucke z. B. gerne Seidenpapier. Anschließend können Sie mehrere Lagen des bedruckten Papiers aufeinanderkleben, sodass die Oberfläche eine schöne Struktur erhält und die einzelnen Farbflächen sich überschneiden. Zum Bedrucken eignet sich auch Karopapier – am besten so platziert, dass die Gitterstruktur hier und da leicht durch das transparente Papier hindurchscheint. Um Ihrer Collage mehr Struktur zu verleihen, können Sie ein Motiv mehrmals hintereinander in verschiedenen Farben drucken.

TYPOGRAFIE

Sammeln Sie bedrucktes Papier mit unterschiedlicher Typografie: interessante Textausschnitte, einzelne Buchstaben oder ganze Seiten aus alten Büchern. Drucken Sie Texte in verschiedenen Schriftarten auf Buntpapier, Karopapier oder Transparentpapier aus. Mit speziellen Stempelsets können Sie jeden Buchstaben des Alphabets drucken und Ihre Collagen so noch persönlicher gestalten. Oder kreieren Sie eine Collage, die nur aus typografischen Elementen besteht! Sie kann abstrakt oder aber figürlich sein – z. B. ein komplett aus Buchstaben geformtes Gesicht. Wenn Sie dabei noch einen bestimmten Vornamen oder ein besonderes Datum verwenden, entsteht eine wunderschöne individuelle Grußkarte.

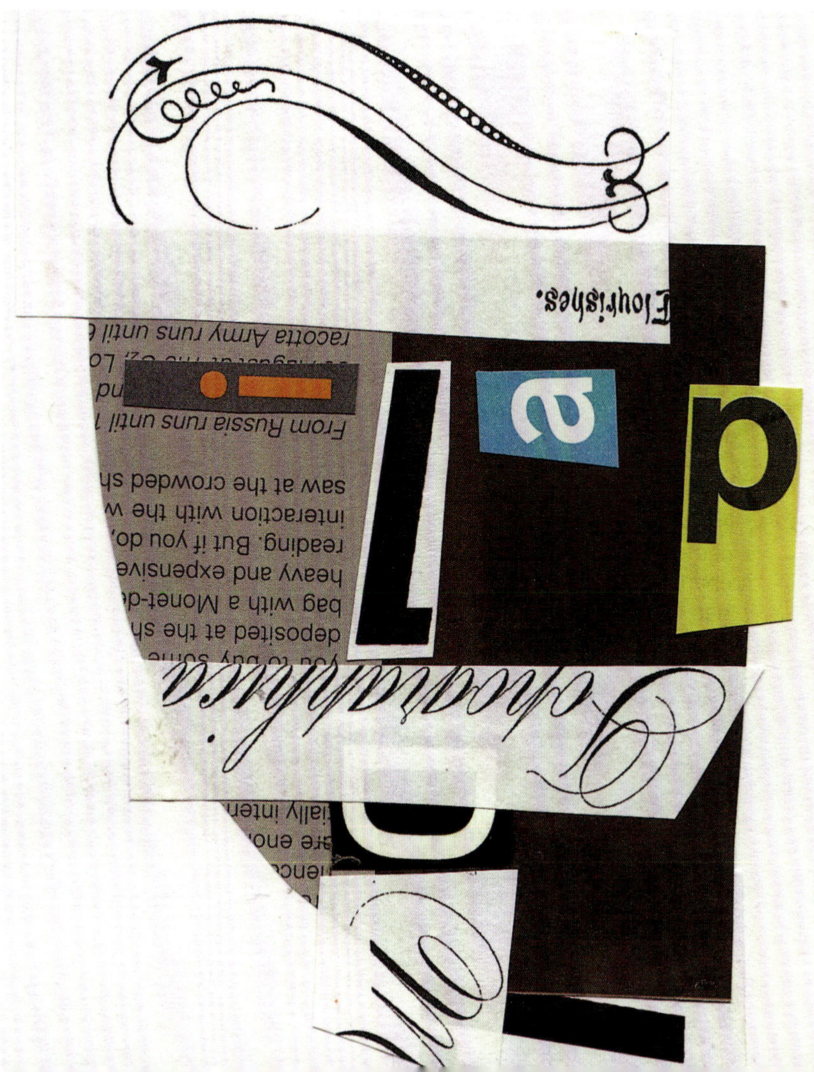

FOTOS UND POSTKARTEN

Fotografien und alte Postkarten sind ideale Grundelemente für eine Collage. Dabei verwende ich am liebsten Schwarz-Weiß-Motive, weil diese die farbigen, collagierten Partien besonders gut zur Geltung bringen. All die Bilder, die Sie auf Ihrem Handy gespeichert haben, oder alte Schnappschüsse, die seit Jahren unangetastet in Ihrer Schublade liegen, bekommen so ihren großen Auftritt. Schneiden Sie ein Foto einfach in Streifen und setzen Sie es neu zusammen – und schon hat es eine ganz andere Wirkung. Oder kombinieren Sie ein Foto mit bunten geometrischen Farbflächen. Im Kontrast mit dem Schwarz-Weiß-Motiv ergibt sich ein spannendes Zusammenspiel. Altmodische Schwarz-Weiß-Fotos, z. B. aus alten Fotoalben, sind immer ein guter Ausgangspunkt. Sie können die Bilder entweder direkt aus dem Album entnehmen oder sie vor dem Collagieren einscannen und ausdrucken. In Secondhandläden oder auf dem Flohmarkt findet man immer irgendeine Kiste mit alten Fotos und Postkarten. Ich liebe es, in diesen Kisten zu stöbern und mich zu fragen, wer all die Leute darauf waren. Wenn Sie solche Fotos verwenden und ihnen eine persönliche Note verleihen, entsteht Raum für neue Interpretationen. Verschiedene Verwendungsmöglichkeiten für Ihre Fotos finden Sie auf den Seiten 45, 84 und 104.

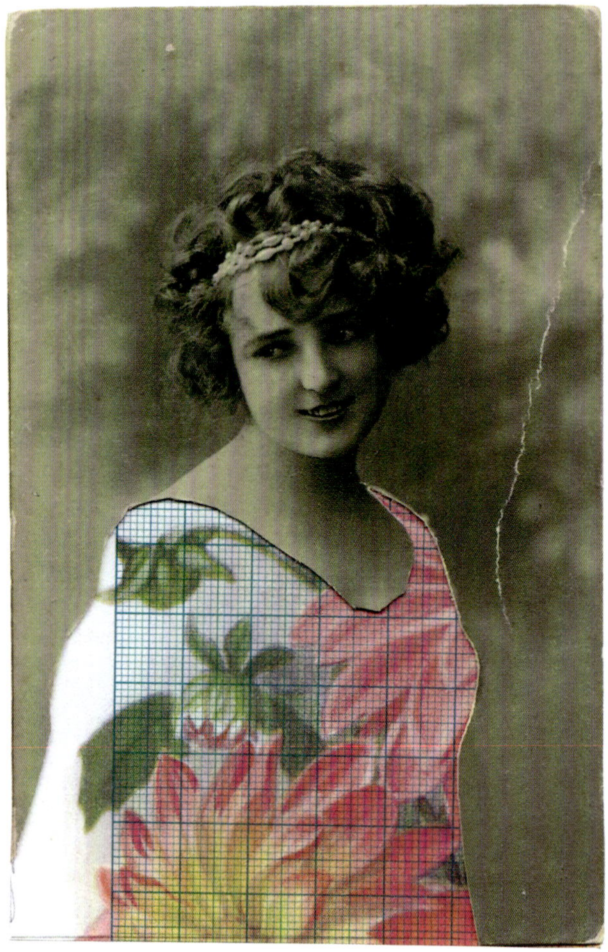

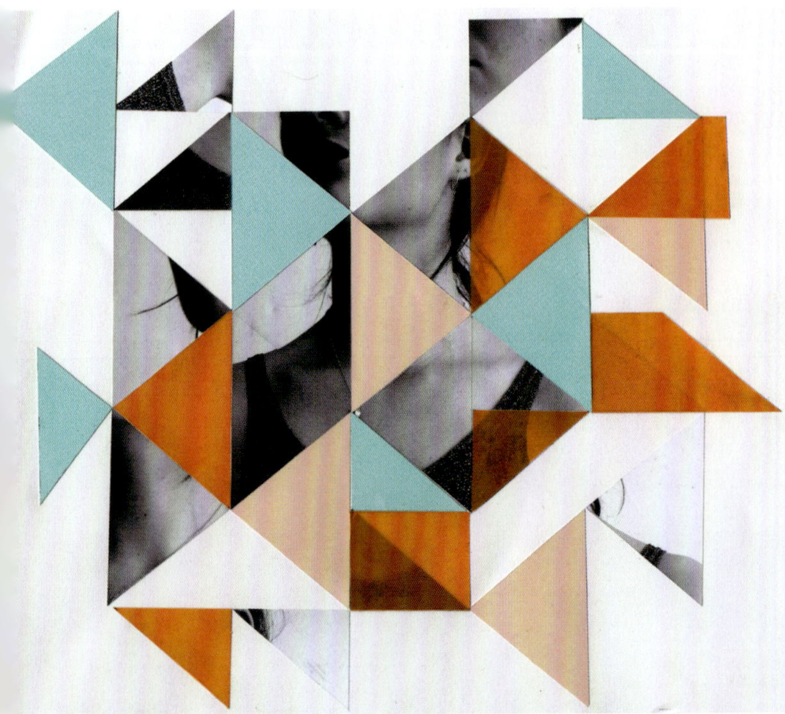

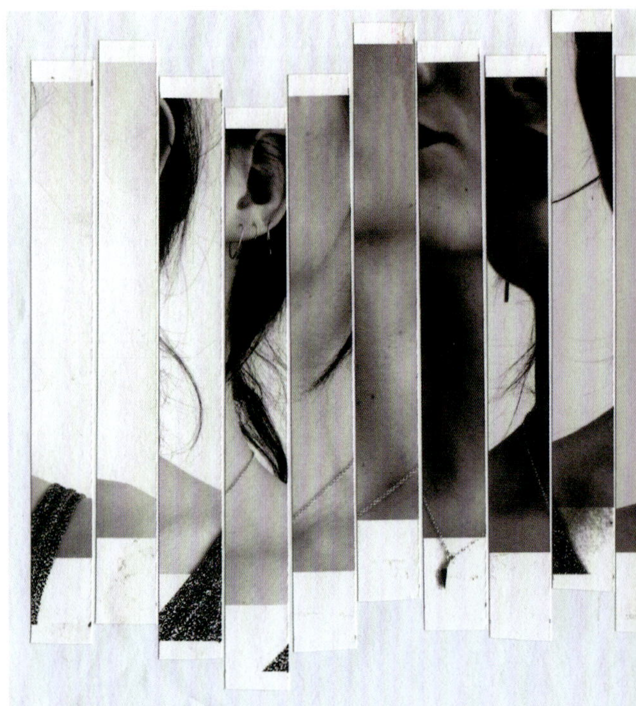

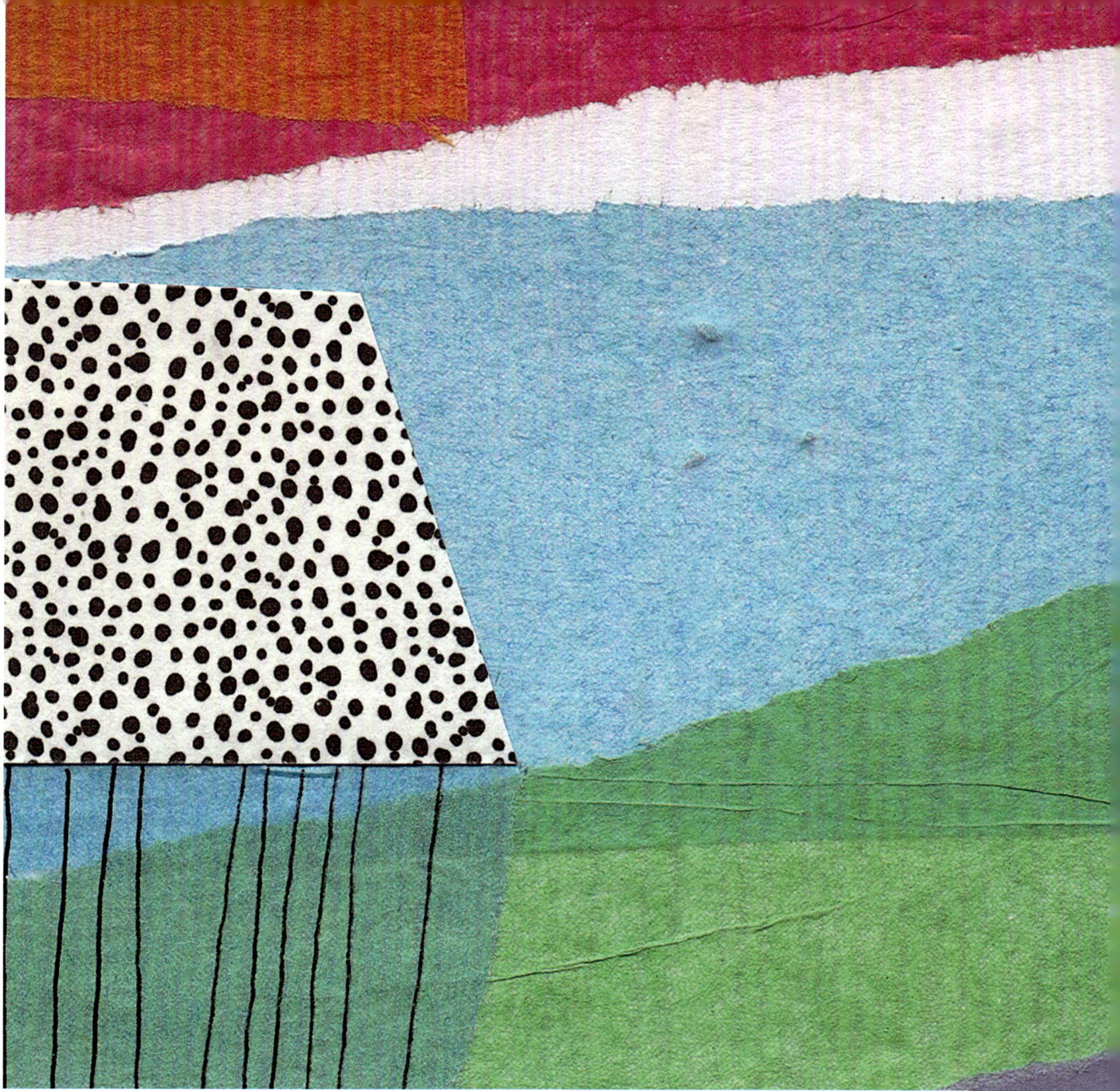

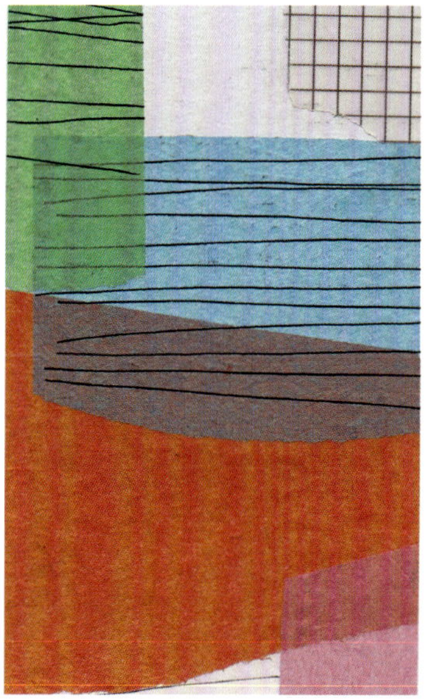

VERSCHNITT

Wenn Sie mit selbst gestaltetem Papier arbeiten, sollten Sie unbedingt den Verschnitt aufbewahren. Ich habe eine ganze Kiste voller Papierschnipsel, die von anderen Collagen übrig sind. Denn immer, wenn man etwas ausschneidet, z. B. eine Kreisform, fallen dabei Reste an, und gerade deren Form ist oft sehr interessant!

Nehmen Sie sich einfach etwas Verschnitt und kreieren Sie daraus eine schnelle Fünf-Minuten-Collage. Ich verwende dafür gerne Tonkarton im Postkarten-Format. Überlegen Sie nicht lange, sondern lassen Sie sich einfach von den Formen inspirieren. Ob abstrakt oder figürlich – mit Sicherheit wird das Ergebnis wunderschön!

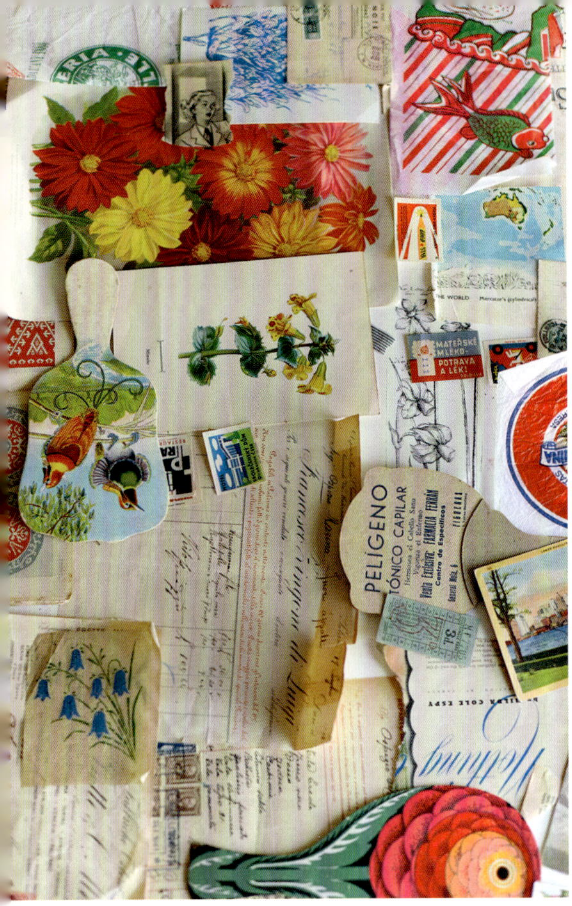

EPHEMERA SAMMELN

Die Hauptrolle in einer Collage spielt natürlich das verwendete Papier. Ich sammele dafür z. B. Ephemera – oder einfach ausgedrückt: **bedruckte Dinge aus Papier**, die für einen einmaligen Gebrauch bestimmt sind und anschließend weggeworfen werden. Seit Jahren horte ich alle möglichen Papierschnipsel und halte stets Ausschau nach Dingen, die ich für meine Collagen verwenden könnte – als Ausgangsmaterial, Gestaltungselement oder für den krönenden Abschluss.

ERLAUBT IST, WAS GEFÄLLT

Wenn ich „alle möglichen Papierschnipsel" schreibe, dann meine ich das auch so. Denn meistens finden Sie das Ausgangsmaterial für Ihre Collagen in greifbarer Nähe, nämlich in Ihrer Handtasche: Quittungen, das Bahnticket oder einen Einkaufszettel. Vielleicht haben Sie zu Hause noch einen Stapel Zeitschriften herumliegen, die Sie eigentlich aussortieren wollten. Durchsuchen Sie Kisten nach alten Fotografien, Briefen und Postkarten. Selbst die Briefumschläge Ihrer Bank warten auf der Innenseite mit interessanten Mustern auf. Falls Sie nichts davon zerschneiden wollen, scannen Sie Ihr Bildmaterial einfach ein und drucken es aus. Dabei können Sie auch gleich die Größe verändern. Vergrößert und ausgedruckt wird aus einer simplen, handgeschriebenen Notiz so z. B. ein abstraktes Kunstwerk.

Eine gute Bildquelle stellen Zeitschriften und Kataloge dar. Um Platz zu sparen, sollten Sie nur die interessanten Seiten herausreißen und den Rest entsorgen. Und durchforsten Sie bei der Gelegenheit auch gleich das Altpapier! Ich habe auf diese Weise schon wunderschönes Geschenkpapier und sogar die eine oder andere Reklame mit interessanter Typografie gerettet.

Für den Hintergrund meiner Collagen verwende ich gerne kariertes oder liniertes Papier – das wirkt interessanter als schlichtes, weißes Papier – und suche weiter nach neuen Varianten. Ebenso kostbar sind unbeschriebene Seiten von Schulheften. Der Umschlag und die erste Blankoseite von alten Büchern sind oft wertvolle Zeugen längst vergangener Zeiten. Ihre Gebrauchsspuren und vergilbten Seiten verleihen einem Kunstwerk mehr Gehalt und Tiefe. Der gut sortierte Künstler- oder Bastelbedarf in Ihrer Nähe hat oft eine große Auswahl an Bastelpapier zu bieten. Das ist zwar immer gut zu gebrauchen, aber schöner ist es doch, wenn man sein Material selbst zusammenstellt und aus Papier, das andernfalls im Müll gelandet wäre, einzigartige Kunstwerke kreiert. Wie Ephemera z. B. in gerahmten Collagen weiterverarbeitet werden können, erfahren Sie auf den Seiten 36–38.

STÖBERN SIE WEITER!

Halten Sie auch unterwegs Ausschau nach interessantem Krimskrams: nach Verpackungsmaterial, Papiertüten oder bedruckten Servietten. Einige meiner besten Fundstücke entdeckte ich – zum Entsetzen meiner Kinder – in den Mülltonnen eines großen Supermarkts. Darin fand ich z. B. dekoratives Seidenpapier, in das zuvor Obst eingewickelt war, sowie einige bunt bedruckte Etiketten, die auf Holzkisten geheftet waren; und auch die Kisten selbst sind gut zu gebrauchen.

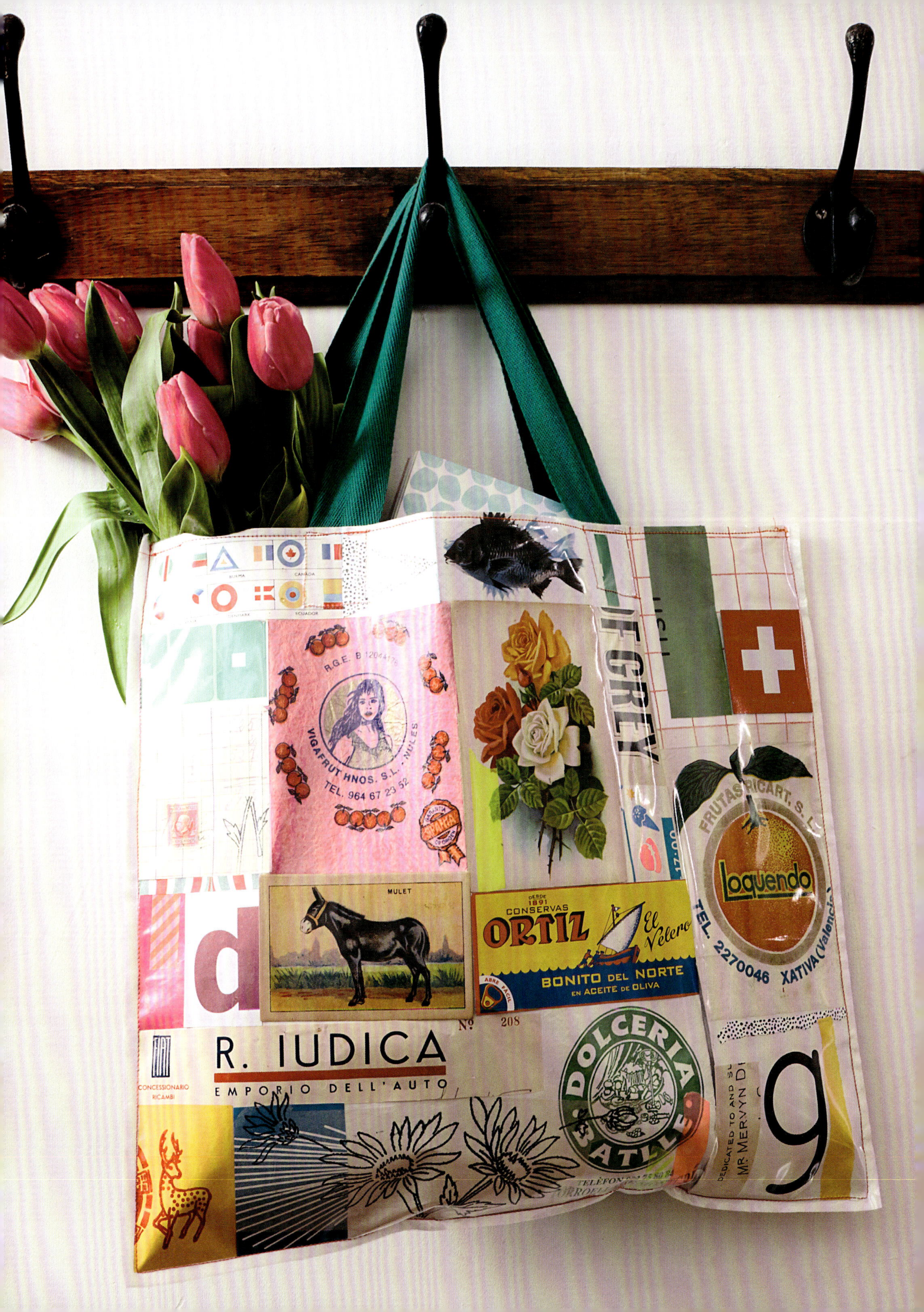
R.G.E. B 1204
VIGAFRUT HNOS. S.L. NULES
TEL. 964 67 23 52
MULET
DESDE 1891
CONSERVAS
ORTIZ
El Velero
BONITO DEL NORTE
EN ACEITE DE OLIVA
FRUTAS RICART, S. L.
Loquendo
TEL. 2270046 XATIVA (Valencia)
Nº 208
R. IUDICA
EMPORIO DELL'AUTO
CONCESSIONARIO
RICAMBI
DOLCERIA
DEDICATED TO AND SU
MR. MERVYN D

Flohmärkte, Hinterhofverkäufe, Antiquariate – all das sind perfekte Orte zum Stöbern. Ich suche dort meist nach Büchern, die schon so marode oder veraltet sind, dass sie keinen Gebrauchtwert mehr haben. Es lohnt sich aber auch, nach alten Landkarten, Notenblättern, Reiseprospekten, Briefmarkensammlungen und alten Postkarten Ausschau zu halten. Vor Kurzem entdeckte ich auf einem Flohmarkt eine Kiste voller alter Bierdeckel. Einige davon waren sehr hübsch bedruckt. Ich habe 20 Stück gekauft und mich anschließend geärgert, dass ich nicht mehr davon erstanden habe. Wenn Sie im Ausland unterwegs sind, sollten Sie unbedingt auf einen Flohmarkt gehen. Dort werden Sie auf ganz andere Alltagsgegenstände als in Ihrer Heimat stoßen. Als ich kürzlich in Italien war, erstand ich bei einem Händler z. B. ein ganzes Bündel unterschiedlicher Papiere. Darunter waren auch Quittungen einer Werkstatt, ausgefüllt in wunderschöner Copperplate-Schreibschrift.

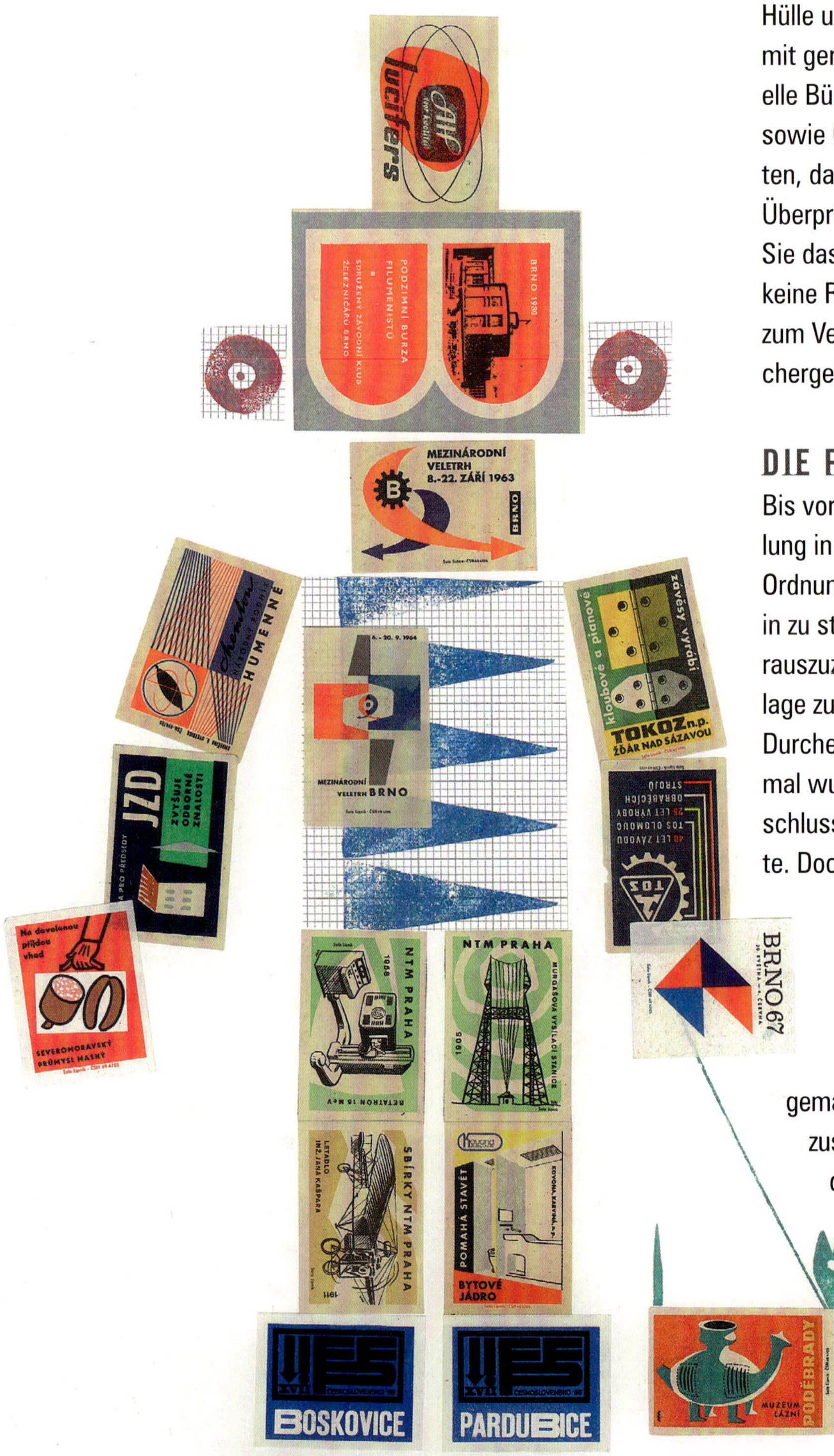

LIZENZFREIE BILDER AUS DEM INTERNET

Internetseiten, die lizenzfreie Bilder anbieten, gibt es in Hülle und Fülle. Der Download ist oft kostenlos oder nur mit geringen Gebühren verbunden. Zudem gibt es spezielle Bücher, die ebenfalls eine Vielzahl passender Bilder sowie Clipart enthalten. Sie sollten jedoch darauf achten, dass Sie nur urheberrechtsfreie Bilder verwenden. Überprüfen Sie vorab also immer das Copyright! Wenn Sie das Bildmaterial nur privat nutzen, spielt dies zwar keine Rolle, doch falls Sie Ihre Werke online stellen oder zum Verkauf anbieten wollen, sollten Sie auf Nummer sichergehen (siehe Bezugsquellen, Seite 128).

DIE PERFEKTE PAPIERSAMMLUNG

Bis vor Kurzem habe ich meine gesamte Papiersammlung in Kisten verstaut. Mit der Zeit verwandelte sich die Ordnung in ein regelrechtes Chaos. Mir gefällt es, darin zu stöbern und ab und zu ein paar Papierschnipsel herauszuziehen, um sie als Ausgangsmaterial für eine Collage zu nutzen. Doch das im Laufe der Zeit entstandene Durcheinander war natürlich frustrierend. Denn manchmal wusste ich genau, dass ich den perfekten Abschlussschnipsel für eine Collage bereits gesichtet hatte. Doch wo steckte er nur?

Daher bin ich mittlerweile zu großen Karteiboxen übergegangen, die ich fein säuberlich in Regalen verstaue. Mein gesammeltes Material untergliedere ich in altmodische Ephemera, Zeitschriften, gedruckte Muster, Text und von Hand gemalte Muster sowie Strukturen und Farben. Falls ich zusätzliche Kategorien anlegen will – z. B. innerhalb der Farben-Kartei – verwende ich dafür verschiedene Umschläge. Gute Organisation ist beim Collagieren das A und O, denn die Dinge geraten schnell außer Kontrolle und dann sitzen Sie irgendwann knietief in Papierschnipseln!

BILDAUFBAU

Nun verfügen Sie über verschiedene dekorative, selbst kreierte Papiere und über einen Stapel Zeitschriften, die nur darauf warten, mit einer Schere bearbeitet zu werden, sowie über eine Kiste voller gesammelter und gut sortierter Ephemera. Höchste Zeit also, mit dem Collagieren anzufangen! Allerdings **kann einen so ein weißes Blatt Papier ganz schön einschüchtern**, und manchmal weiß man einfach nicht, womit man anfangen soll.

Manchen Menschen fällt es ganz leicht, aus wahllos zusammengesuchten Dingen etwas Schönes zu kreieren; andere hingegen brauchen etwas Unterstützung bei Layout und Design. Als ich mich zum ersten Mal theoretisch mit den Regeln der Komposition beschäftigte, musste ich feststellen, dass ich diese Regeln bereits unbewusst befolgt hatte, und genau darin liegt für mich der Schlüssel zu einer gelungenen Collage: Lassen Sie einfach los und schauen Sie, was passiert. Gestalten Sie drauflos, ohne allzu viel darüber nachzudenken.

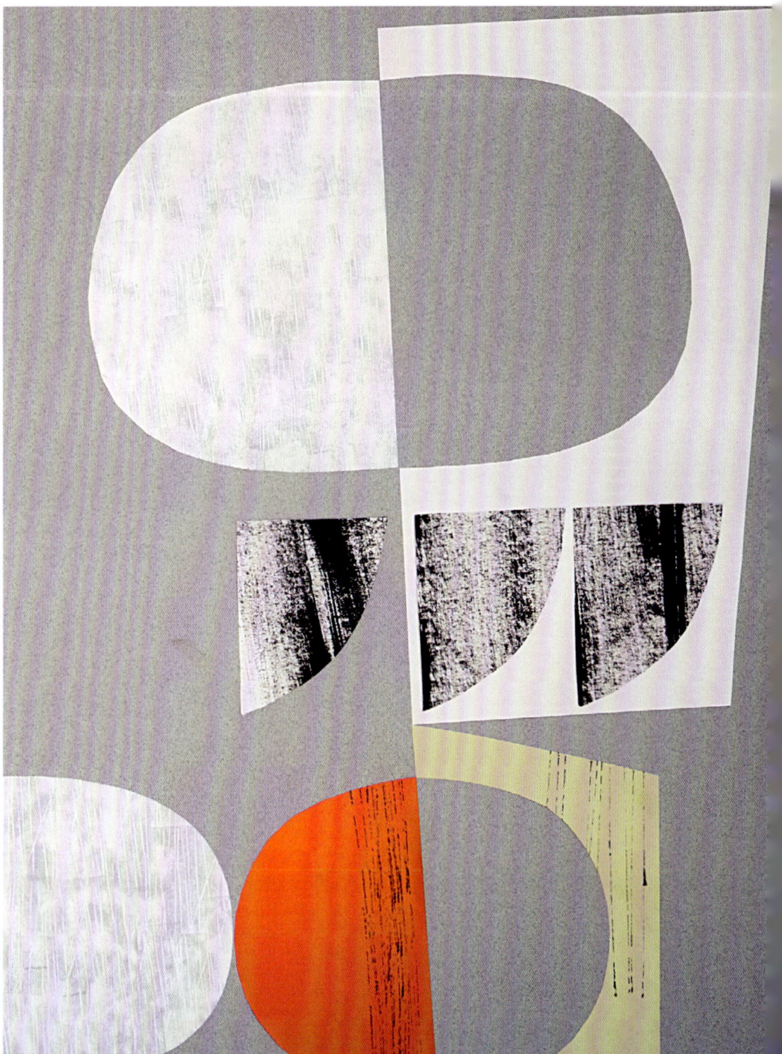

Ich habe vorab selten eine genaue Vorstellung davon, wie mein endgültiges Werk aussehen soll, durchstöbere einfach meine Papiersammlung, wähle ein paar Schnipsel aus und experimentiere damit herum. Meiner Fantasie lasse ich dabei freien Lauf. Manchmal geben mir Farben und Formen eine bestimmte Richtung vor, der ich dann folge. Diese Arbeitsweise erscheint vielleicht etwas ungewöhnlich, fürs Collagieren ist sie aber genau richtig. Bevor ich zum Kleber greife, schneide ich alle Einzelteile zurecht und lege sie möglichst auf ihre endgültige Position. Wenn es irgendwo Überschneidungen gibt, mache ich davon ein Foto, das mir später beim Festkleben als Referenz dient. Und wenn mir ein Element mal nicht mehr gefällt, entferne ich es wieder oder klebe einfach etwas anderes über die betreffende Stelle. Denn das ist ja das Schöne am Collagieren – die Leichtigkeit. Wann eine Collage fertig ist, lässt sich im Voraus nie genau sagen, letztlich ist es wohl eine Frage der Intuition: Sie ist dann fertig, wenn sie in Ihren Augen fertig aussieht. Als allerletztes Element klebe ich meist einen winzig kleinen Papierschnipsel auf, so als handele es sich dabei um den Punkt am Ende eines Satzes.

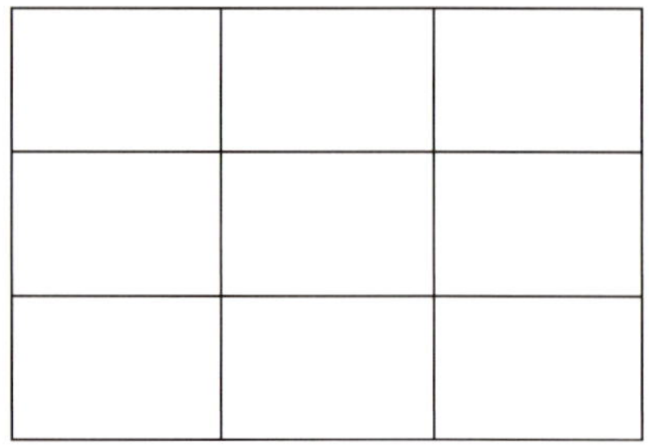

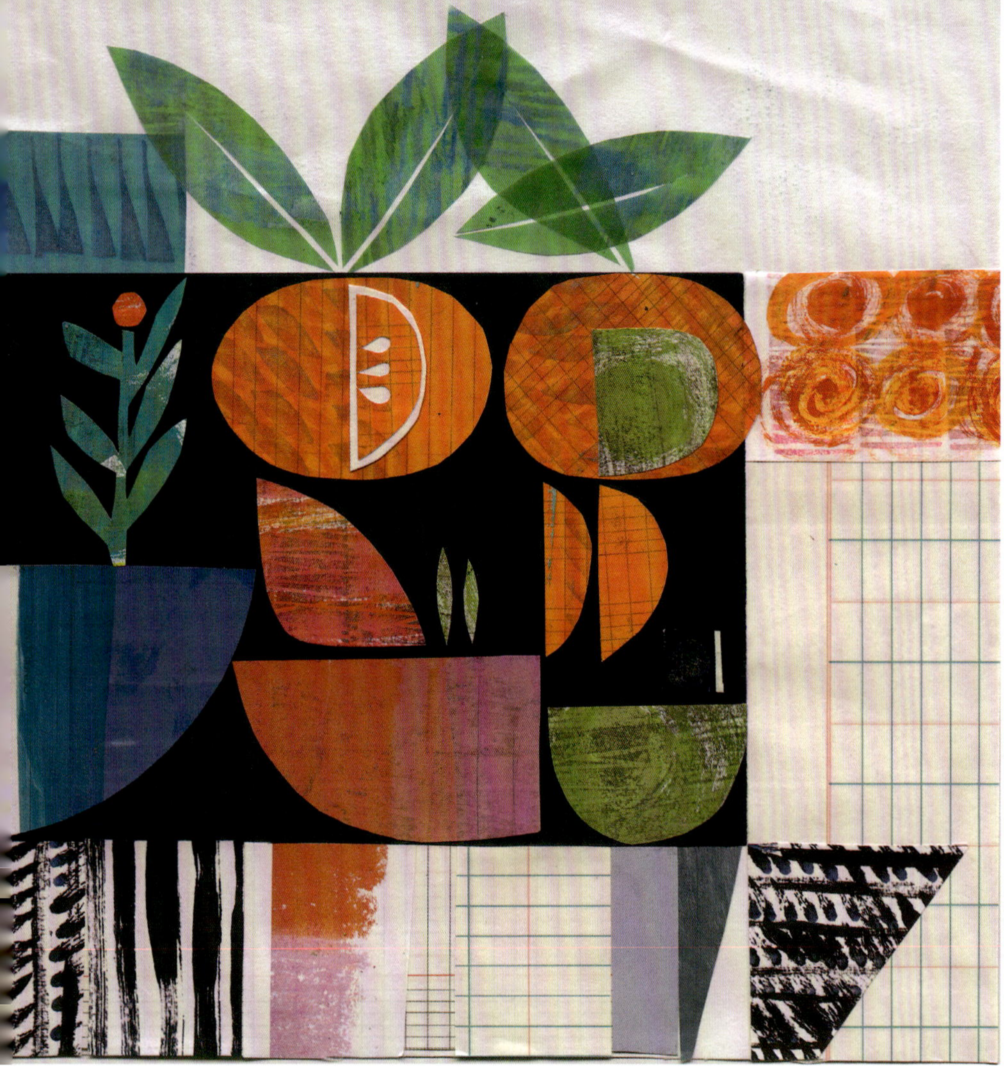

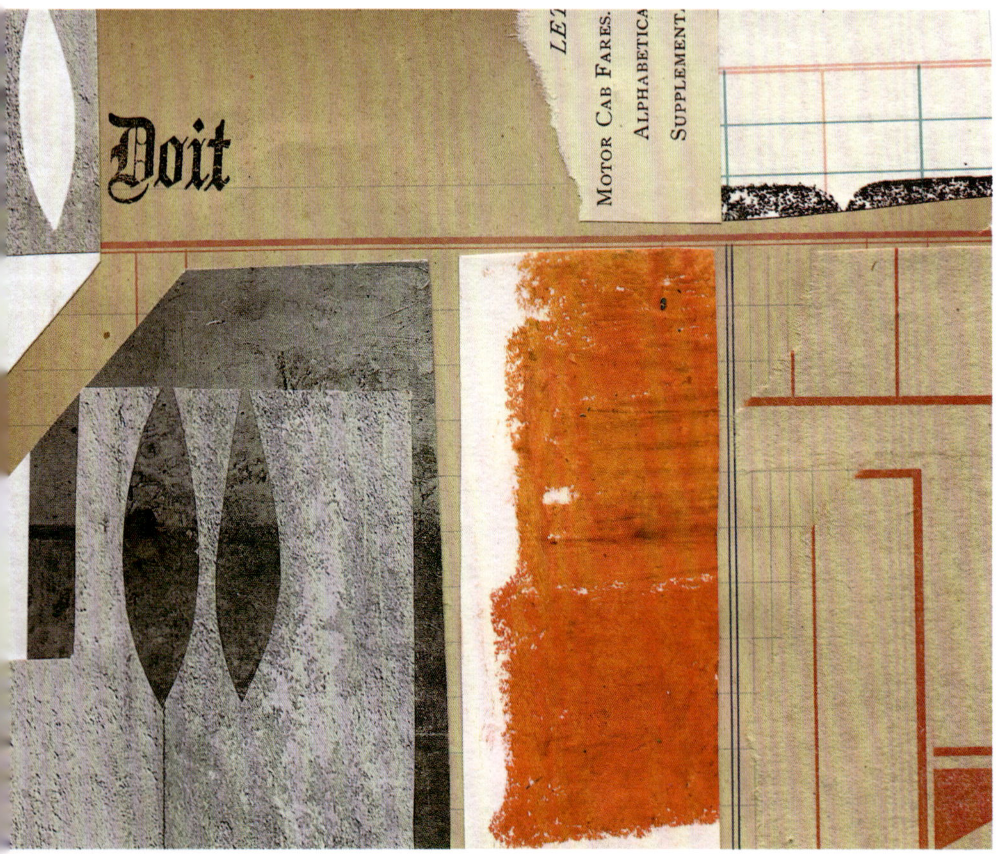

DIE DRITTEL-REGEL

Beim Collagieren sollte ein ausgewogenes Verhältnis zwischen Farbflächen und Bildmotiven entstehen. Nach der Drittel-Regel wird das Blatt Papier in drei Reihen und drei Spalten unterteilt. Richten Sie Ihre Collage an den Schnittpunkten der vertikalen und horizontalen Linien aus. Dabei ist eine asymmetrische Anordnung stets eine gute Wahl. Ich halte mich fast immer unterbewusst an diese Regel. Vor meinem inneren Auge ist jede Collage, in Länge wie Breite, bereits in drei gleiche Teile unterteilt, die mir als Ausgangspunkte dienen. Sie müssen sich jedoch nicht strikt an den Linien orientieren, sondern können diese auch mal überschreiten. Doch für eine gelungene, dynamische Komposition ist die Drittel-Regel unverzichtbar.

GELUNGENE KOMPOSITIONEN

Eine originelle Collage entsteht durch den spielerischen Umgang mit zufällig zusammengewürfelten Bildelementen, die Sie zu einem neuen Bild zusammensetzen. Blättern Sie in alten Zeitschriften und reißen Sie ein paar Bilder heraus. Spielen Sie mit unterschiedlichen Größenverhältnissen, um Ihre Collage dynamisch und spannend zu gestalten, und stellen Sie die Dinge auf den Kopf, z. B. indem Sie ein ursprünglich kleines Motiv stark vergrößern. Kombinieren Sie es mit einem winzigen Bild von etwas, das in Wirklichkeit riesengroß ist.

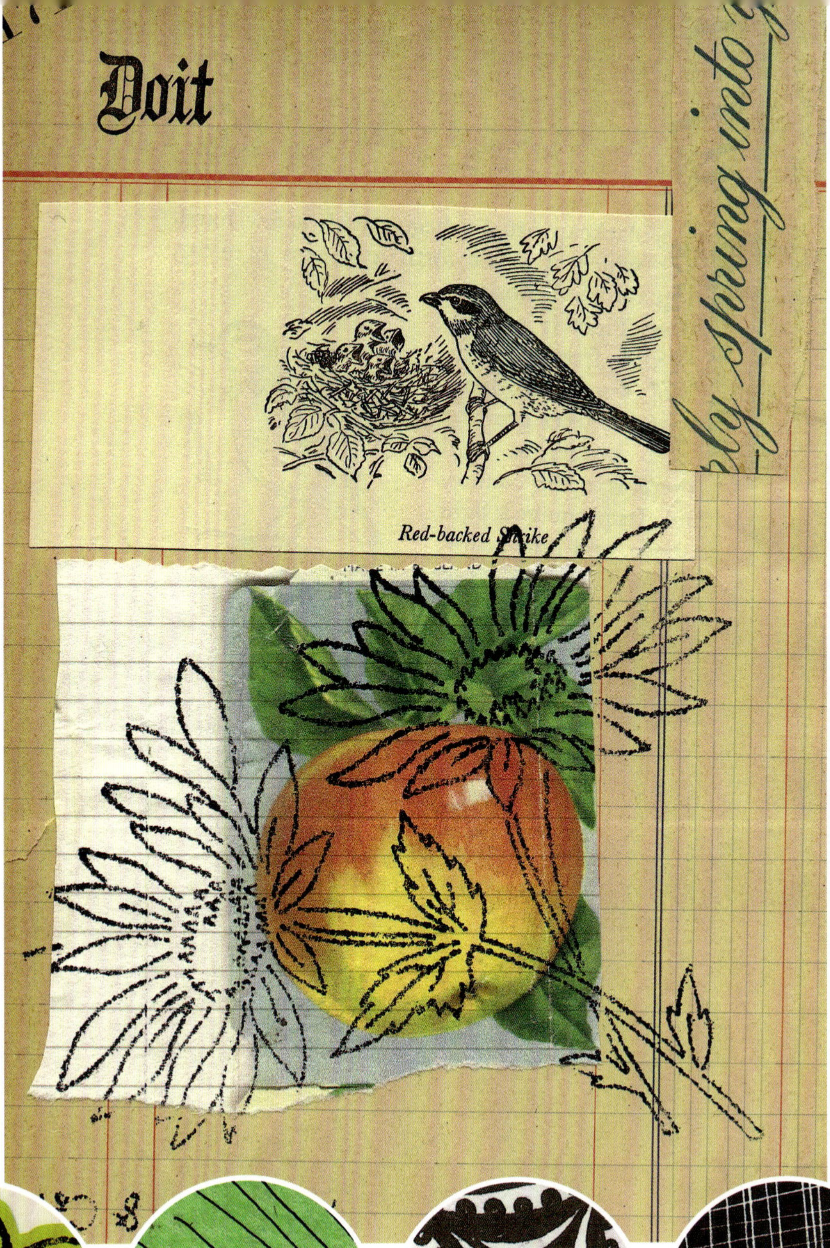

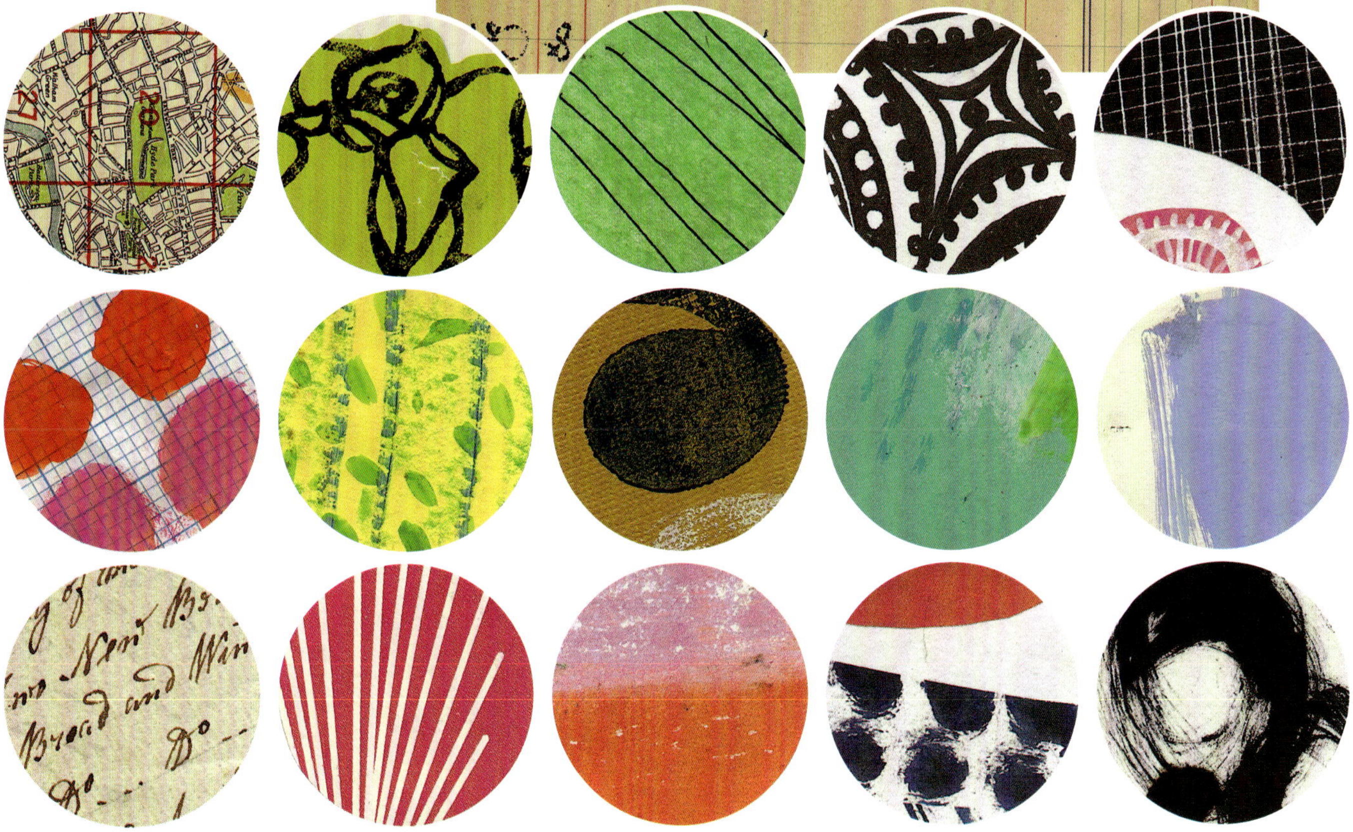

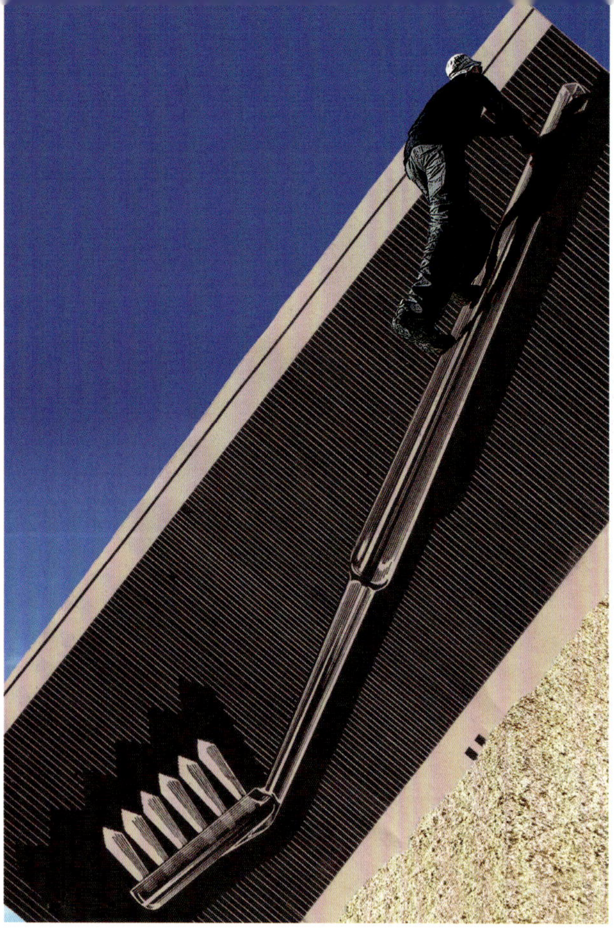

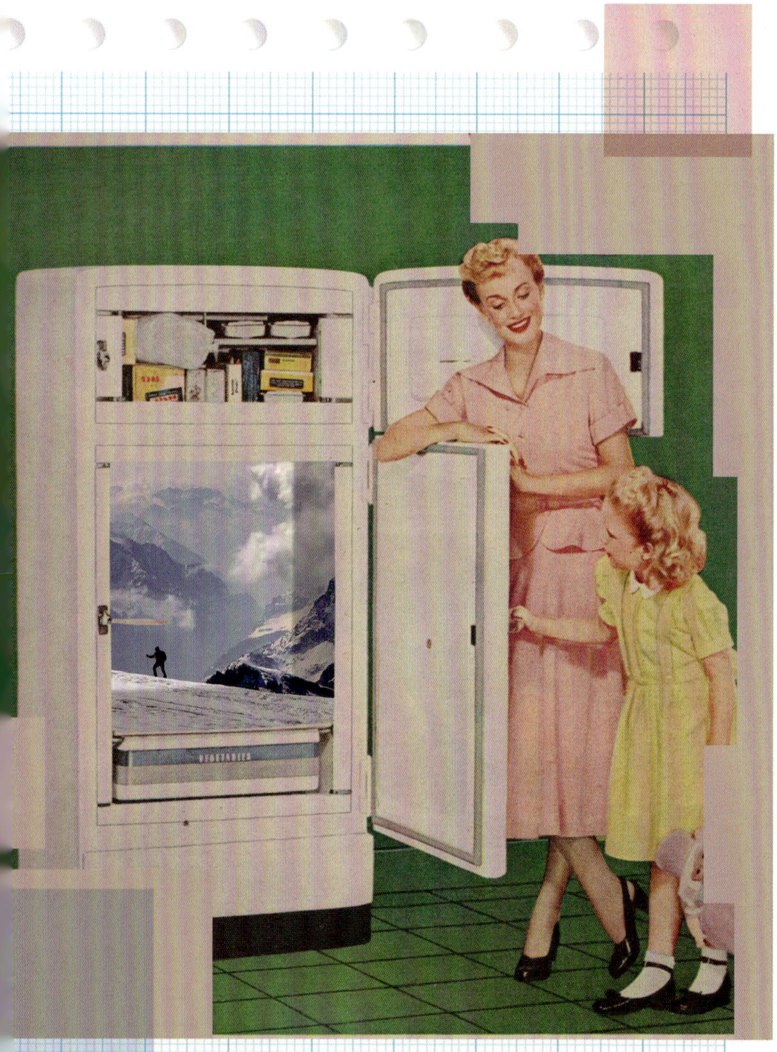

Für die beiden digitalen Collagen (siehe links) habe ich Ausschnitte aus alten Zeitschriften eingescannt und dann am Computer verschiedene Arrangements ausprobiert. Dafür können Sie aber auch Schere, Papierschnipsel und Kleber benutzen. Kreieren Sie etwas völlig Unerwartetes – eine Collage, die Aufsehen erregt und überrascht.

Große Wirkung können Sie auch durch die Kombination von grellen und neutralen Farbtönen erzielen. Dabei sollten Sie gezielt Akzente setzen: Übermalen Sie z. B. Schwarz-Weiß-Fotos mit transparenter Farbe oder bekleben Sie sie mit farbigem Transparentpapier. Wie so etwas aussehen kann, zeigt die Foto-Collage auf den Seiten 45–47.

Auch die Wiederholung eines Motivs oder einer bestimmten Form kann optisch reizvoll sein. Es ist ein Leichtes, mehrere Dreiecke oder Kreise auszuschneiden und diese zu einer Collage zusammenzufügen.

Darüber hinaus sollten Sie auch Ihre Farbwahl bedenken. Vielleicht entscheiden Sie sich für verschiedene Blau- und Grüntöne (also für fließende Farbübergänge) oder aber für ein knalliges Pink und Orange. Wenn ein Werk besonders aussagekräftig sein soll, gestalte ich es komplett in Schwarz-Weiß. Denn je nach Farbwahl kann ein und dasselbe Motiv ganz unterschiedlich wirken.

Folgendes sollten Sie dabei aber nicht vergessen: Wenn Sie erst einmal die Regeln der Komposition beherrschen, können Sie diese getrost brechen und dennoch grandiose Kunstwerke kreieren. Auch beim Collagieren gilt: Regeln sind dazu da, gebrochen zu werden. Spontaneität ist dabei das Maß der Dinge! Schneiden Sie drauf los, arrangieren Sie Ihre Papierschnipsel, kleben Sie sie fest und sehen Sie, was passiert.

POSITIVE UND NEGATIVE FORMEN

Meist gefällt mir der Verschnitt ebenso wie die ausgeschnittene Figur. Daher hebe ich ihn für spätere Projekte auf. Manchmal verwende ich aber auch beide Teile in einer Collage. Bei dieser Übung geht es zunächst darum, rasch ein paar abstrakte Collagen anzufertigen. Dabei können Sie in punkto Komposition einiges lernen. Zeichen Sie – etwas versetzt zur Mitte Ihres Papiers – mit Bleistift eine dünne Linie. Dann kleben Sie auf die eine Seite der Bleistiftlinie ein paar ausgeschnittene Figuren und den Verschnitt davon auf die gegenüberliegende Seite. Arbeiten Sie zunächst mit ganz einfachen Formen, bevor Sie zu raffinierteren Figuren übergehen. Denken Sie dabei jedoch nicht zu lange nach – das Ganze soll leicht von der Hand gehen und Spaß machen. Das Ergebnis wird Sie erstaunen!

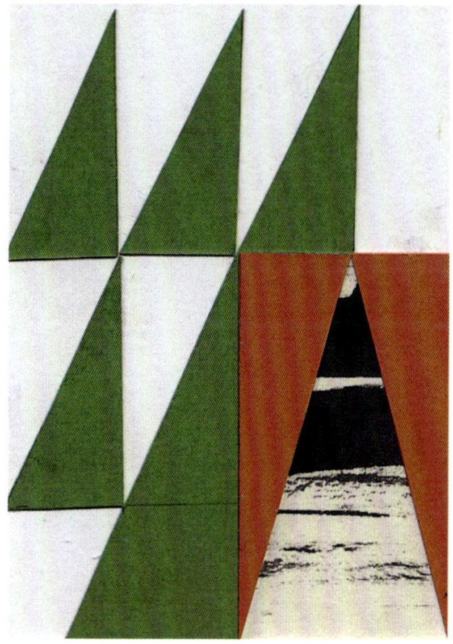

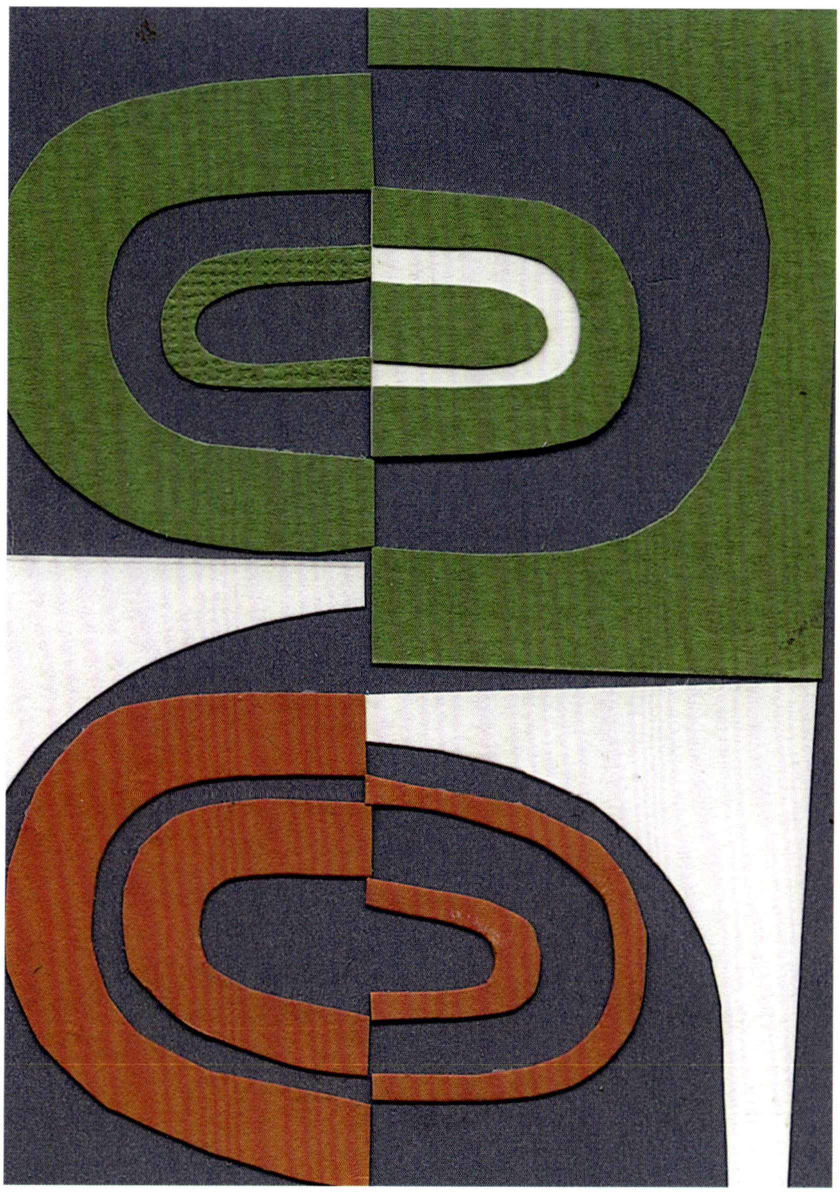

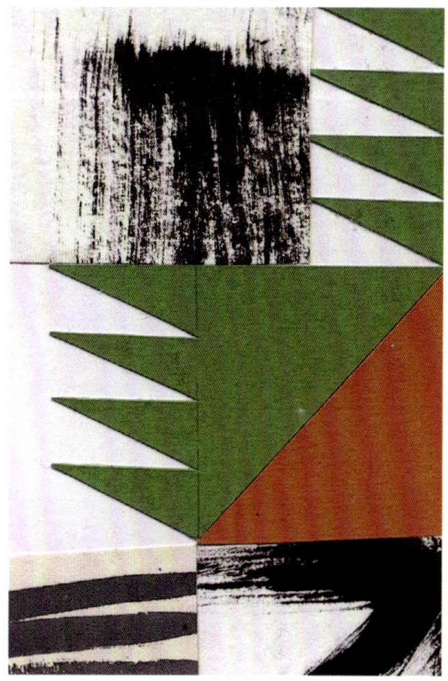

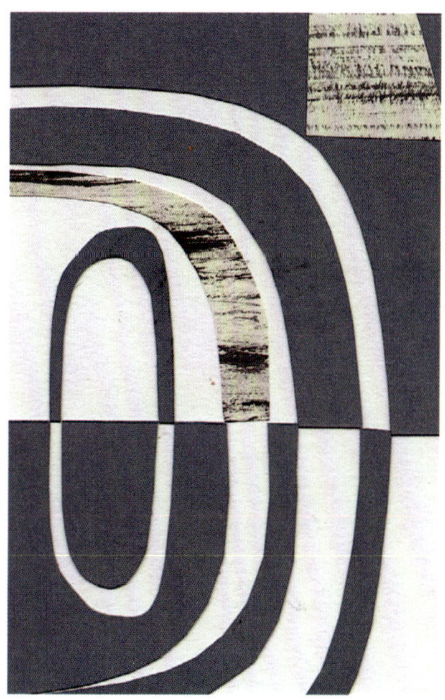

SCHICHTEN

In manchen Collagen spielt das **Schichten einzelner Bildelemente** eine zentrale Rolle. Mehrere Bildausschnitte werden so übereinandergelegt, **dass die einzelnen Schichten sichtbar bleiben**. Mit ganz unterschiedlichen Mitteln lassen sich bei dieser Technik faszinierende Kunstwerke erschaffen. Sie können dabei nach Herzenslust **neue Methoden ausprobieren**. Und nebenbei entdecken Sie eine ganz neue Art des kreativen Arbeitens. Wie die fertige Collage letzten Endes aussehen wird, weiß man nie, aber genau das ist das Spannende daran. Manchmal entscheidet eben der Zufall!

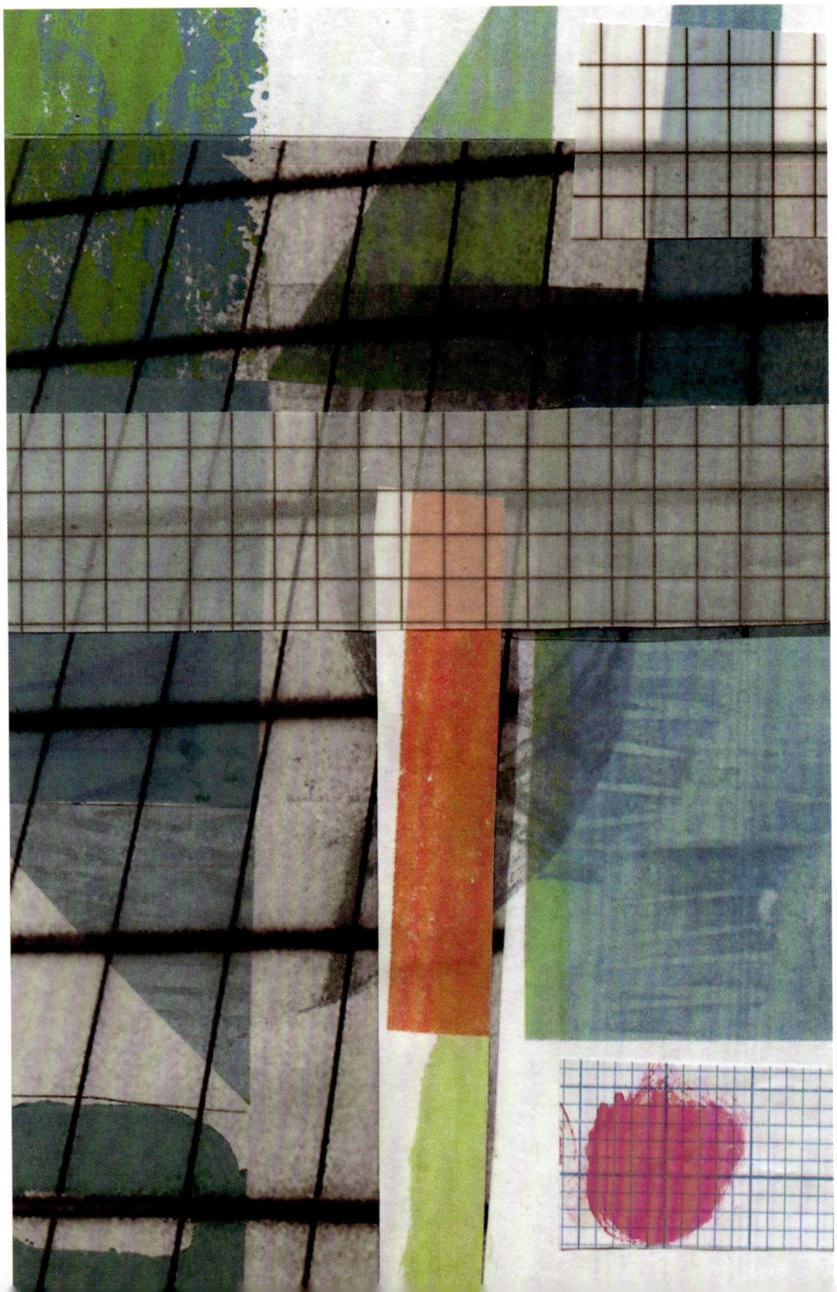

EINFACHE SCHICHTUNG

Wählen Sie zunächst das Material aus, mit dem Sie arbeiten wollen, und legen Sie die erste Schicht auf. Am liebsten verwende ich dafür kariertes oder liniertes Papier. Es ist neutral genug, um als Hintergrund für weitere Bilder zu dienen. Zusätzlich benutze ich Seiten aus alten Büchern, Notenblätter, ausgeblichene Landkarten, alte Briefe oder Geschäftsbücher. Zum Schichten eignet sich auch Seidenpapier ganz hervorragend. Wenn dabei mehrere unterschiedliche Farben übereinanderliegen, entstehen neue Farbtöne. Die unterste Schicht kann aus ausgeschnittenen oder ausgerissenen Formen bestehen. Darauf kommen ein paar Bilder oder Farbflächen. Wenn diese Schicht festgeklebt, aber noch nicht komplett angetrocknet ist, ziehen Sie das Papier an einigen Stellen wieder ab, um die darunterliegende Schicht sichtbar zu machen. Zum Schluss fügen Sie noch eine letzte transparente Schicht hinzu – ich nehme dafür bedrucktes Transparentpaper oder bedruckte, matte Klebefolie.

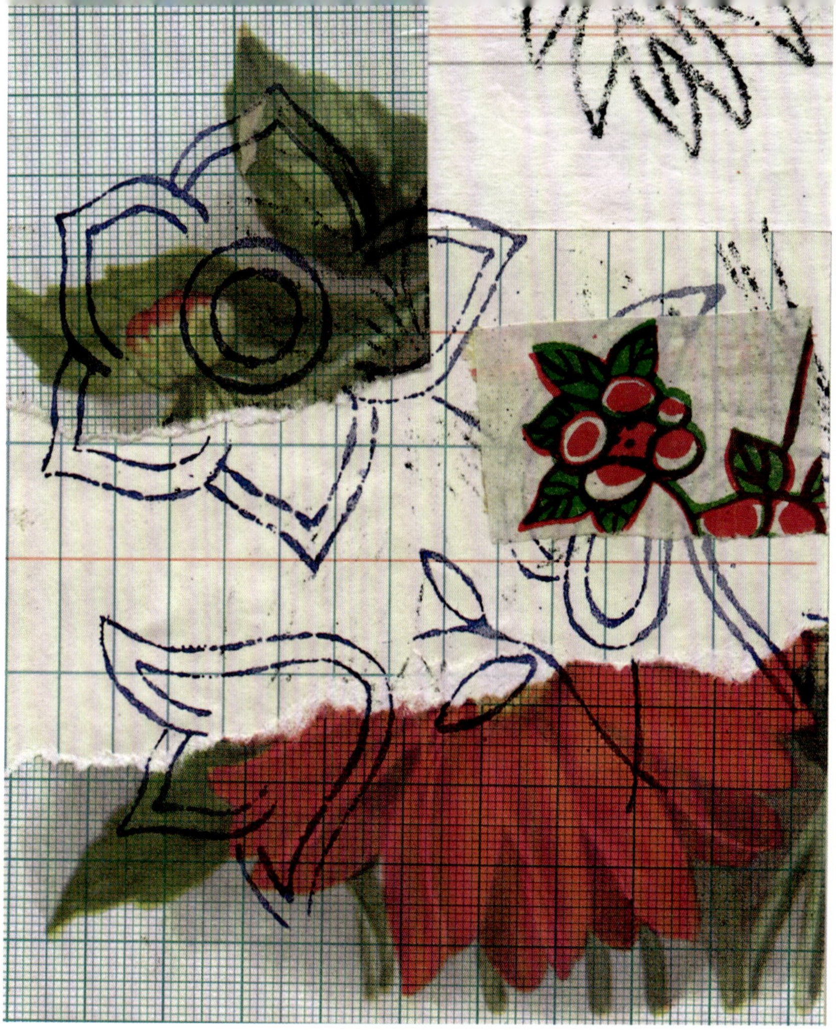

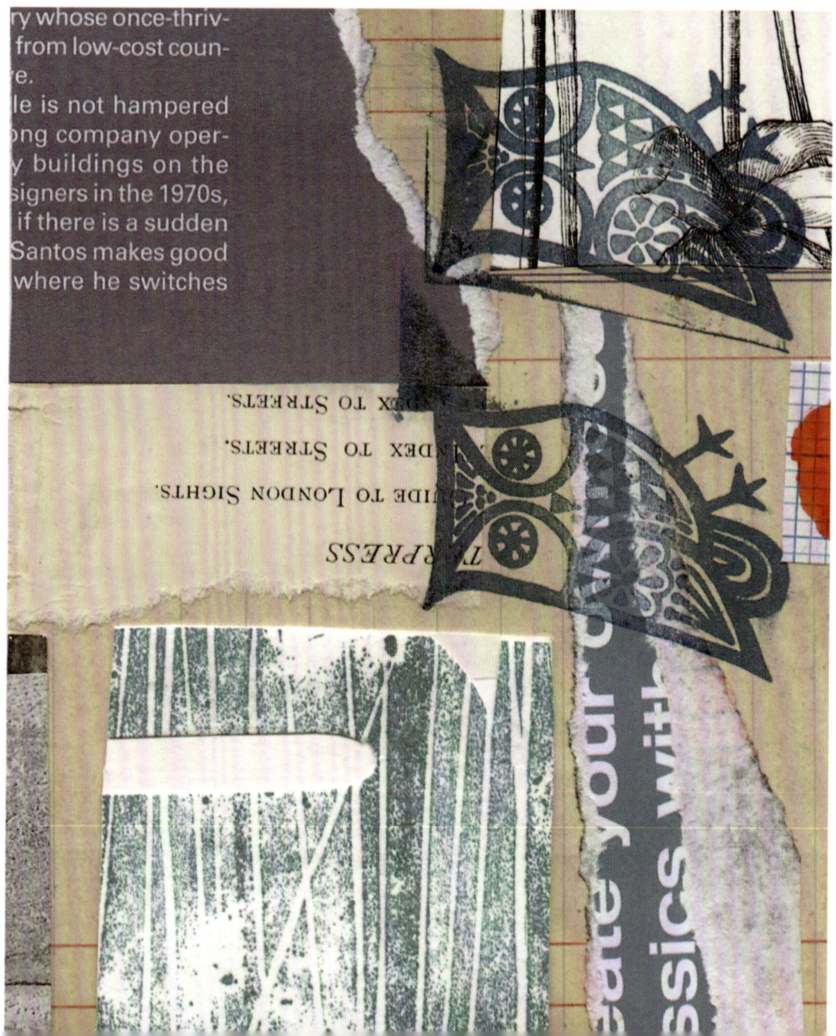

MEHRSCHICHTIGE COLLAGEN

Um mehrschichtige Collagen herzustellen, ist ein Drucker oder Fotokopierer äußerst hilfreich. Damit können Sie auch die Größenverhältnisse Ihrer Bildelemente variieren. Wenn Sie z. B. einen kleinen Ausschnitt aus einer alten, von Hand beschriebenen Postkarte vergrößern und anschließend auf Transparentpapier ausdrucken, ergibt das einen tollen Effekt. Ich halte zudem immer Ausschau nach altmodischen Stickmustern, die man auf eine Collage aufbügeln kann. Natürlich können Sie Ihr Motiv auch mithilfe von Foto Transfer-Medium übertragen (siehe Fotomontage, Seite 84–86, sowie Bezugsquellen, Seite 128). Für eine interessante Oberflächenstruktur verwenden Sie am besten einen Gummistempel. Wenn Sie dabei mit lasierender Tinte drucken, wird die darunterliegende Schicht stellenweise durchscheinen.

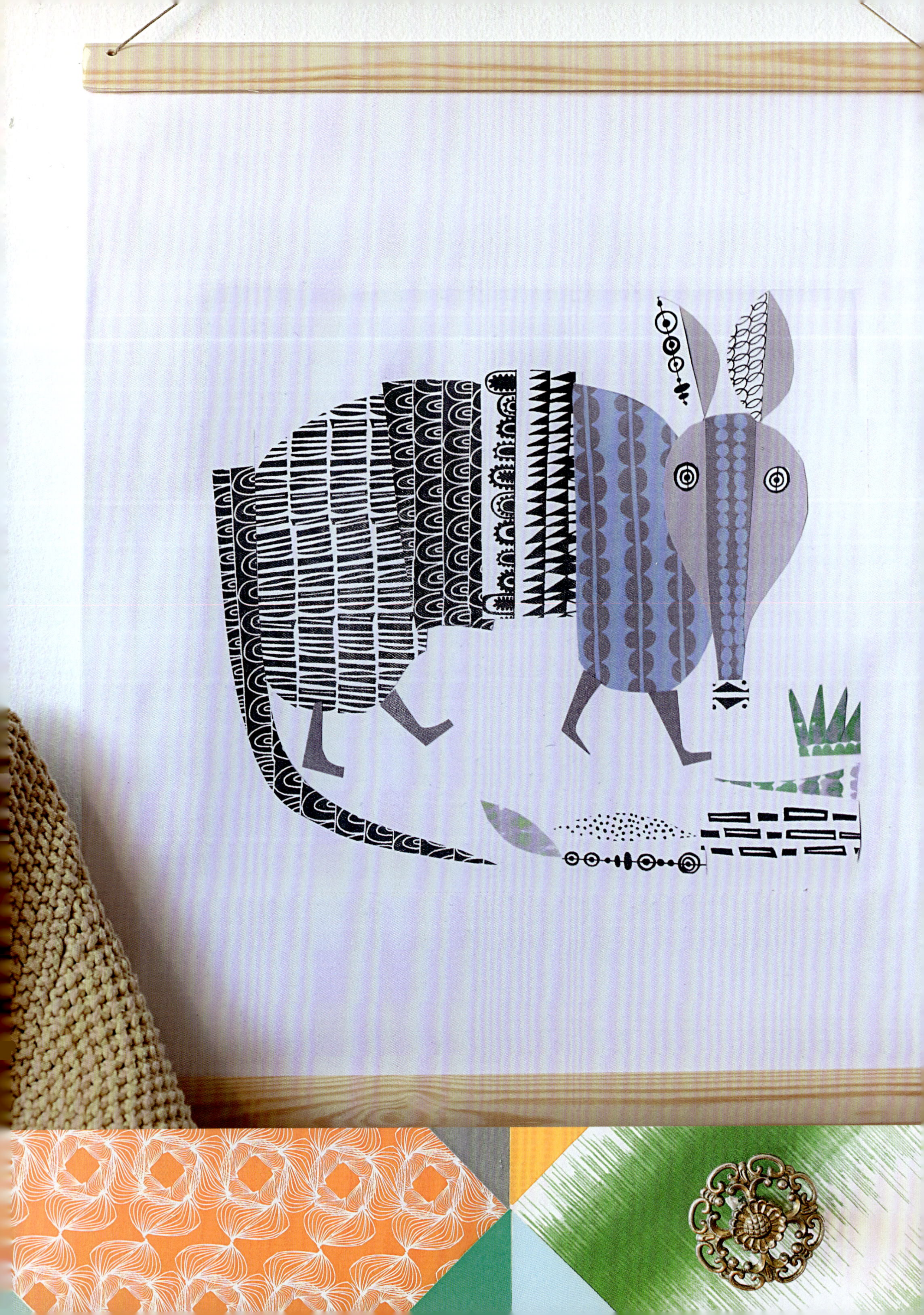

KAPITEL ZWEI

COLLAGEN-PROJEKTE

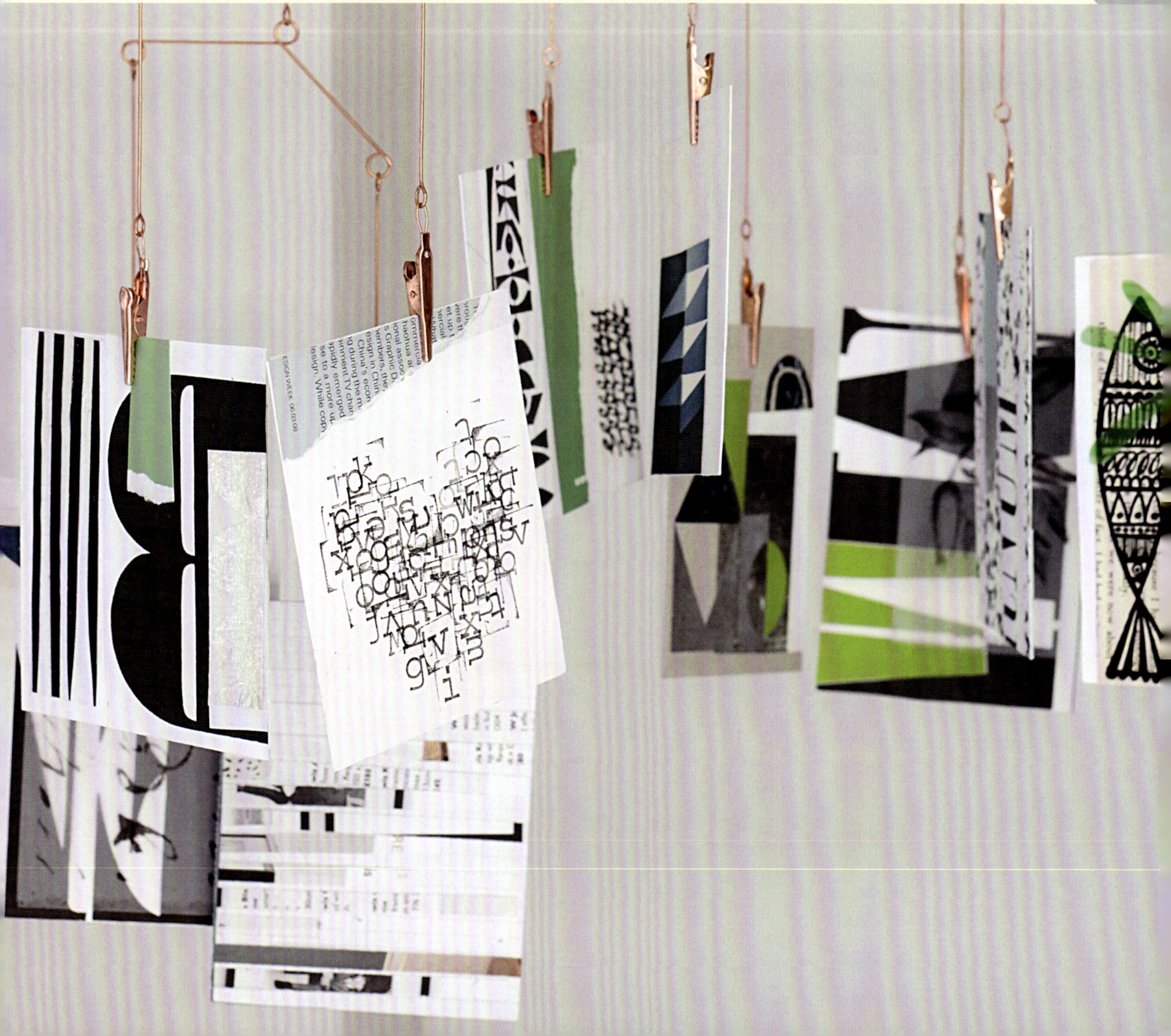

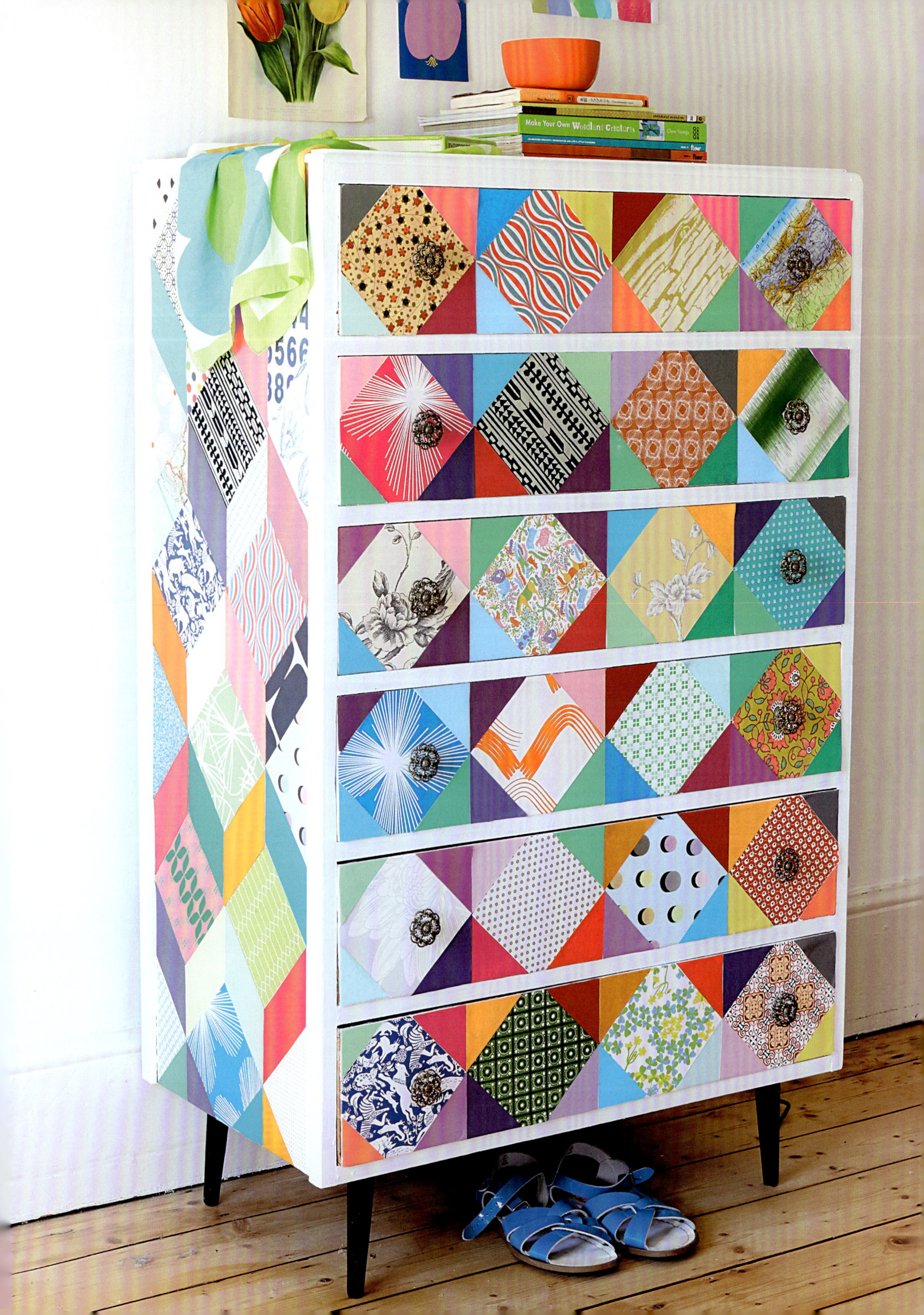
Make Your Own Woodland Creatures

KOMMODE IN COLLAGE-TECHNIK

Ich liebe **großformatige Collagen** und **geometrische Muster**. Bei diesem Projekt habe ich beides miteinander kombiniert und so einer ausgedienten Kommode neues Leben eingehaucht. Für die Collage können Sie jedes beliebige Papier verwenden: Reststücke von Tapeten, Seiten aus Zeitschriften, alte Landkarten oder gebrauchtes Geschenkpapier. Um den **3-D-Effekt** zu betonen, habe ich einfarbige Flächen integriert.

▼ DAS BRAUCHEN SIE

- ❍ Vorlagen, siehe Seite 127
- ❍ Bleistift
- ❍ Lineal
- ❍ Transparentpapier
- ❍ Tonpapier
- ❍ Cuttermesser
- ❍ Schneidematte
- ❍ gemustertes Papier und Buntpapier in verschiedenen Farben
- ❍ Tapetenkleister
- ❍ Kreppband

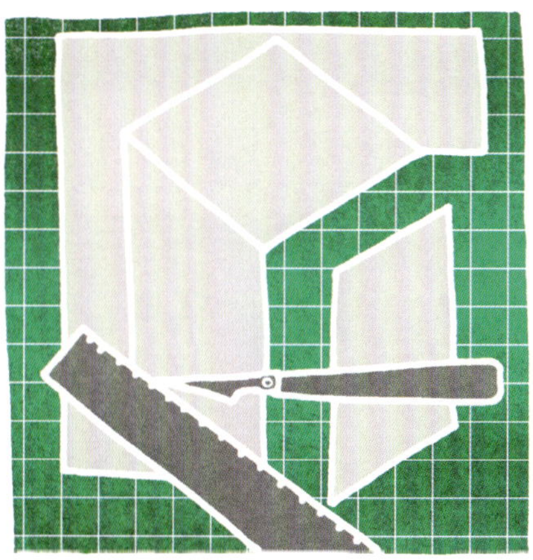

1 Zeichnen Sie die Vorlagen ab, übertragen Sie sie auf Tonpapier und schneiden Sie sie mit einem Cuttermesser aus. Verwenden Sie dafür ein Lineal sowie eine Schneidematte, um Ihre Arbeitsfläche vor Kratzern zu schützen.

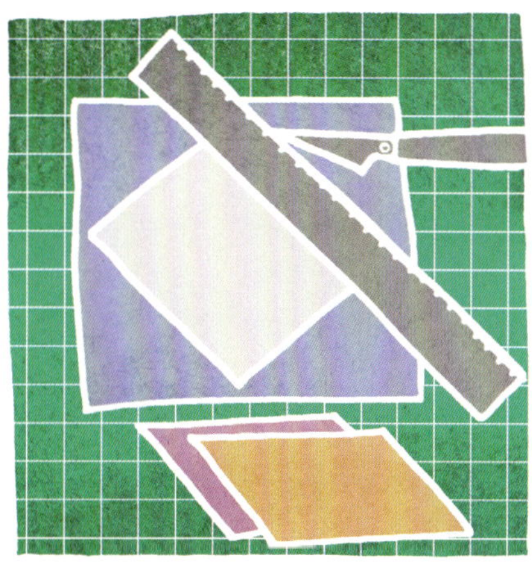

2 Schneiden Sie Ihr Papier jeweils mithilfe der Tonpapier-Vorlagen zu. Für die Seiten der Kommode setzt sich jede Form aus einem Mittelteil und zwei Seitenflächen (links und rechts) zusammen. Für den Mittelteil habe ich gemustertes Papier ausgewählt und für die Seitenflächen schlichtes einfarbiges Buntpapier.

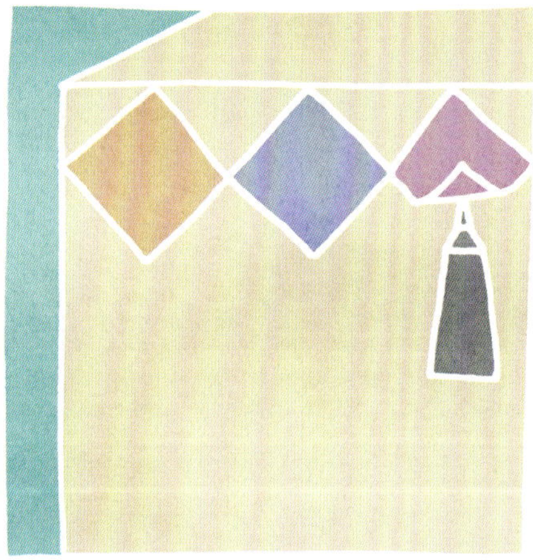

3 Kleben Sie die erste Reihe Ihres Musters auf die Seiten der Kommode, indem Sie die Quadrate um 90° drehen, sodass sie eine Raute ergeben. Legen jeweils eine Ecke des Quadrats an der Oberkante Ihrer Kommode an. Schneiden Sie ggf. überstehende Kanten mit dem Cuttermesser ab.

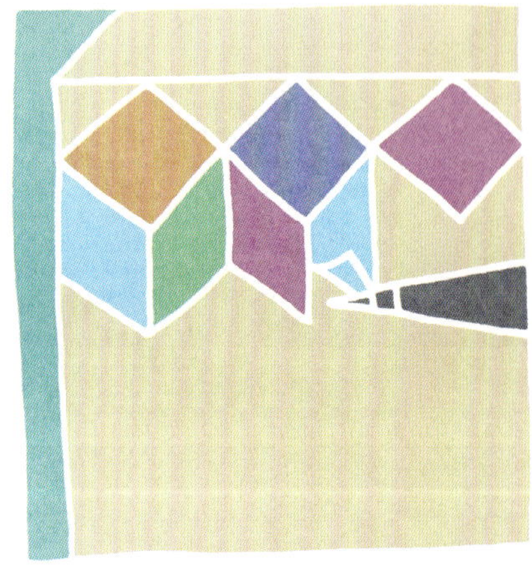

4 Kleben Sie nun als zweite Reihe des Musters die einfarbigen Seitenflächen auf und fügen Sie noch weitere Reihen hinzu, bis das Muster vollständig ist.

5 Für die Front der Kommode habe ich das Muster abgewandelt und pro Schublade vier gedrehte Quadrate verwendet, die von kleineren Dreiecken umgeben sind. Welches Muster Sie wählen, hängt von der Form und Größe Ihrer Schubladen ab. Entfernen Sie jedoch unbedingt alle Griffe, bevor Sie die Schubladen bekleben, und schrauben Sie diese erst nach Fertigstellung der Collage wieder an.

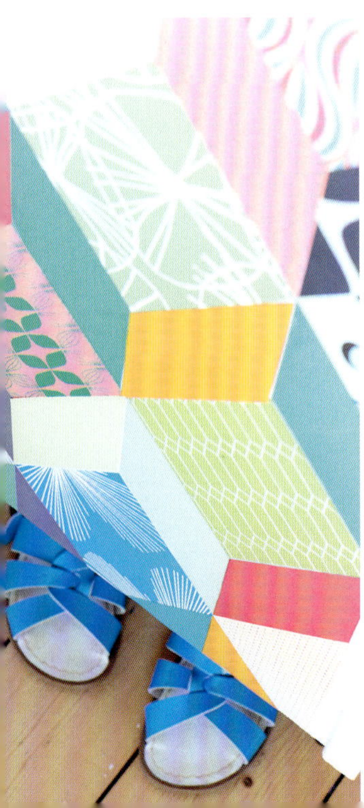

KREATIV-TIPP

Entwerfen Sie verschiedene gitterartige Muster und bringen Sie so Abwechslung ins Spiel! Sie können entweder ganz einfache Muster zeichnen, z. B. ein Patchwork aus Quadraten und Dreiecken. Oder Sie entwerfen – falls Sie es raffinierter mögen – einen Musterrapport auf Millimeterpapier, dessen Einzelteile Sie anschließend vergrößern, um daraus Ihre Vorlagen zu erstellen.

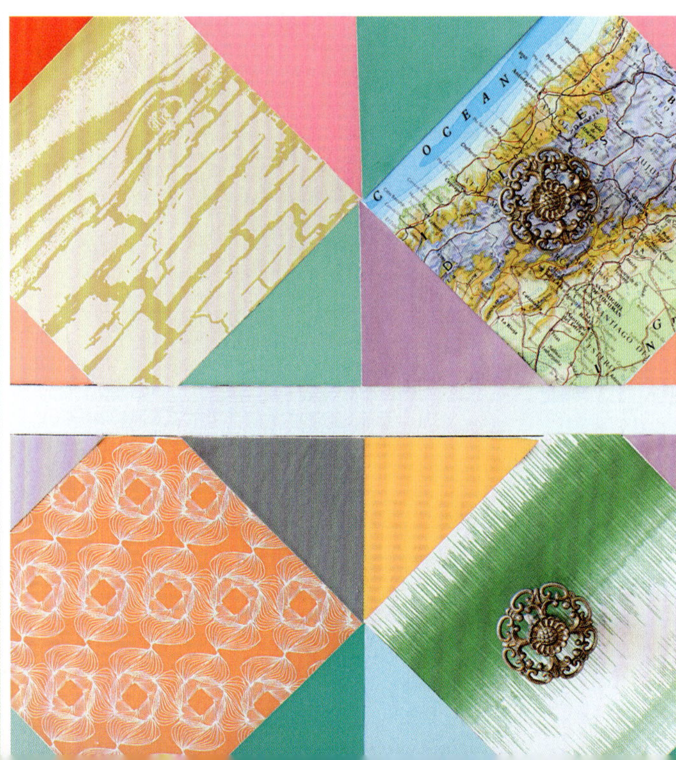

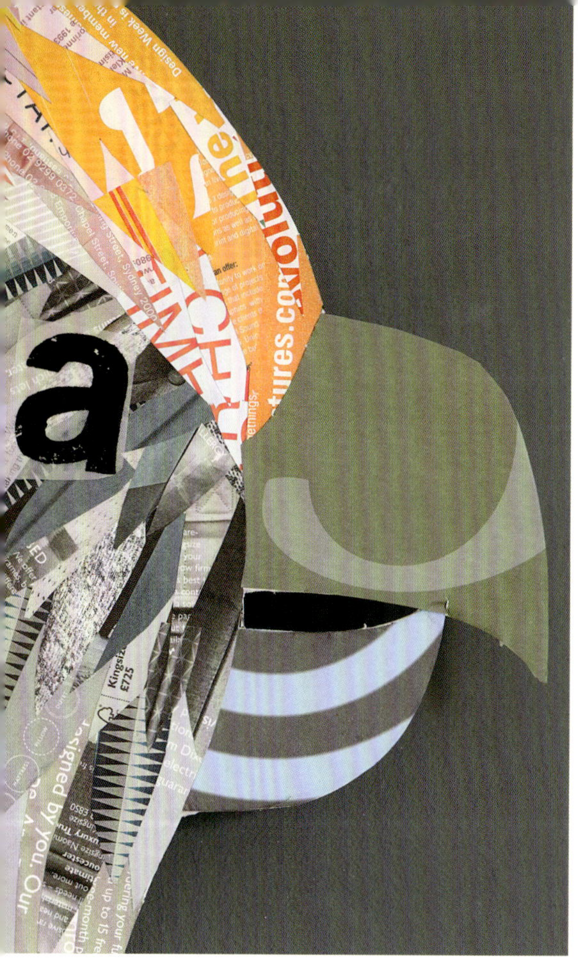

KAKADU-WANDBILD

Mit diesem **exotischen Wandschmuck** setzen Sie einen außergewöhnlichen gestalterischen Akzent. Meine Collage bezeichne ich zwar als Kakadu, aber in Wirklichkeit gibt es natürlich keine Kakadus in diesen Farben. Gestalten Sie diesen Fantasievogel in den Farben Ihrer Wahl. Ich habe dafür **Seiten aus alten Zeitschriften herausgerissen** und farblich sortiert. Schneiden Sie die Kakadu-Form aus und kleben Sie einfach drauf los!

▼ DAS BRAUCHEN SIE

- ❍ Vorlage, siehe Seite 120
- ❍ Bleistift
- ❍ Lineal
- ❍ Schaumstoffplatte (40 x 80 cm)
- ❍ Cuttermesser
- ❍ Schneidematte
- ❍ Seiten aus alten Zeitschriften
- ❍ Schere
- ❍ Malpinsel
- ❍ PVA-Klebstoff

✿ Bei diesem Projekt bietet es sich an, den PVA-Klebstoff in ein Schälchen zu füllen und mit etwas Wasser zu mischen. Dadurch wird der Kleber dünnflüssiger, lässt sich besser verteilen und trocknet zudem schneller.

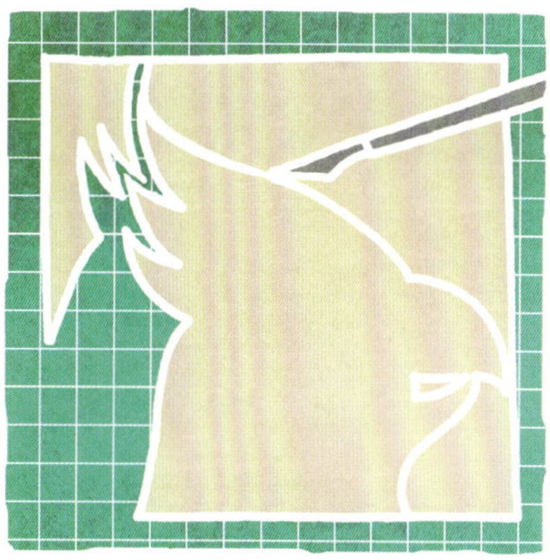

1 Vergrößern Sie die Vorlage mithilfe der Rastermethode und übertragen Sie sie auf die Schaumstoffplatte (Vergrößern von Vorlagen, siehe Seite 118). Schneiden Sie die Figur mit einem Cuttermesser aus und legen Sie zum Schutz Ihrer Arbeitsfläche eine Schneidematte unter.

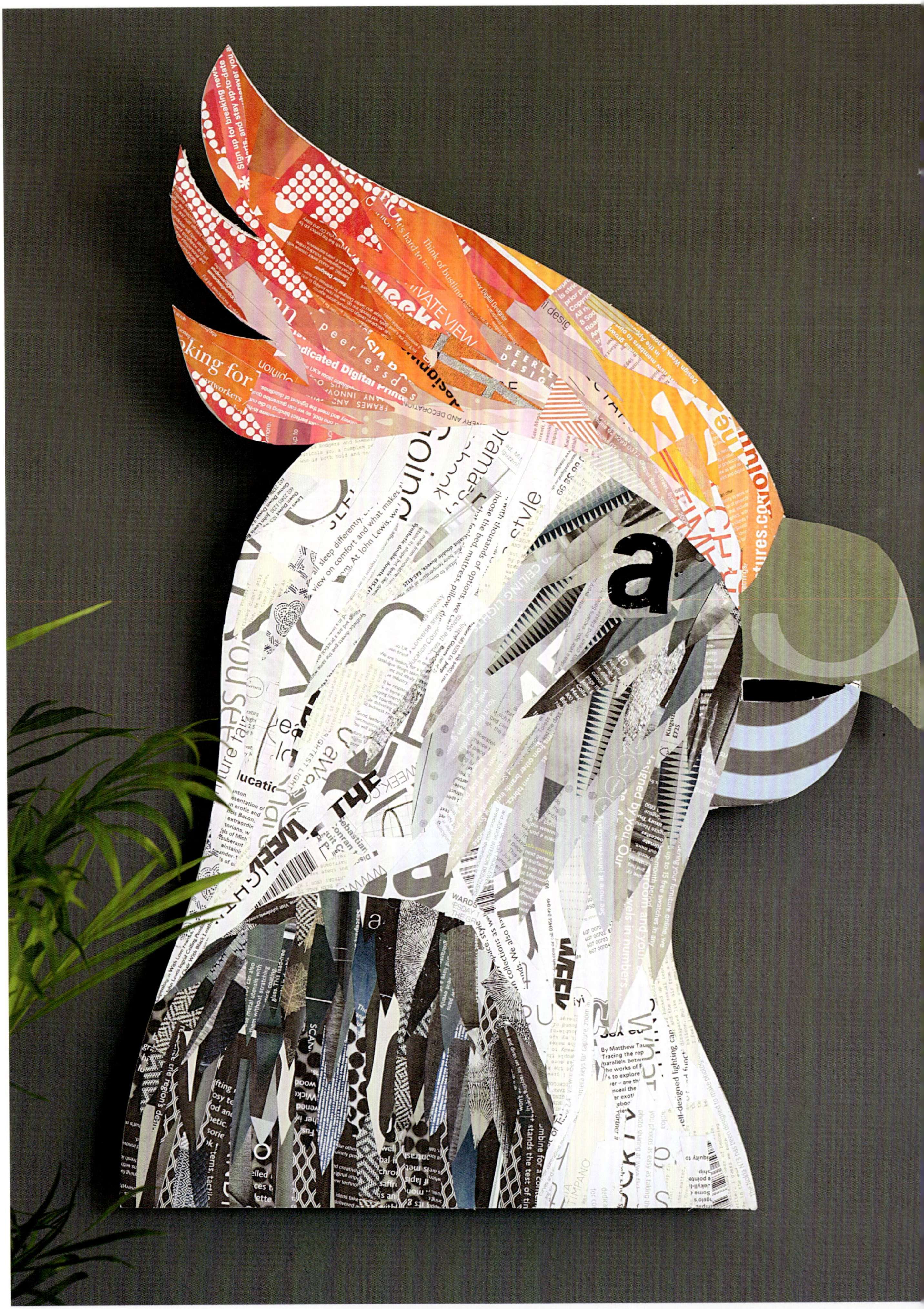

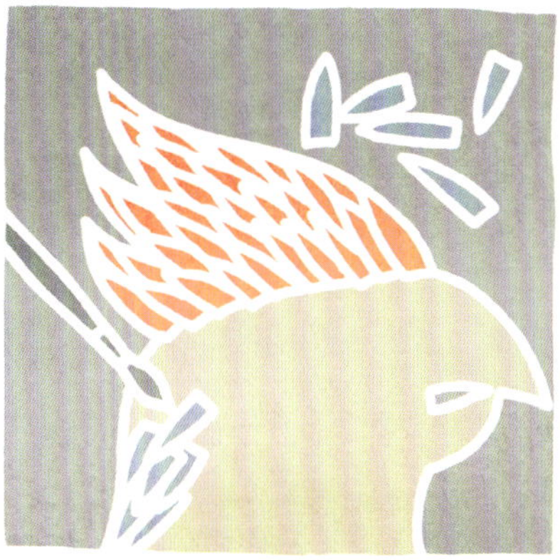

2 Schneiden Sie aus den Zeitschriftenseiten eine Vielzahl von langgezogenen Dreiecken zu. Nehmen Sie Malpinsel und PVA-Kleber zur Hand und kleben Sie die Dreiecke auf die Schaumstoffplatte. Dabei zeigen die Dreiecke für die Haube nach oben und im Bereich des Kopfes nach unten.

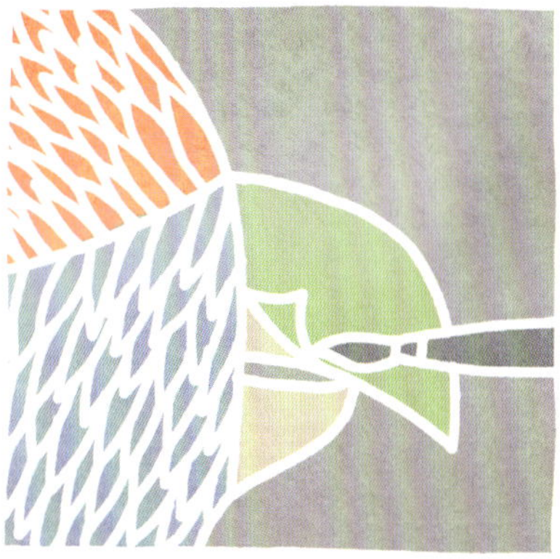

3 Scheiden Sie den Schnabel und das Auge des Vogels aus und kleben Sie die Teile fest.

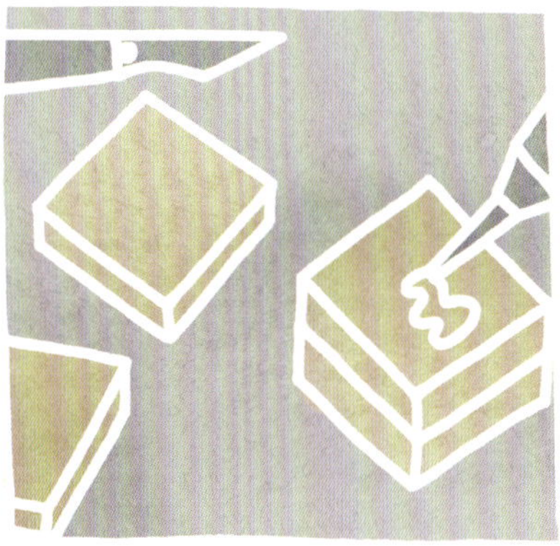

4 Zerschneiden Sie den restlichen Schaumstoff in acht Quadrate, jeweils mit einer Seitenlänge von 5 cm. Kleben Sie jeweils vier dieser Quadrate aufeinander, sodass zwei gleiche Stapel entstehen.

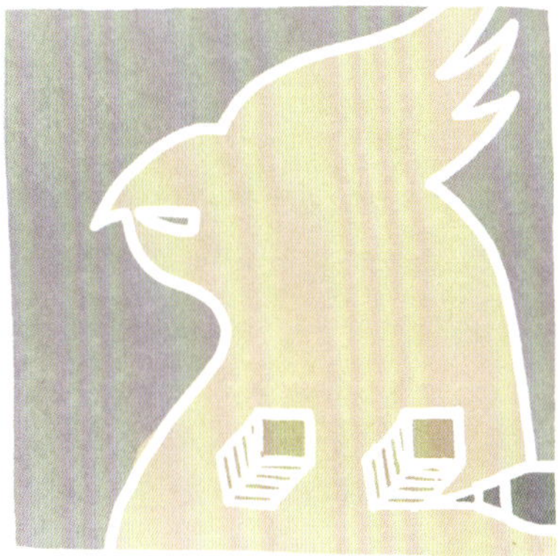

5 Kleben Sie die Schaumstoffstapel auf die Rückseite Ihrer Collage – sie werden später als Abstandhalter zur Wand dienen. Bringen Sie sie am besten mittig, auf einer Linie und mit etwas Abstand zueinander an.

✿ Dieses Kunstwerk ist so leicht, dass Sie es auch mit Blu-Tack-Klebemasse an der Wand befestigen können. Falls Sie eine dauerhafte Lösung wünschen, schlagen Sie im Abstand der Schaumstoffstapel zwei Nägel in die Wand. Anschließend positionieren Sie die Schaumstoffquadrate vor den Nägeln und drücken das Bild vorsichtig gegen die Wand.

KREATIV-TIPP

Mit dieser Methode können Sie jedes Tier Ihrer Wahl gestalten. Zeichnen Sie ein paar Tierfiguren, bevor Sie sich für eine entscheiden, diese vergrößern und bekleben. Falls Sie kein Vertrauen in Ihre zeichnerischen Fähigkeiten haben, finden Sie im Internet eine große Auswahl an lizenzfreien Tiermotiven (siehe Lizenzfreie Bilddatenbanken, Seite 128).

GERAHMTE COLLAGEN

Collagen bestehen oft aus **mehreren Schichten**. Für diese romantischen Collagen mit botanischen Motiven habe ich alte Drucke, einen hübschen Schriftzug aus einer Zeitschrift sowie altmodische Stickmuster verwendet. Dabei wurden einige der Motive auf Transparentpapier ausgedruckt, sodass man durch mehrere Schichten hindurchsehen kann. Um den **Eindruck von Transparenz** zu verstärken, habe ich die Collagen hinter Glas gerahmt und aufgehängt. So können Sie eine Werkreihe schlicht, aber wirkungsvoll präsentieren.

▼ DAS BRAUCHEN SIE

- ❍ Auswahl an Papier, Drucken und Mustern
- ❍ 2 Glasplatten von Clip-Rahmen pro Collage
- ❍ 2 Bilderhaken pro Rahmen
- ❍ Sekundenkleber
- ❍ Klebestift
- ❍ Washi-Tape
- ❍ Schere
- ❍ dünnes Schleifen- bzw. Stoffband

1 Stellen Sie Ihre Collagen mithilfe der Anleitung zum Schichten (siehe Seite 26) zusammen. Achten Sie dabei darauf, dass Ihre fertigen Kunstwerke kleiner als die Glasplatten sind.

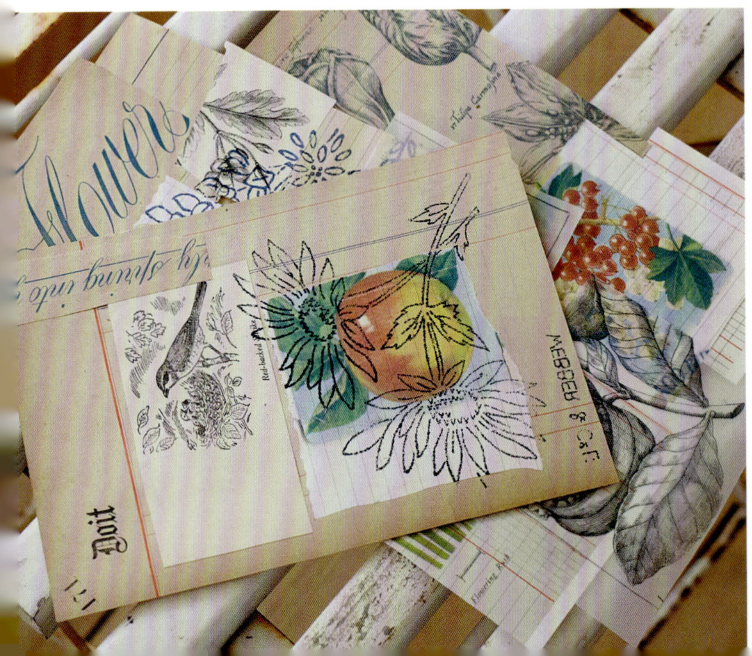

2 Befestigen Sie jeweils zwei Bilderhaken mit Sekundenkleber am oberen Rand der Glasplatte, folgen Sie dabei der Anleitung des Herstellers. Beide Haken sollten gerade sowie im gleichen Abstand zu den Ecken platziert werden.

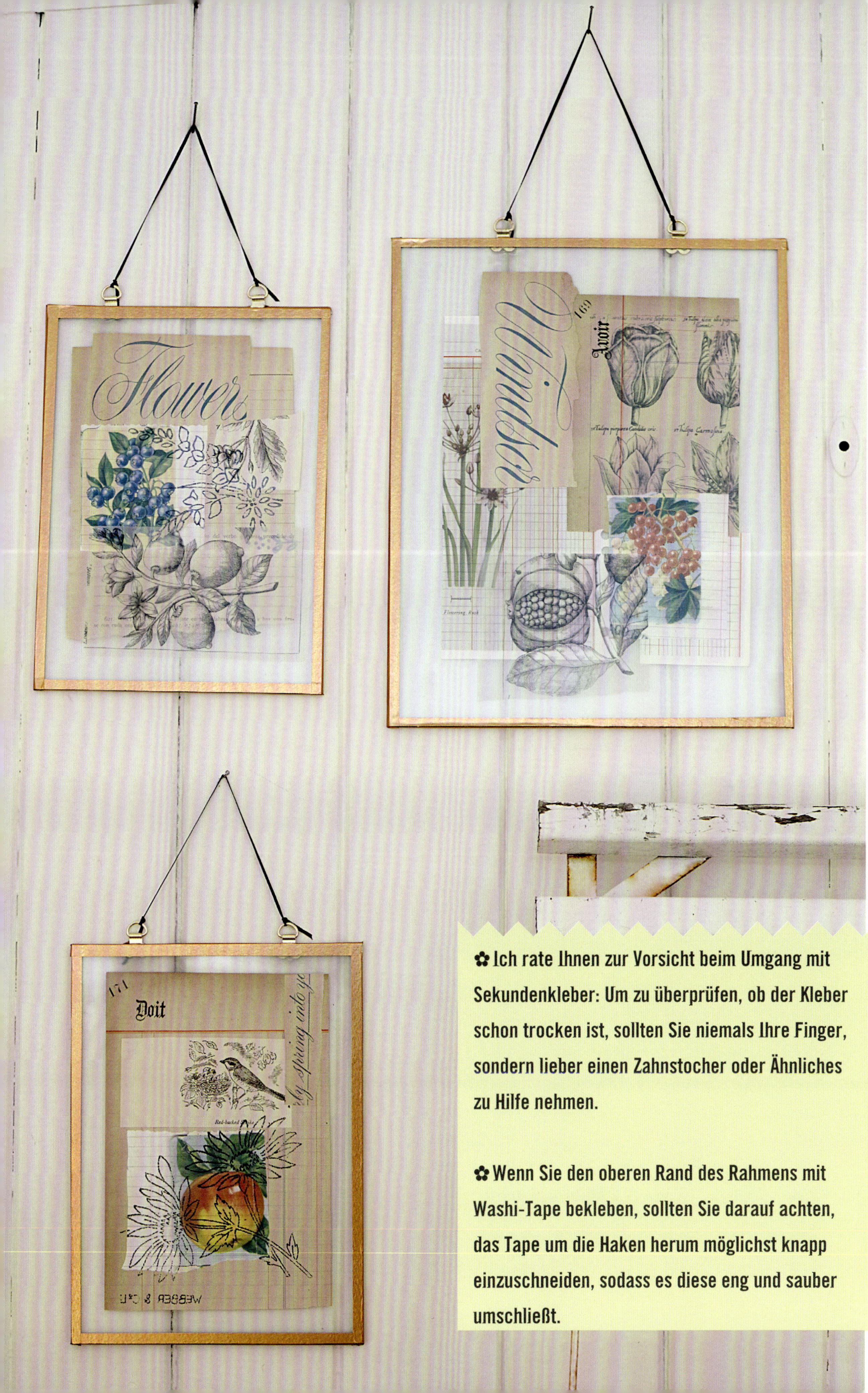

✿ Ich rate Ihnen zur Vorsicht beim Umgang mit Sekundenkleber: Um zu überprüfen, ob der Kleber schon trocken ist, sollten Sie niemals Ihre Finger, sondern lieber einen Zahnstocher oder Ähnliches zu Hilfe nehmen.

✿ Wenn Sie den oberen Rand des Rahmens mit Washi-Tape bekleben, sollten Sie darauf achten, das Tape um die Haken herum möglichst knapp einzuschneiden, sodass es diese eng und sauber umschließt.

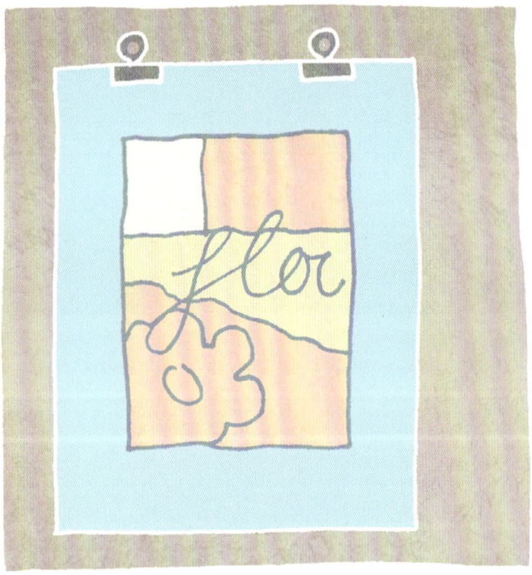

3 Sobald der Kleber getrocknet ist, können Sie Ihre Collage auf dem Glas platzieren. Fixieren Sie die Collage mit dem Klebestift, damit sie nicht mehr verrutschen kann.

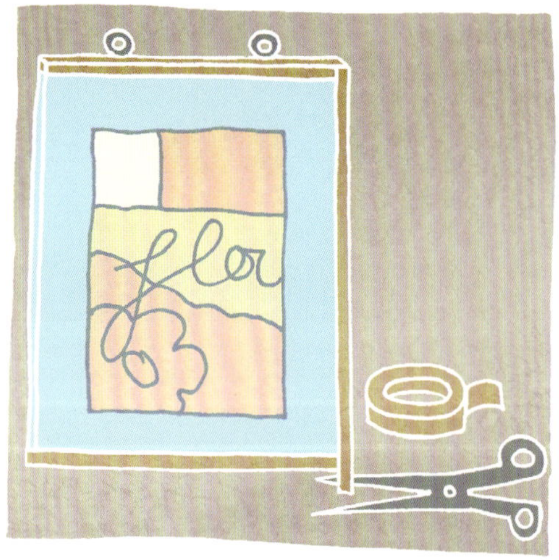

4 Legen Sie die zweite Glasplatte darüber und bekleben Sie den Rand beider Platten mit Washi-Tape – ich habe mich für ein kupferfarbenes Tape entschieden, das optisch an einen Metallrahmen erinnert. Der Rahmen aus Washi-Tape sollte auf Vorder- und Rückseite möglichst gleich breit sein (dazu braucht es etwas Übung). Zum Schluss schneiden Sie überstehendes Tape ab.

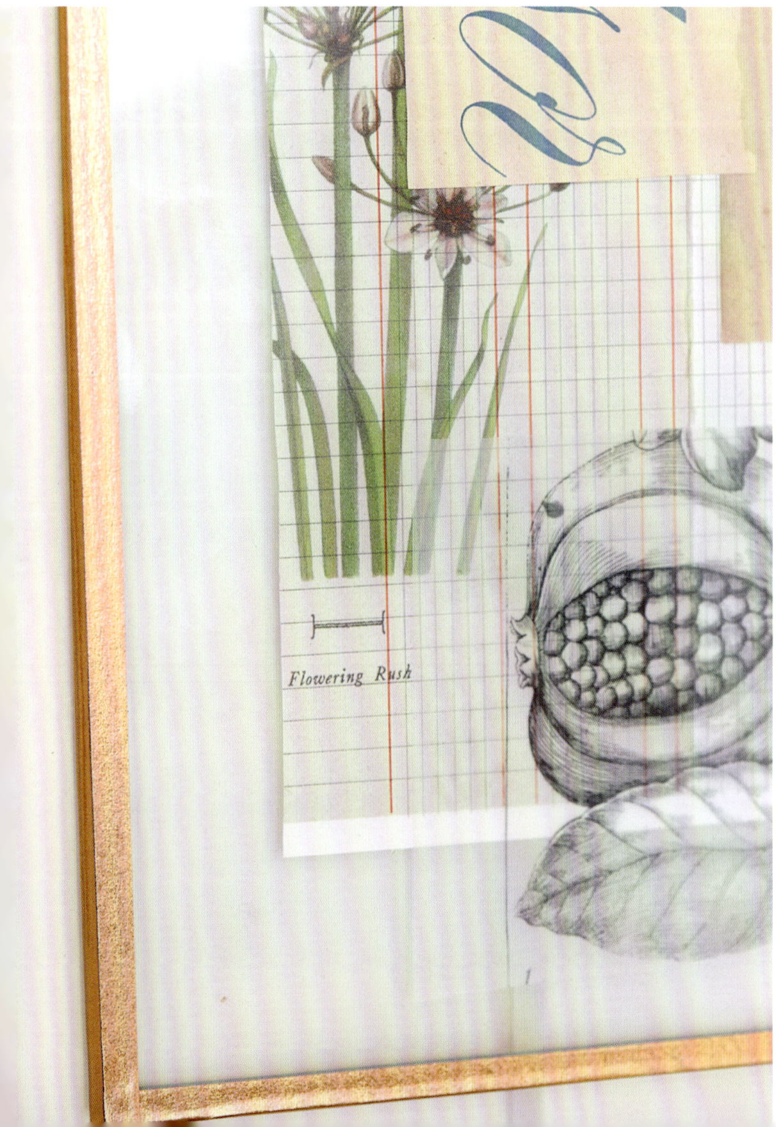

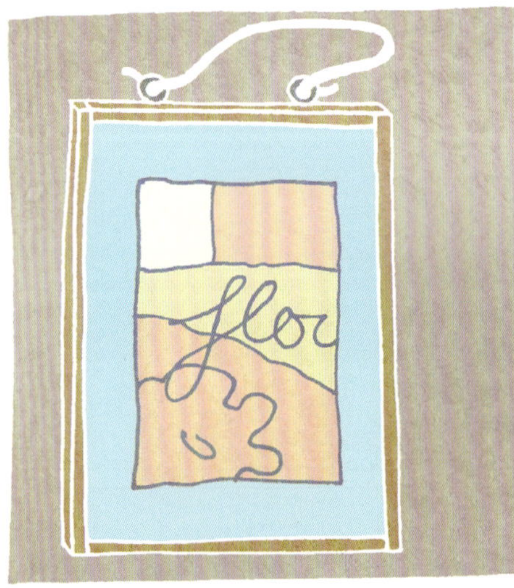

5 Wenn Sie jetzt noch ein kurzes, dünnes Schleifenband durch die Bilderhaken fädeln, ist Ihr Kunstwerk fertig und kann aufgehängt werden.

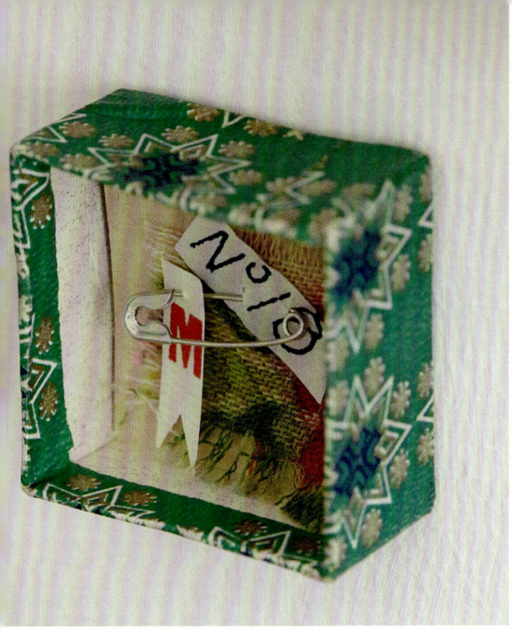

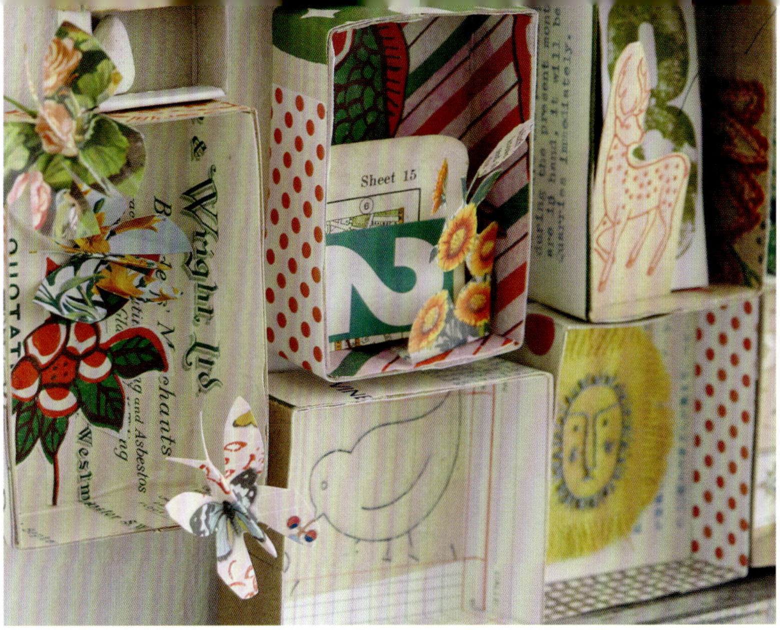

KLEINE SCHACHTELN

Diese kleinen Schachteln zu basteln, macht einen Riesenspaß. Einfach verschiedene Pappschachteln bekleben, dekorieren und füllen – fertig ist **eine bezaubernde, ausgefallene Sammlung!** Sie können dafür Papierschnipsel und Ausschnitte aus Zeitschriften, alte Fotografien und kleine Gegenstände verwenden. Fügen Sie alle Einzelteile zusammen und stellen Sie das entstandene Kunstwerk zur Schau – selbst wenn es schon an der Wand hängt, **können Sie noch Details hinzufügen**.

DAS BRAUCHEN SIE

- Vorlage, siehe Seite 125
- Bleistift
- Lineal
- Tonpapier (Ich habe Graukarton verwendet.)
- Cuttermesser
- Schneidematte
- stumpfes Messer oder Falzbein
- PVA-Klebstoff
- verschiedene Papiere zum Collagieren
- Blu-Tack

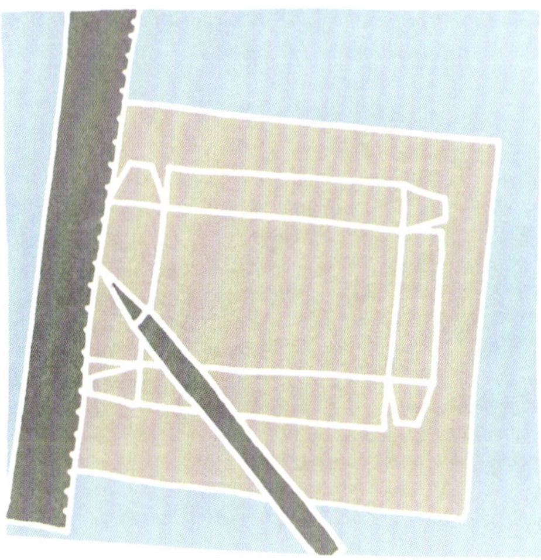

1 Übertragen Sie die Kastenform mithilfe der Vorlage auf ein Stück Tonkarton. Ich habe eine exakte Größe vorgegeben, aber natürlich können Sie das Format Ihrer Schachteln auch selbst festlegen.

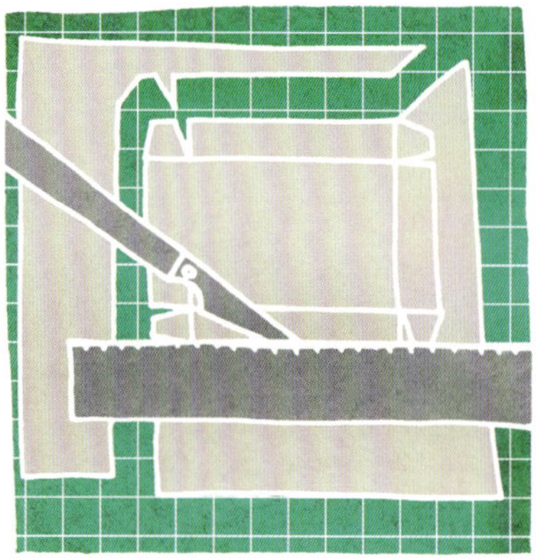

2 Schneiden Sie mithilfe von Lineal und Cuttermesser alle Schachteln aus. Schützen Sie Ihre Arbeitsfläche dabei mit einer Schneidematte.

✿ Für dieses Projekt können Sie Schachteln aller Art verwenden: von Streichholzschachteln über selbst gebastelte Boxen bis hin zu alten Sardinenbüchsen (Vorsicht mit den scharfen Kanten!).

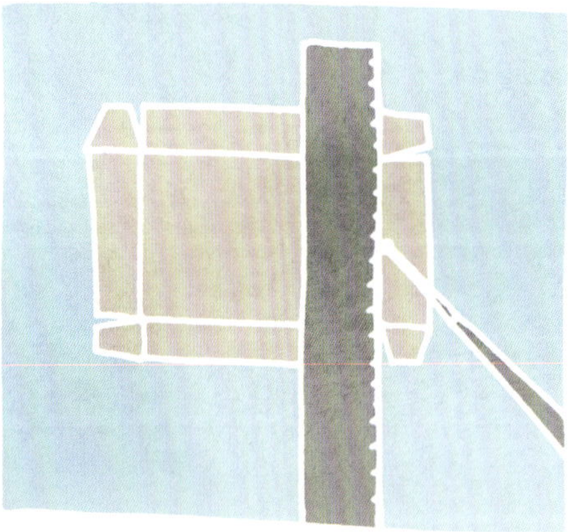

3 Ritzen Sie die auf der Vorlage markierten Falzlinien leicht mit einem stumpfen Gegenstand ein und nehmen Sie dabei ein Lineal zu Hilfe.

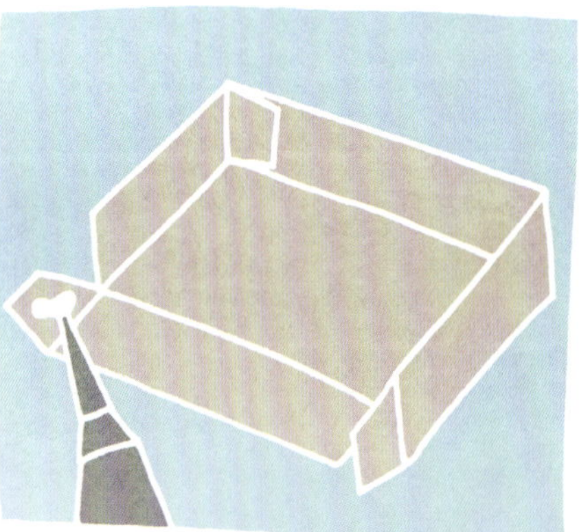

4 So falten Sie die Schachtel zusammen: Knicken Sie die Laschen um, geben Sie jeweils einen Tropfen Kleber darauf und fixieren Sie die Laschen.

5 Nun kann die fertige Schachtel dekoriert werden. Dabei beklebe ich als Erstes die Innen- und Außenkanten entlang der Kanten mit Papier. Da die kleinen Schachteln so leicht sind, können sie ganz einfach mit Blu-Tack an der Wand befestigt werden.

KREATIV-TIPP

- Natürlich braucht man für eine solche Dekoration kein Konzept, dennoch möchte ich Ihnen ein paar Anregungen an die Hand geben: Nehmen Sie doch einen Geburtstag oder ein Jubiläum zum Anlass und fügen Sie Ihrem Arrangement jedes Jahr eine weitere Schachtel hinzu. Verarbeiten Sie Souvenirs aus einem Urlaub, schenken Sie die Schachteln Ihrem Freund oder einer Freundin und versehen Sie sie mit geheimen Botschaften, die nur Sie beide verstehen.

- Überlegen Sie, womit Sie einen 3-D-Effekt erzeugen können. Kleben Sie Ihre Figuren z. B. auf einen kleinen Sockel, sodass sie in der Schachtel freistehen können. Oder hängen Sie Ihre Objekte an einem Faden auf. Natürlich können Sie auch plastische Objekte wie kleine Kieselsteine oder Muscheln verwenden.

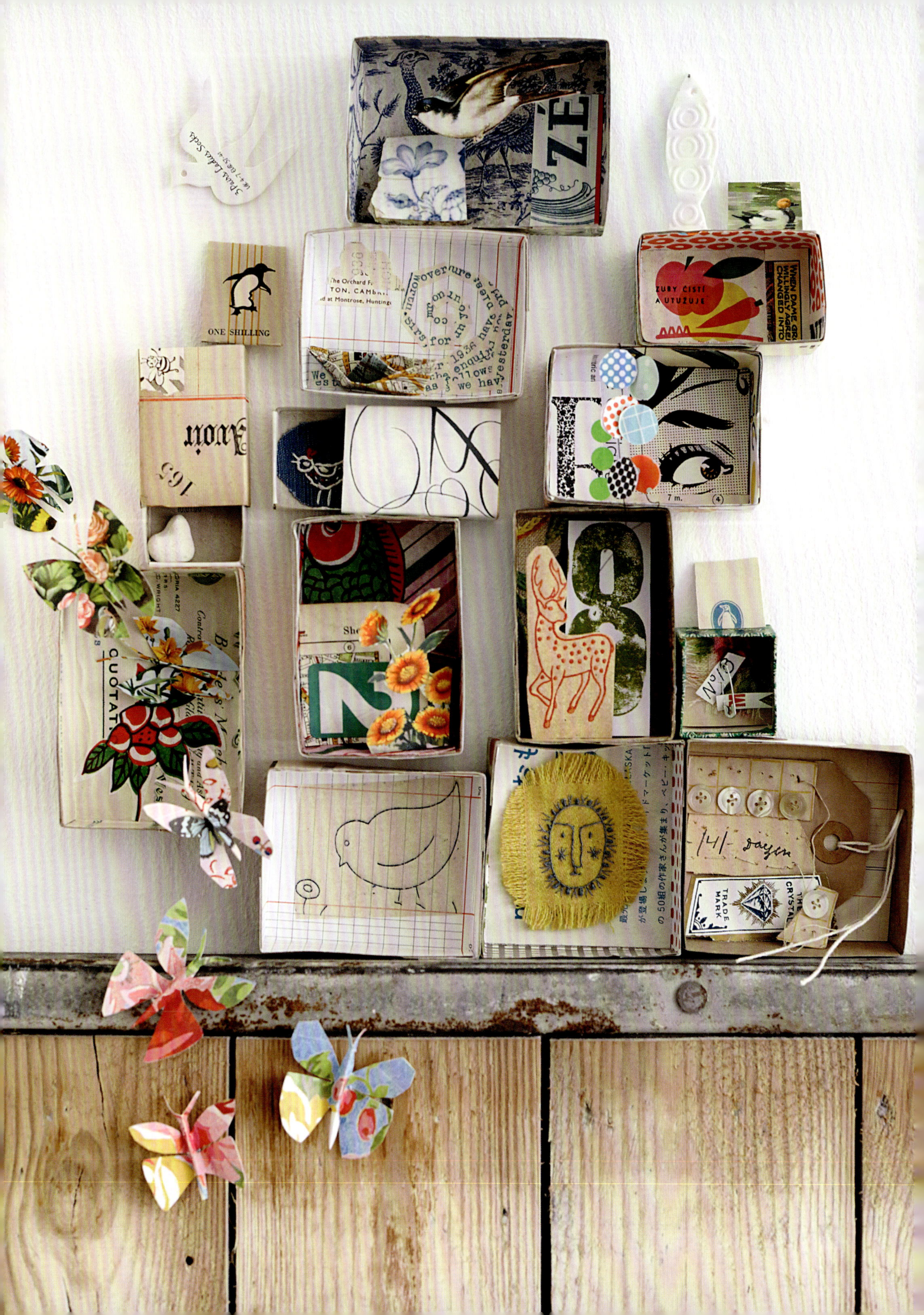
ONE SHILLING
TRADE MARK

✿ Wenn Sie keine Nähmaschine besitzen, können Sie die Notizbücher ebenso gut von Hand zusammennähen oder heften.

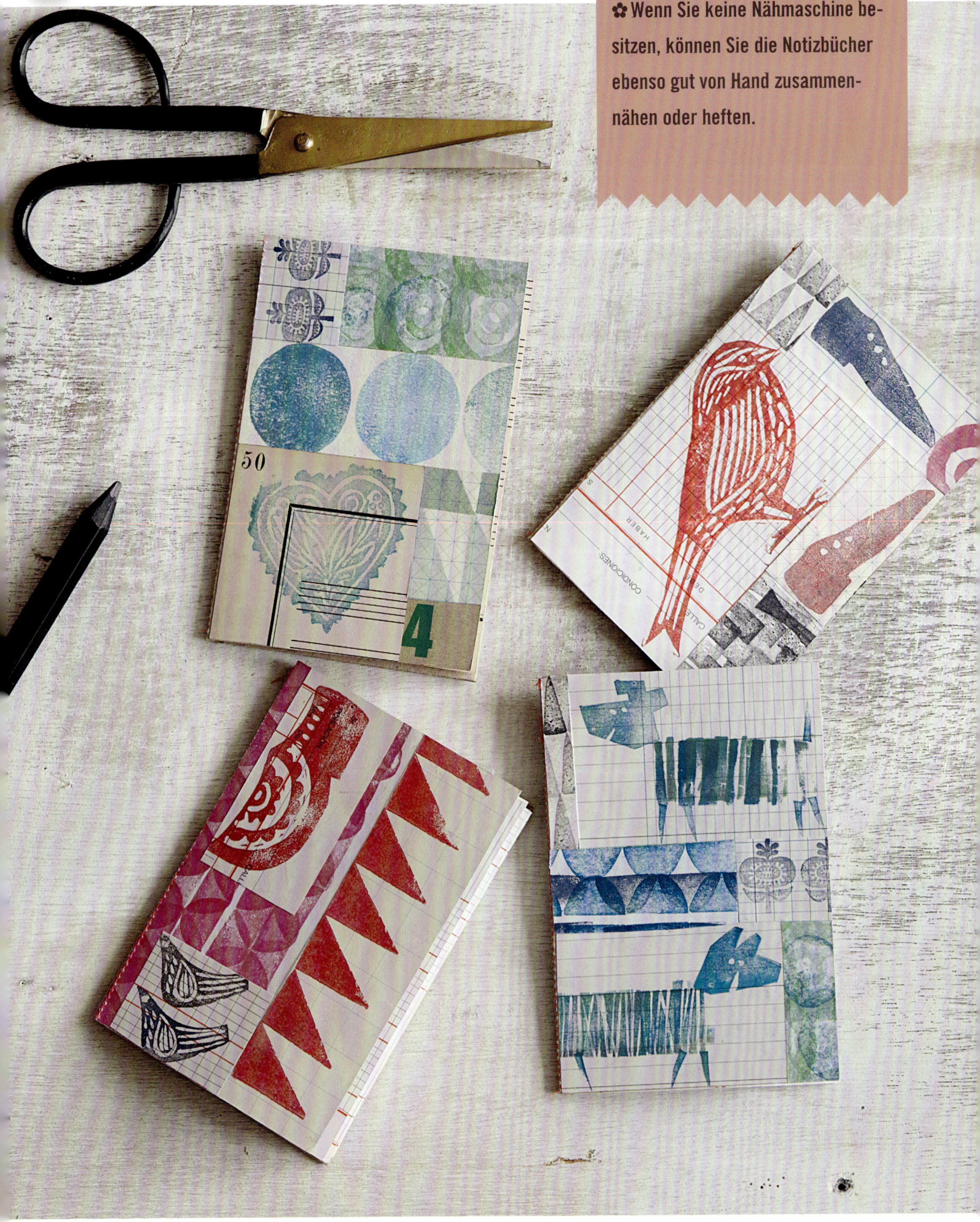

MINI-NOTIZBUCH

Bei diesem Projekt können Sie sogar **unterwegs collagieren**. Dafür brauchen Sie nur einen Klebestift, eine kleine Schere und ein Mini-Notizbuch! Mein Exemplar hat hinten ein Einsteckfach, in dem ich meine gesammelten Papierschnipsel aufbewahre. Für die Collage auf dem Umschlag habe ich **von Hand bedrucktes Papier** verwendet (siehe Papier selbst gestalten, Seite 13), während die Buchseiten aus **Karopapier und alten Notenblättern** bestehen. Nur ganz selten bin ich ohne mein Mini-Notizbuch anzutreffen. Denn man weiß nie, wann einen die Muse küsst!

1 Übertragen Sie die Vorlage auf ein Stück Tonkarton und schneiden Sie sie aus. Verwenden Sie dazu ein Cuttermesser und eine Schneidematte, um Ihre Arbeitsfläche vor Kratzern zu schützen.

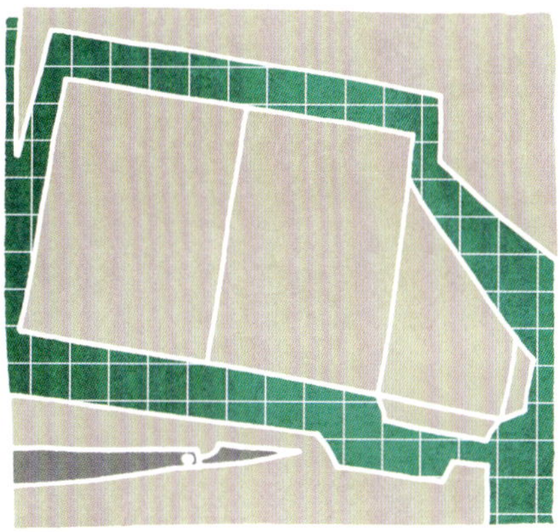

2 Ritzen Sie die auf der Vorlage markierten Falzlinien mit einem stumpfen Gegenstand leicht ein. Biegen Sie die Laschen zurück und bestreichen Sie sie mit Kleber. Befestigen Sie die Laschen der hinteren Umschlagseite Ihres Notizbuchs so, dass dabei ein kleines Einsteckfach entsteht.

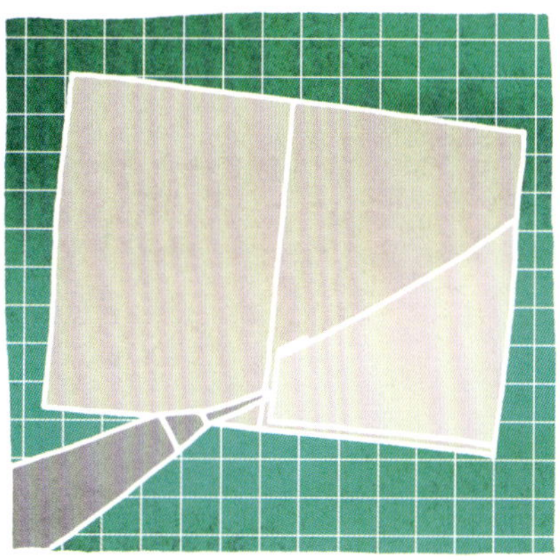

▼ DAS BRAUCHEN SIE

- Vorlage, siehe Seite 119
- Transparentpapier
- Kreppband
- Bleistift
- Lineal
- graues Tonpapier
- Cuttermesser
- Schneidematte
- stumpfes Messer oder Falzbein
- Klebestift
- von Hand bedrucktes Papier
- Seiten aus alten Noten- oder Matheheften
- Nähmaschine (optional)

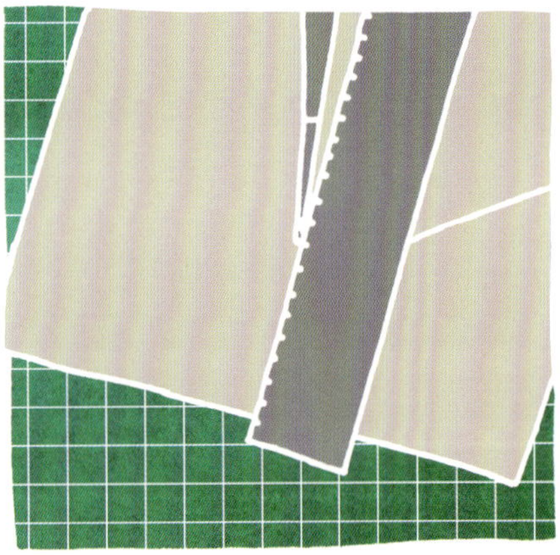

3 Ritzen Sie das Tonpapier entlang der Mittelfalz leicht ein und falten Sie es einmal in der Mitte.

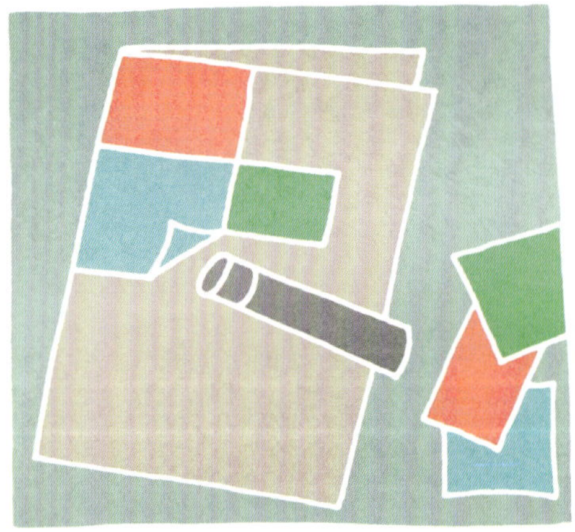

4 Verzieren Sie die vordere Umschlagseite mit einer Collage aus von Hand bedruckten Papierschnipseln.

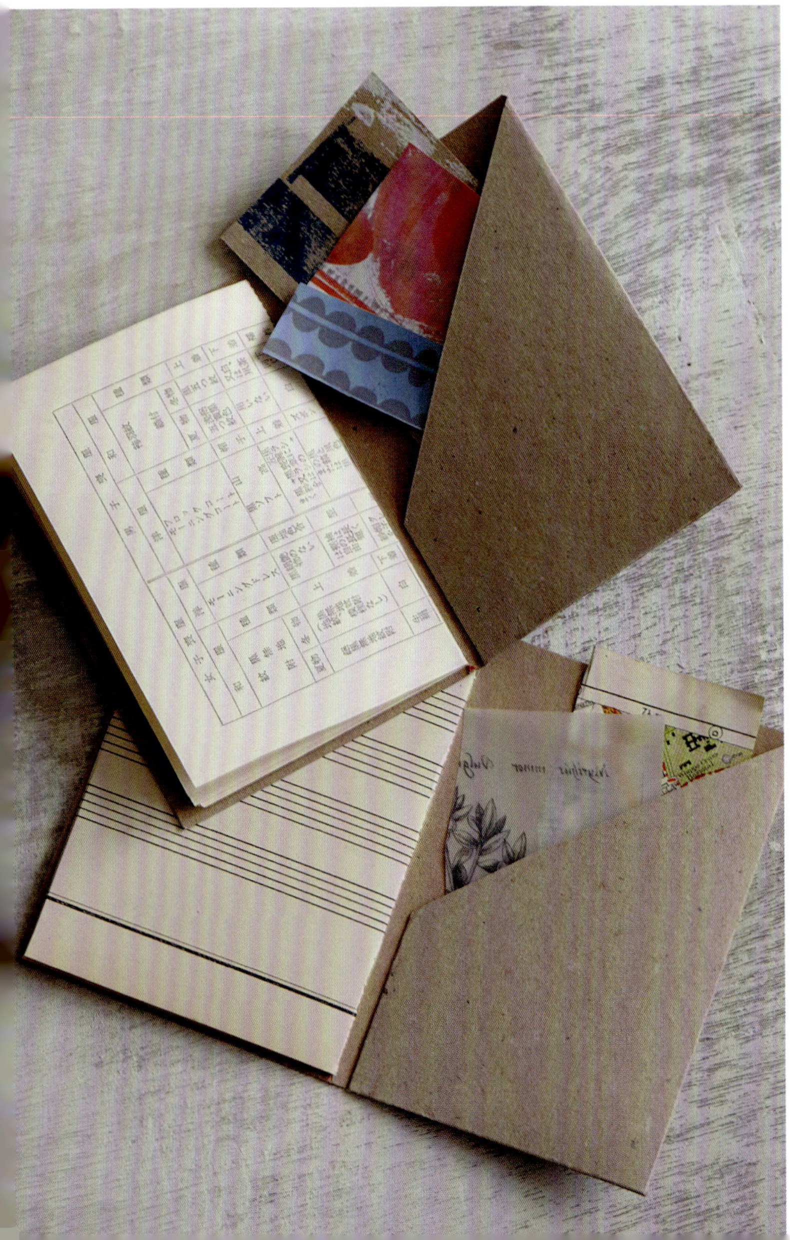

5 Und so fertigen Sie die Buchseiten an: Schneiden Sie aus Noten- und Karopapier mehrere Rechtecke in den Maßen 18 x 13 cm aus und falten Sie diese leicht in der Mitte.

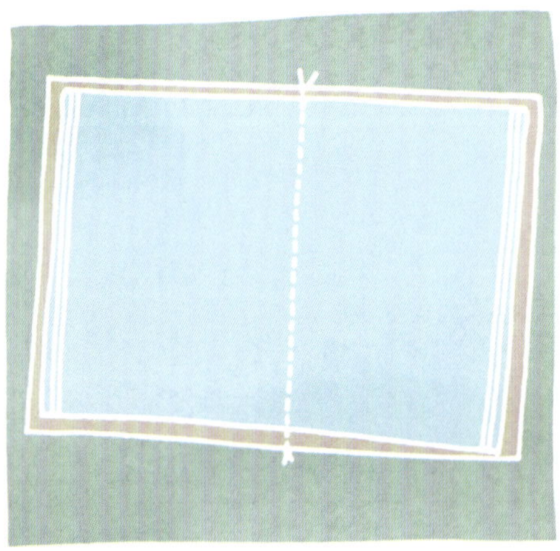

6 Legen Sie nun alle Seiten so in den Buchumschlag, dass die Falzkanten genau übereinanderliegen. Nähen oder heften Sie entlang des Mittelfalzes, um Ihr Buch fertigzustellen.

FOTO-COLLAGE

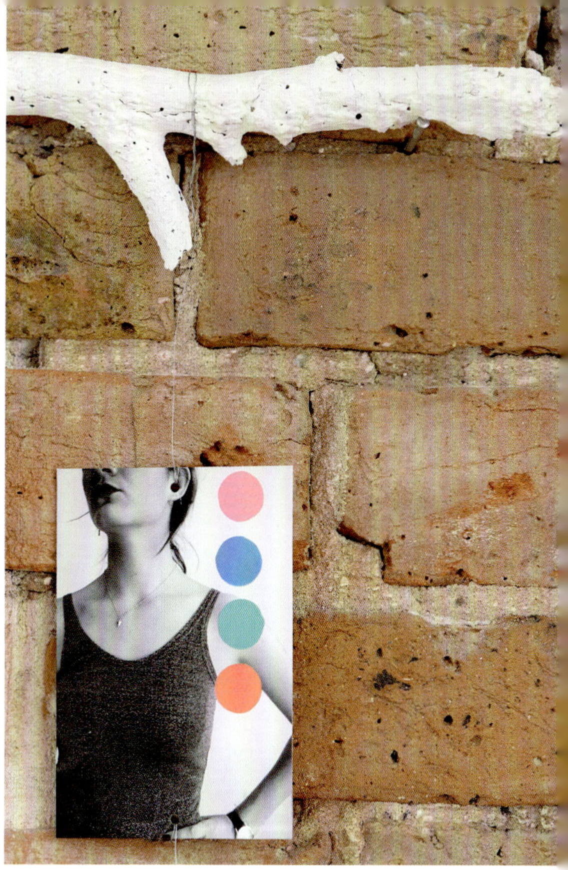

Wie viele **Fotos** haben Sie auf Ihrer Kamera und Ihrem Computer gespeichert – Hunderte oder sogar Tausende? Bei einigen meiner Bilder habe ich den Kontrast verstärkt und sie in **Schwarz-Weiß** ausgedruckt, damit sie besonders dramatisch wirken. Anschließend wurden die Bilder mit ein paar geometrischen Figuren aus farbigem, semitransparentem Papier beklebt. So entstand diese **schlichte**, aber **wirkungsvolle** Foto-Collage.

▼ DAS BRAUCHEN SIE

- ❍ Schwarz-Weiß-Fotografien
- ❍ Tonpapier
- ❍ Klebestift
- ❍ Bleistift
- ❍ Lineal
- ❍ Geodreieck oder Zeichenwinkel
- ❍ Cuttermesser
- ❍ Schneidematte
- ❍ Transparentpapier
- ❍ Farbstifte
- ❍ Schere
- ❍ Lochzange
- ❍ Basteldraht
- ❍ Drahtzange
- ❍ kleine Zange
- ❍ ein Stück Treibholz (ca. 70 cm lang)
- ❍ weiße Farbe (optional)
- ❍ Malpinsel (optional)

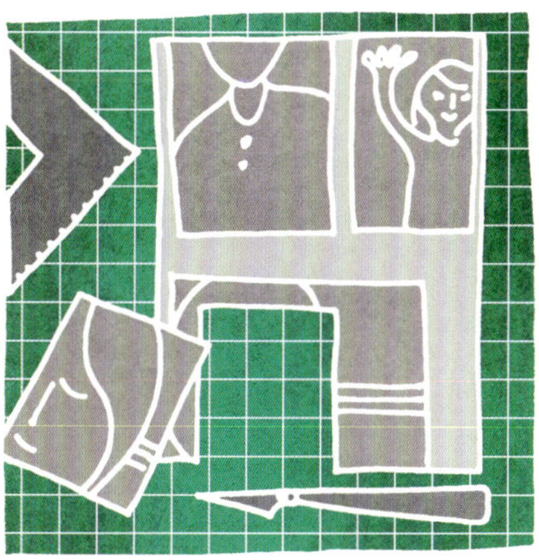

1 Kleben Sie einige Fotos auf Tonpapier. Lassen Sie den Kleber zunächst gut antrocknen und schneiden dann die Bilder in unterschiedlichen Größen aus. Verwenden Sie dafür Bleistift, Lineal und Geodreieck bzw. Zeichenwinkel. Bei meiner Foto-Collage misst das kleinste Bild 9 x 12 cm und das größte 10 x 14 cm. Benutzen Sie zum Schneiden ein Cuttermesser sowie eine Schneidematte, um Ihre Arbeitsfläche vor Kratzern zu schützen.

2 Kolorieren Sie Ihr Transparentpapier. Für einen gleichmäßigen Farbauftrag verwenden Sie am besten breite Farbstifte. Schneiden Sie ein paar beliebige Formen – z. B. Dreiecke, kleine Kreise und Streifen – aus und bekleben Sie die Fotos damit.

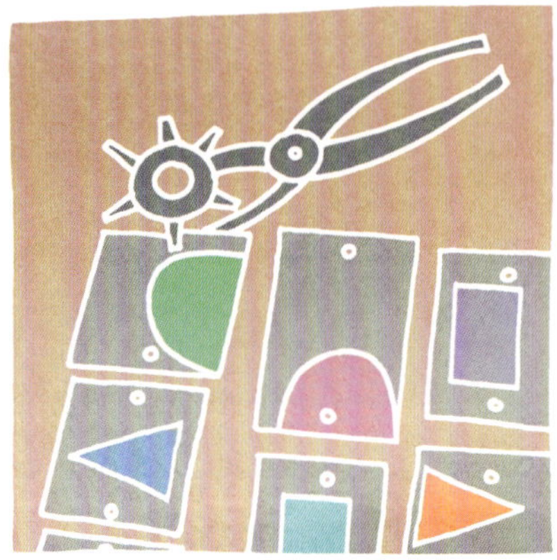

3 Ordnen Sie die Fotos anschließend in Reihen an und verschieben Sie sie, bis Ihnen das Arrangement gefällt. Stanzen Sie anschließend Löcher in die Bilder: Diese sollten jeweils mittig und mit ein paar Millimetern Abstand zum oberen und unteren Bildrand platziert werden. (Die Fotos der unteren Reihe werden nur oben gelocht!)

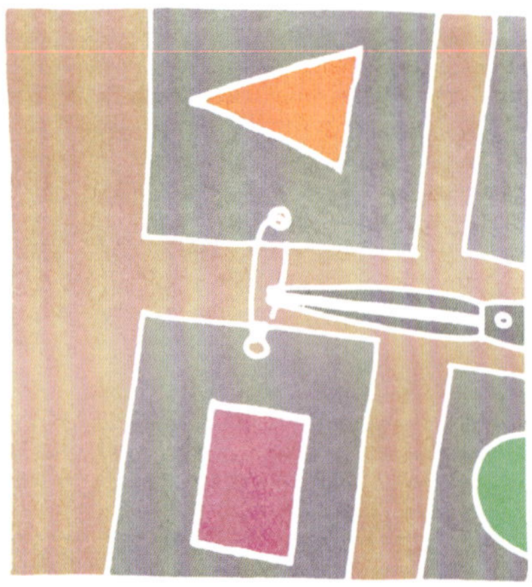

4 Schneiden Sie den Basteldraht in mehrere 7 cm lange Stücke. Damit verdrahten Sie nun Ihre Fotos so, dass jeweils der untere und obere Rand miteinander verbunden sind (siehe Abbildung oben). Nur die oberen Löcher der ersten Reihe sparen Sie aus. Mit einer kleinen Zange können Sie die Drahtenden umbiegen und überstehende Reste abknipsen.

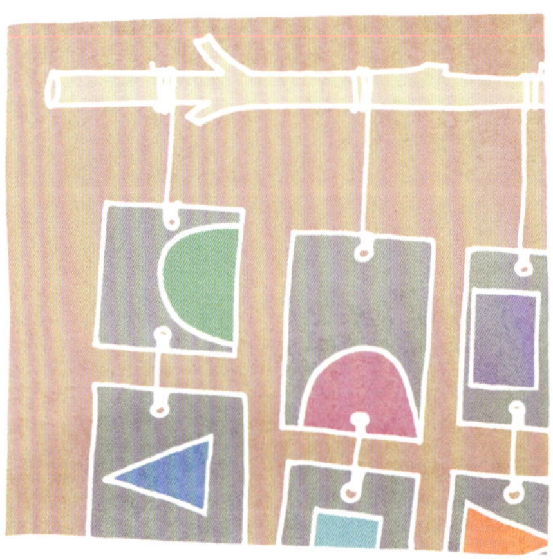

5 Für die obere Reihe benötigen Sie mehrere 31 cm lange Drähte, mit denen die Fotos an dem Treibholzstück aufgehängt werden. (Mein Treibholz habe ich vorher weiß angestrichen.) Hängen Sie eine Reihe nach der anderen über das Holzstück, achten Sie dabei auf einen gleichmäßigen Abstand und wickeln Sie die Drahtenden mehrmals um das Holz, damit nichts verrutschen kann.

✿ Mit welchen Formen ich die einzelnen Fotos überklebe, mache ich von dem jeweiligen Bild abhängig, oder ich wähle einfach eine bestimmte Stelle aus, die ich akzentuieren möchte.

✿ Um die Foto-Collage aufzuhängen, schlagen Sie zwei Nägel in die Wand und fixieren das Holzstück darüber.

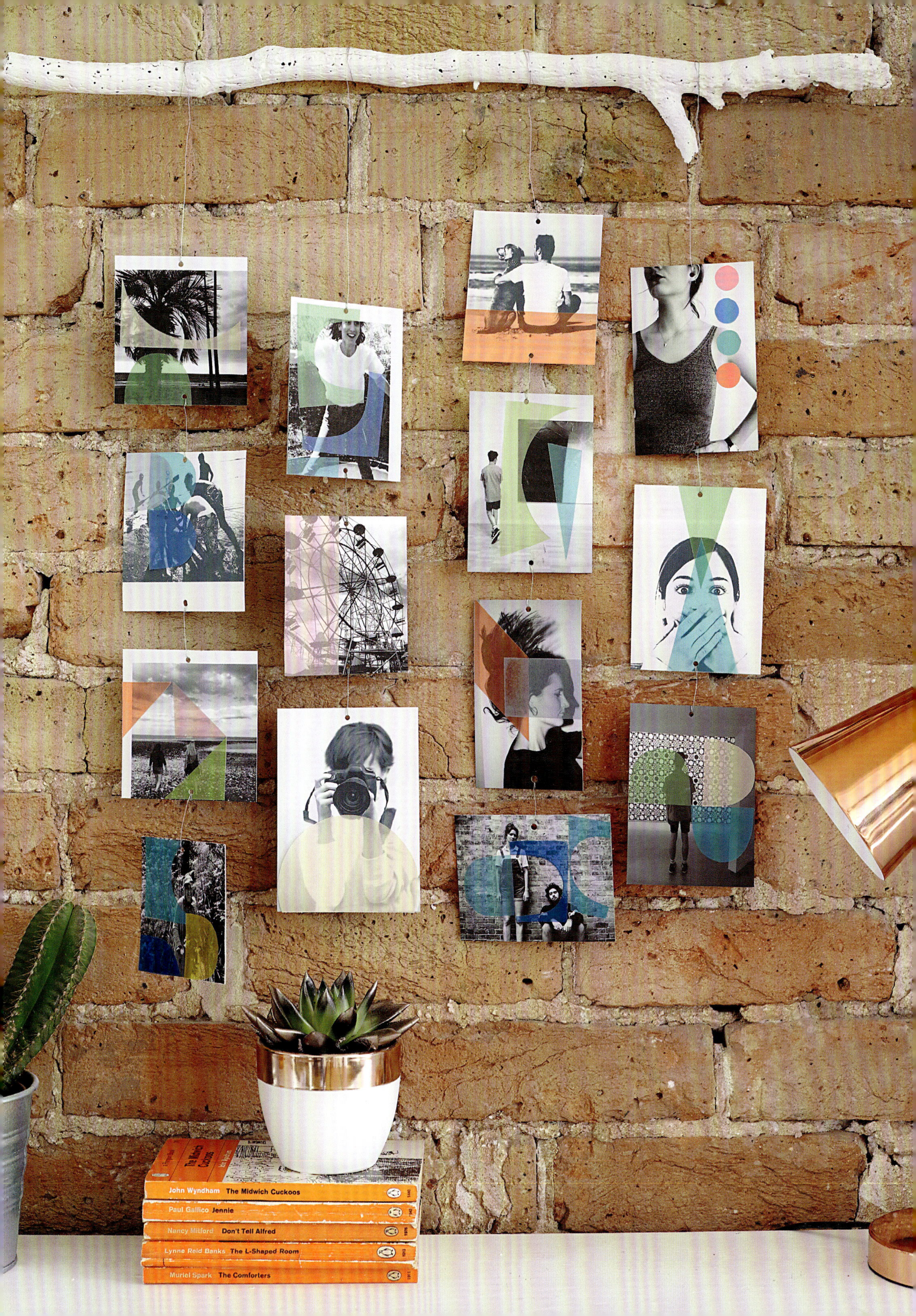

John Wyndham The Midwich Cuckoos
Paul Gallico Jennie
Nancy Mitford Don't Tell Alfred
Lynne Reid Banks The L-Shaped Room
Muriel Spark The Comforters

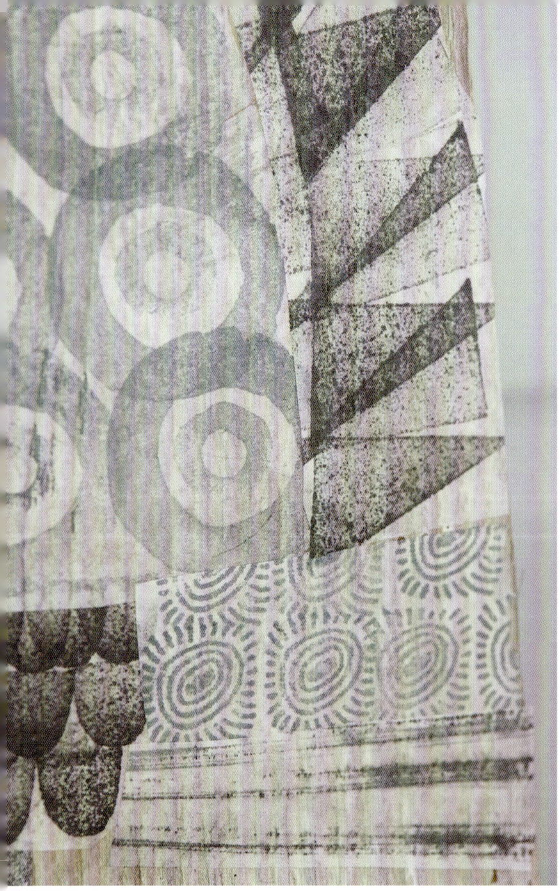

VOGELMOTIV AUF HOLZ

Ein Stück grobes **Altholz** eignet sich hervorragend als Basis für eine Collage. Für dieses Vogelmotiv habe ich **Seidenpapier** mit verschiedenen Mustern bedruckt, unterschiedliche Formen ausgeschnitten und diese aufgeklebt. Dabei müssen Sie nicht besonders akkurat arbeiten. Wenn Sie Seidenpapier verwenden und sich die Kanten überlappen, entstehen **interessante Strukturen**. Sie können dafür entweder die Vorlage nutzen oder Ihr eigenes Motiv entwerfen. Hauptsache, die Formen sind nicht zu kompliziert. Entwerfen Sie z. B. einen Fisch oder kreieren Sie ein abstraktes Bild aus gemusterten Papierstreifen.

▼ DAS BRAUCHEN SIE

- ❍ Vorlage, siehe Seite 120
- ❍ Schere
- ❍ ein Stück Altholz
- ❍ Bleistift
- ❍ Seidenpapier
- ❍ Gummistempel
- ❍ Stempelkissen
- ❍ PVA-Klebstoff
- ❍ einen kleinen Malpinsel

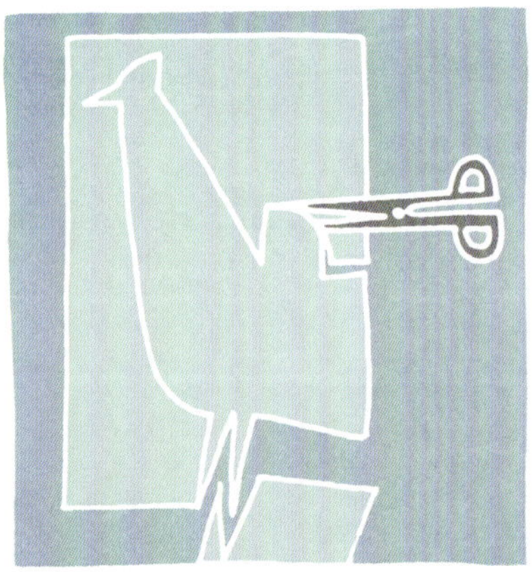

1 Vergrößern Sie die Vorlage und schneiden Sie sie aus (Vergrößern von Vorlagen, siehe Seite 118).

2 Legen Sie die Vorlage auf das Holz und zeichnen Sie den Umriss mit Bleistift nach.

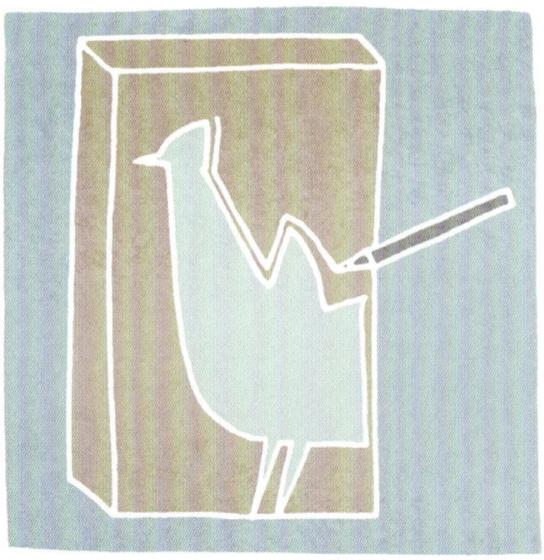

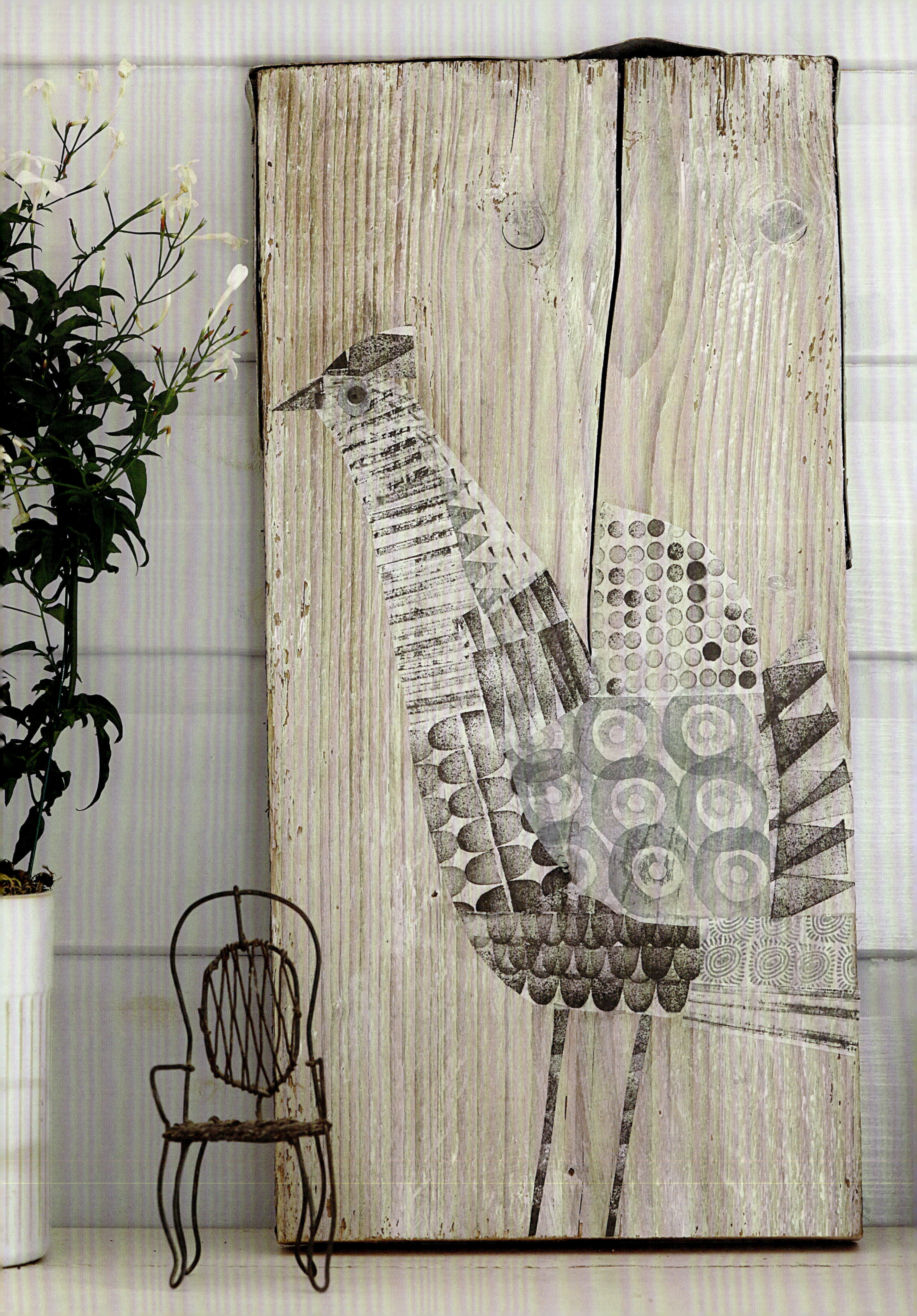

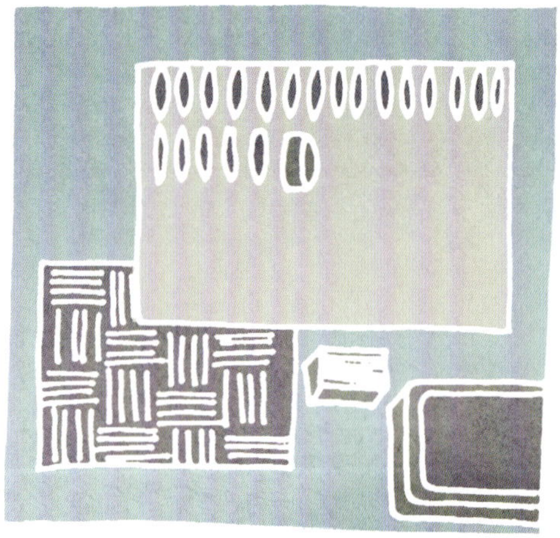

3 Drucken Sie mithilfe der Gummistempel Muster auf das Seidenpapier. Ich habe schwarze Tinte und weißes Papier verwendet. Wie farbintensiv der Druck letztendlich wird, hängt davon ab, wie viel Tinte Sie auftragen, wie viel Kraft Sie aufwenden und ob Sie das Motiv einmal drucken oder mehrmals übereinander.

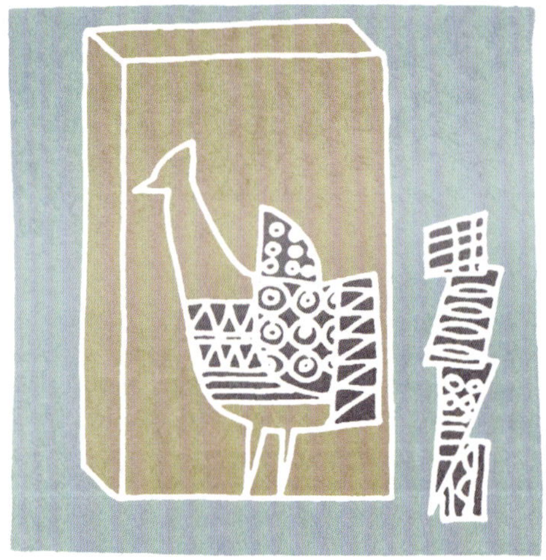

4 Schneiden Sie das bedruckte Seidenpapier in Stücke und ordnen Sie diese nach Belieben auf dem Vogelmotiv an.

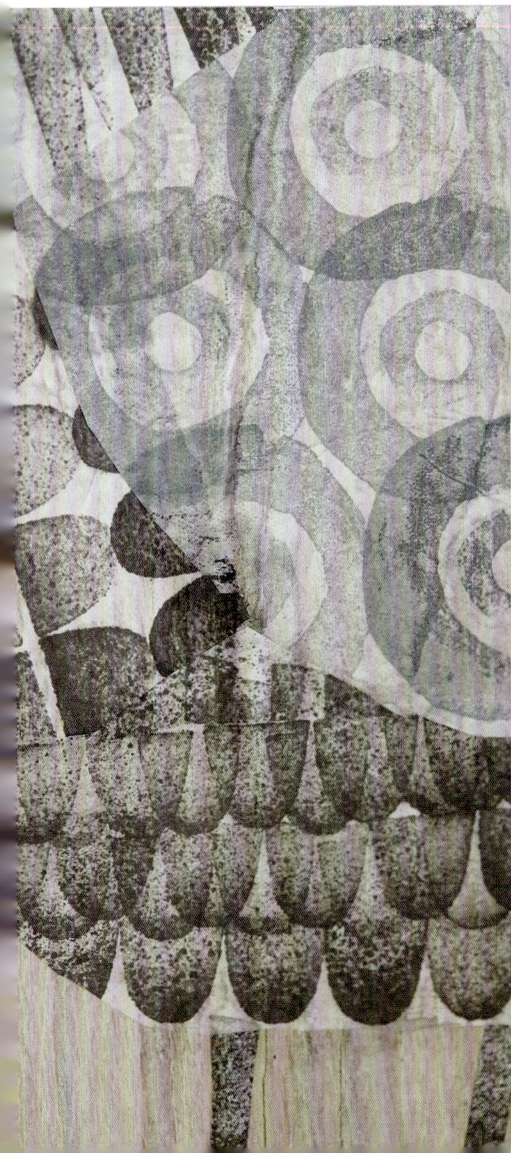

✿ Sollten einige Ihrer Papierschnipsel etwas über die Bleistiftlinie hinausragen, können Sie das überstehende Papier mit einem Cuttermesser abschneiden.

KREATIV-TIPP

Stellen Sie Ihre eigenen Gummistempel her! Dazu schneiden Sie mit einem Cuttermesser einfache Formen aus einem Radiergummi aus. Mit einem Linolschnitt-Werkzeug können Sie anschließend Strukturen wie etwa Streifen, Punkte oder Striche in die Oberfläche ritzen (siehe Seite 12).

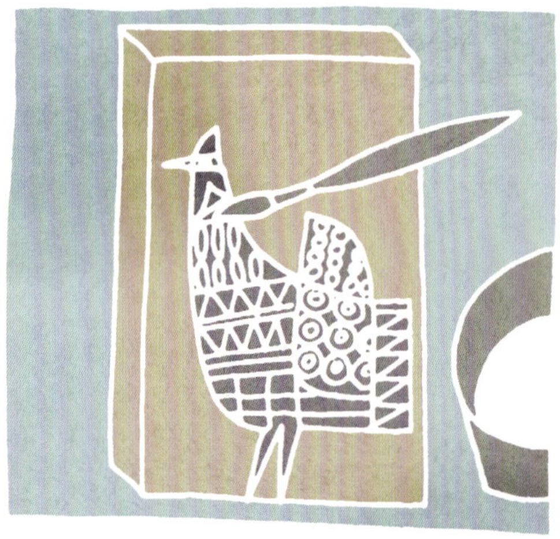

5 Verdünnen Sie etwas PVA-Klebstoff mit Wasser. Heben Sie nun einen Papierschnipsel nach dem anderen an, möglichst ohne dabei Ihr Arrangement durcheinanderzubringen, bestreichen die Holzfläche mit Kleber und legen die Schnipsel wieder an ihren Platz. Drücken Sie zum Schluss das Seidenpapier leicht an, damit es sich mit dem Holz verbindet.

REISE-TAGEBUCH

In meiner Kindheit gaben mir meine Eltern für den Sommerurlaub jedes Jahr ein kleines Notizbuch mit, das mir als Tage- und Skizzenbuch diente. Darin bewahrte ich alles auf, was mir unterwegs in die Hände fiel. In solch ein Reisetagebuch können Sie Souvenirs einkleben und **glückliche Erinnerungen festhalten**. Verschenken Sie es z. B. an einen Freund, der bald auf Reisen geht. Für die vordere Umschlagseite habe ich **Ephemera rund um das Thema „Reisen"** verwendet, aber ebenso gut können Sie dafür passende Bilder aus dem Internet herunterladen (Lizenzfreie Bilddatenbanken, siehe Seite 128).

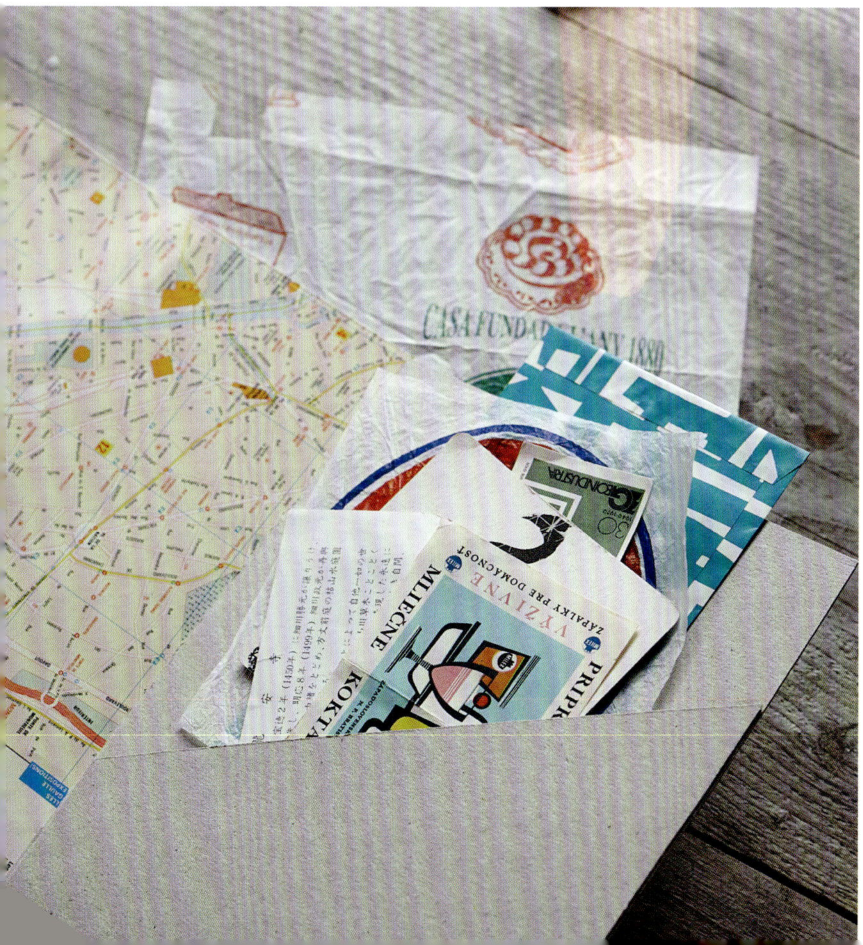

▼ DAS BRAUCHEN SIE

- ❍ Vorlage, siehe Seite 123
- ❍ 3 Bögen Tonkarton (20 x 20 cm)
- ❍ Bleistift
- ❍ Lineal
- ❍ Cuttermesser
- ❍ Schneidematte
- ❍ einen Stapel Karopapier (20 x 20 cm)
- ❍ Ephemera zum Thema „Reisen", z. B. Postkarten, Briefmarken, Landkarten und Stadtpläne (siehe Ephemera sammeln, Seite 18)
- ❍ Schere
- ❍ Klebestift
- ❍ stumpfes Messer oder Falzbein
- ❍ Transparentpapier
- ❍ Kreppband
- ❍ Gummiband (15 mm breit und 28 cm lang)
- ❍ Nähmaschine oder Nähnadel und Faden

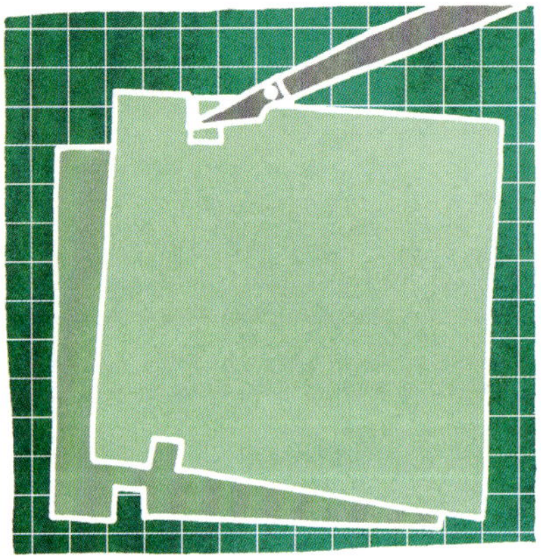

1 Nehmen Sie zwei Bögen Tonkarton zur Hand. Schneiden Sie an der Ober- und Unterkante 2 cm vom Rand entfernt jeweils ein kleines 2 x 1,8 cm großes Rechteck aus. Verwenden Sie dafür ein Cuttermesser sowie eine Schneidematte, um Ihre Arbeitsfläche vor Kratzern zu schützen.

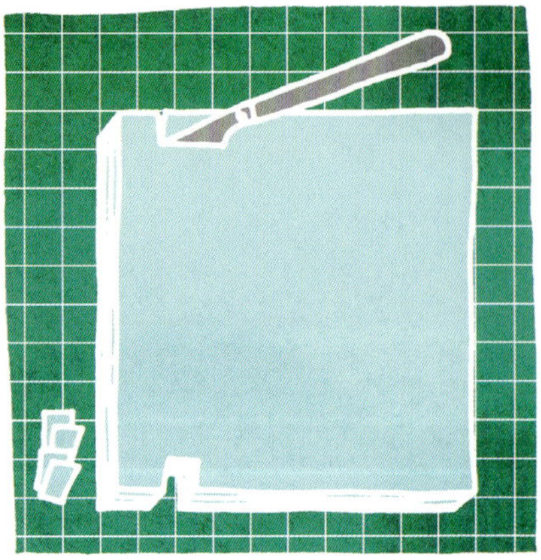

2 Mit dem Stapel Karopapier verfahren Sie, wie in Schritt 1 beschrieben. Schneiden Sie am besten gleich mehrere Bögen auf einmal zu – das spart Zeit!

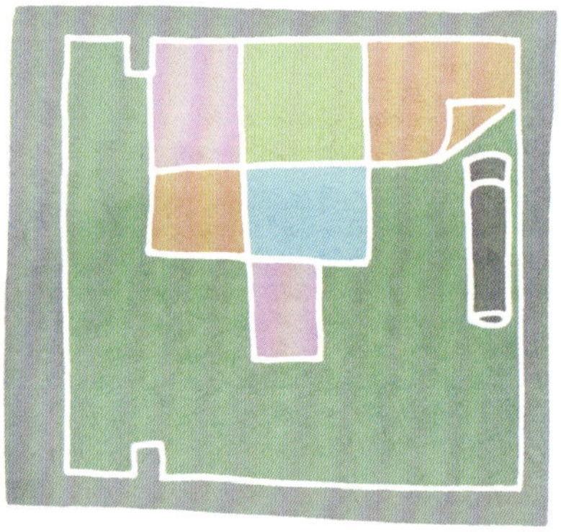

3 Bekleben Sie die spätere Vorderseite mit Ihren gesammelten Ephemera zum Thema „Reisen". Das Scharnier lassen Sie dabei aus. Dort, wo das Scharnier beginnt, ritzen Sie den Tonkarton mit einem stumpfen Gegenstand vorsichtig ein. So lässt sich der Buchdeckel später leichter aufklappen.

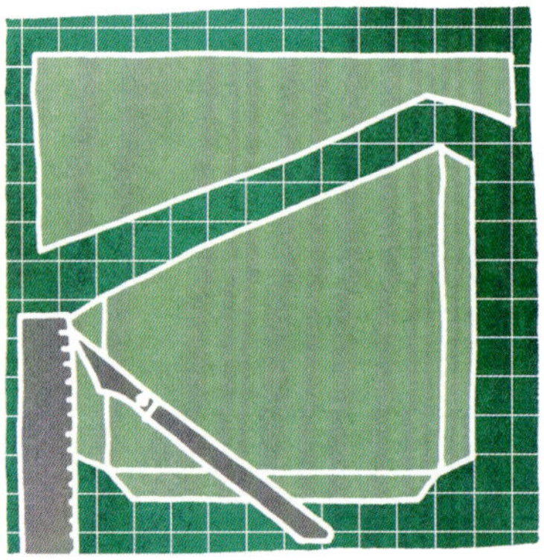

4 Pausen Sie die Vorlage für das Einsteckfach ab und übertragen Sie diese auf den letzten Bogen Tonpapier. Anschließend schneiden Sie die Form aus.

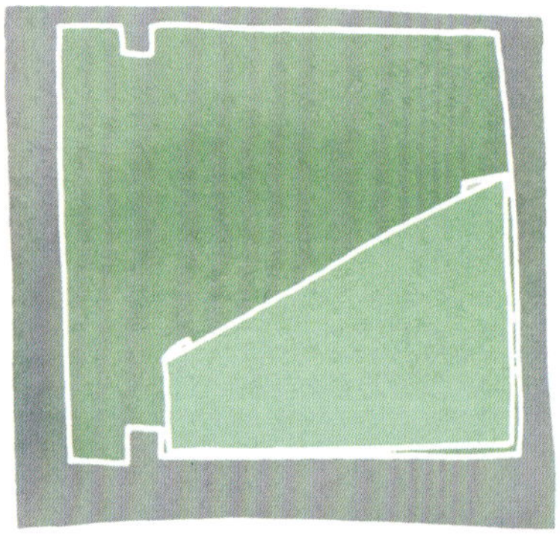

5 Ritzen Sie die auf der Vorlage markierten Falzlinien vorsichtig ein und biegen Sie die Klebelaschen zurück. Tragen Sie Kleber auf die Laschen auf und befestigen Sie das Einsteckfach an der hinteren Umschlagseite. Dabei richten Sie das Einsteckfach an den Rändern des Umschlags aus (siehe oben).

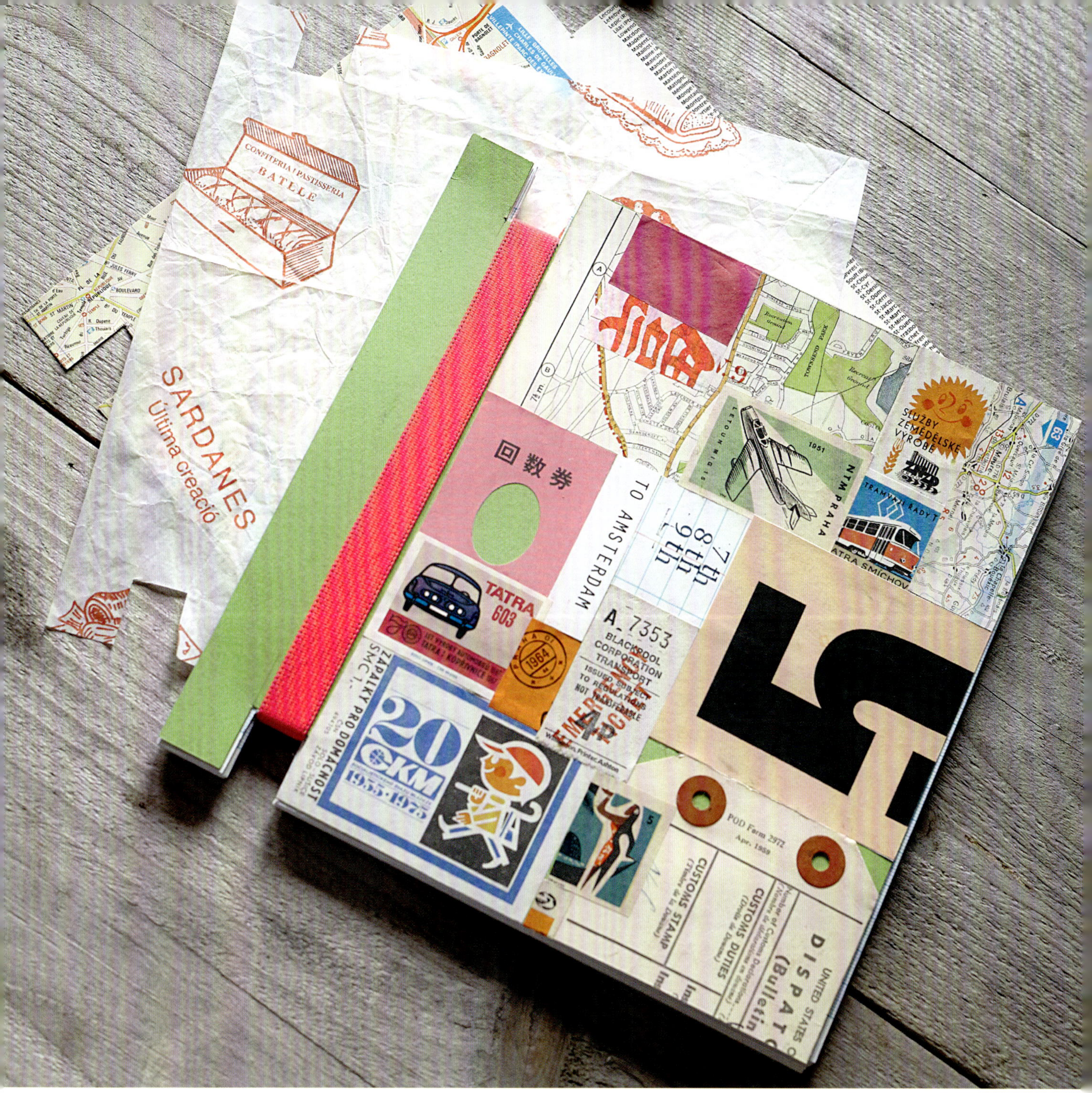

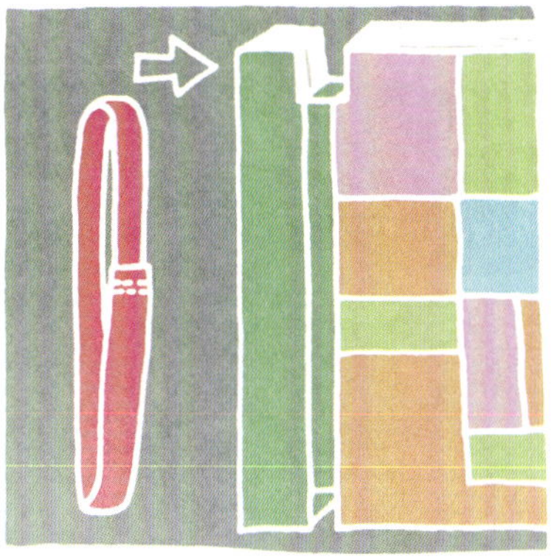

6 Formen Sie das Gummiband zu einer Schlaufe und nähen Sie es an den Enden zusammen. Statt einer Nähmaschine können Sie dafür auch Nadel und Faden verwenden. Zum Schluss müssen Sie das fertige Band nur noch auf Höhe der Einkerbungen um das Buch schlingen.

KREATIV-TIPP

Kreieren Sie ausgehend von diesem Projekt Notizbücher für unterschiedliche Zwecke. Wie wäre es z. B. mit einem Rezeptbuch? Bekleben Sie die vordere Umschlagseite mit Ausschnitten aus Zeitschriften, Auszügen aus handgeschriebenen Rezepten und hübschen Verpackungen. Solch ein Buch ist ein hübsches Geschenk für jemanden, der gerade sein Studium beginnt oder in die erste eigene Wohnung zieht.

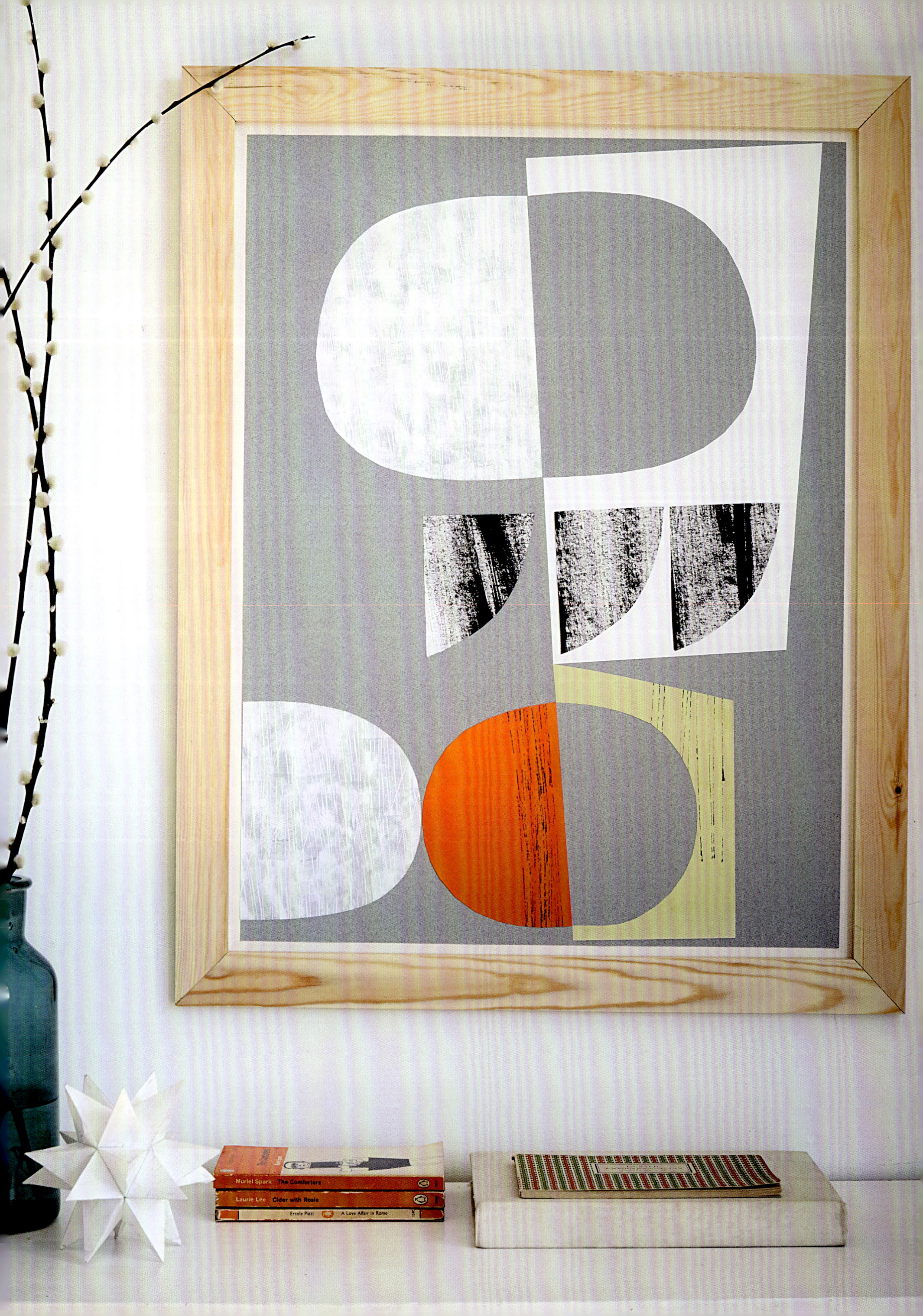
Muriel Spark The Comforters
Laurie Lee Cider with Rosie
Ercole Patti A Love Affair in Rome

ABSTRAKTE KUNST

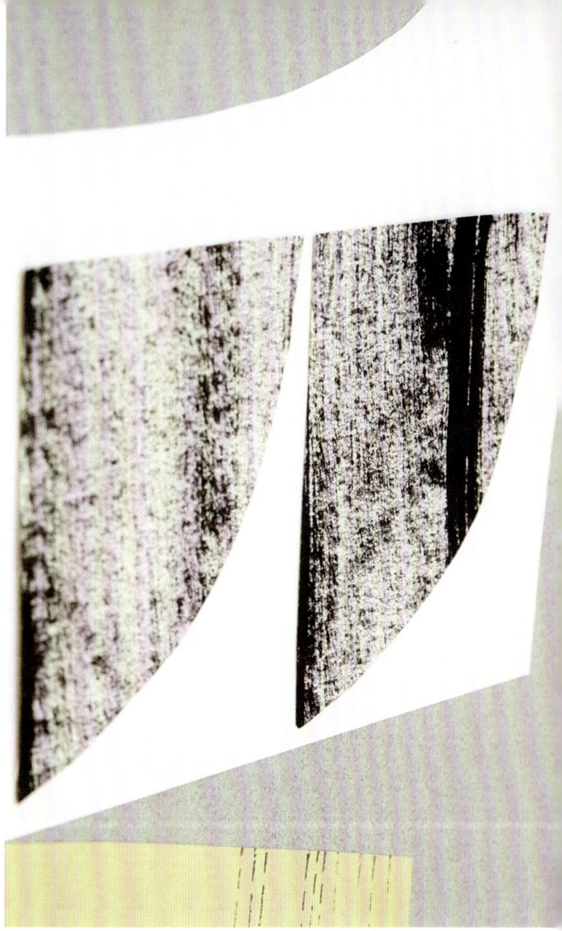

Kreieren Sie aus **schlichten Papierschnipseln** ein ausgefallenes Kunstwerk. Suchen Sie sich dafür ein paar Farben aus, die Ihnen gut gefallen, und legen Sie einfach los! Sie können Ihr Bild z. B. aus Zeitungsausschnitten entwerfen und damit experimentieren (siehe Bildaufbau, Seite 21). Meistens fertige ich in den ausgewählten Farben verschiedene Entwürfe im **Postkartenformat** an, bevor ich mich für einen Entwurf entscheide und ihn dann vergrößere. Bei diesem Projekt habe ich die **Farbflächen nachträglich strukturiert** und zu guter Letzt einen Holzrahmen angefertigt.

▼ DAS BRAUCHEN SIE

Für das Großformat:

- ❍ Papier im Format DIN A3, in den gewünschten Farben und in Weiß
- ❍ schwarze Farbe
- ❍ breiten Malpinsel
- ❍ Tonkarton (10 x 3 cm)
- ❍ Stempelkissen mit schwarzer und grauer Stempelfarbe
- ❍ ein kleines Stück Linoleum
- ❍ Linolschnitt-Werkzeug
- ❍ Schere
- ❍ großformatiges Papier (65 x 50 cm)
- ❍ PVA-Klebstoff
- ❍ dünne MDF-Platte (75 x 60 cm)

Für die Postkarten:

- ❍ Tonpapier (15 x 11 cm)
- ❍ Papierschnipsel in den gewünschten Farben
- ❍ Schere
- ❍ PVA-Klebstoff

Für den Rahmen:

- ❍ 2 Holzleisten (76 x 4 x 1 cm und 31 x 4 x 1 cm)
- ❍ kleine Holzsäge
- ❍ Gehrungsmaß
- ❍ Holzleim
- ❍ Geodreieck oder Zeichenwinkel
- ❍ Nägel
- ❍ Hammer
- ❍ Elektro-Tacker
- ❍ D-Ringe mit Befestigungsclips
- ❍ Kordel

1 Strukturieren Sie Ihr weißes Papier, indem Sie einen Bogen mit groben Pinselstrichen in Schwarz bemalen.

2 Drücken Sie anschließend die Kante des Tonkartons auf das Stempelkissen mit schwarzer Stempelfarbe und drucken Sie damit eine Linienstruktur auf das Buntpapier.

3 Ritzen Sie ein paar Schlitze in ein kleines Stück Linoleum. Ich habe ein 8 x 4 cm großes Stück verwendet. Drücken Sie das Linoleum auf das Stempelkissen mit grauer Stempelfarbe und bedrucken Sie Ihr Papier mit ein paar farbigen Flächen (siehe Papier selbst gestalten, Seite 13).

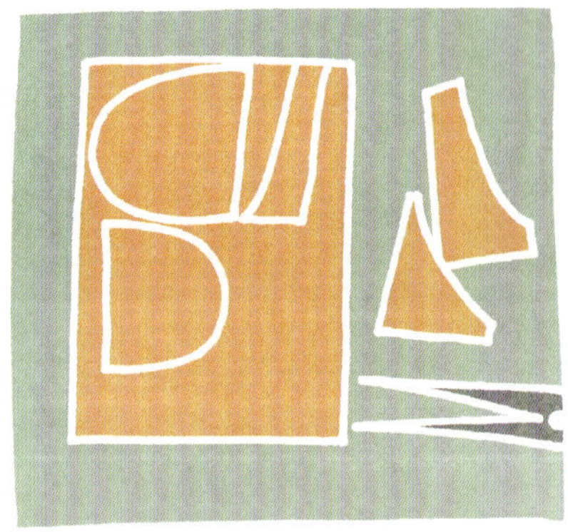

4 Stellen Sie nun verschiedene Collagen im Postkartenformat her. Schneiden Sie dafür aus Blankopapier und strukturiertem Papier ein paar einfache Formen aus und ordnen Sie diese unterschiedlich an.

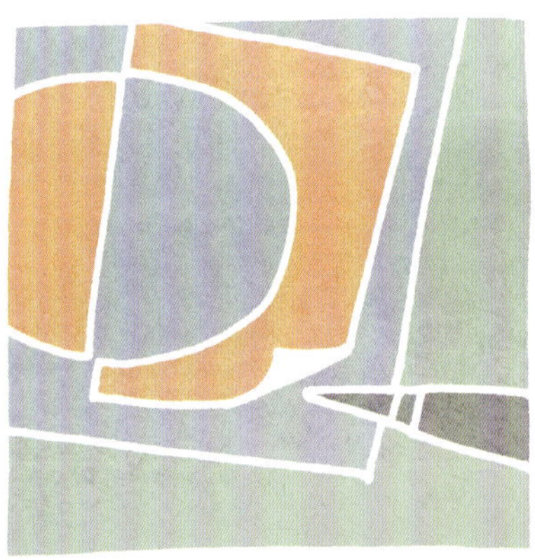

5 Wählen Sie Ihren Lieblingsentwurf aus und schneiden Sie weitere Papierstücke zu. Diese sollten den kleinen Modellen entsprechen, aber jeweils größer sein. Sie müssen dabei nicht akkurat arbeiten, experimentieren Sie einfach mit den Formen – vielleicht wollen Sie Ihre Collage noch um ein weiteres Teil oder einen anderen Farbton ergänzen. Platzieren Sie die Teile auf einem großen Blatt Papier und variieren Sie das Arrangement. Sobald Sie mit Ihrem Entwurf zufrieden sind, kleben Sie die Formen fest.

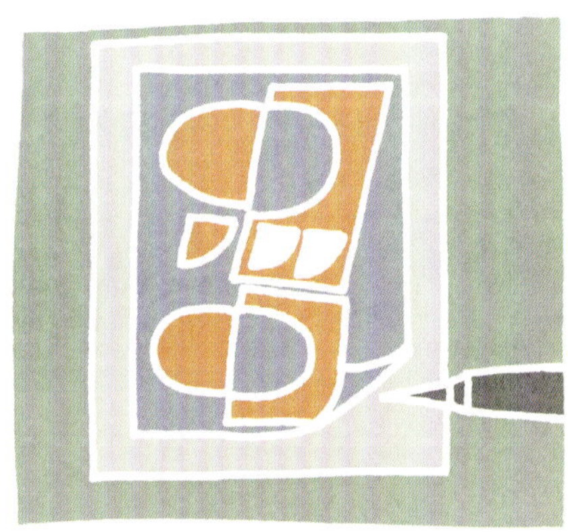

6 Positionieren Sie Ihre Collage so auf der MDF-Platte, dass rundherum ein gleichmäßiger Rand frei bleibt, und kleben Sie sie fest.

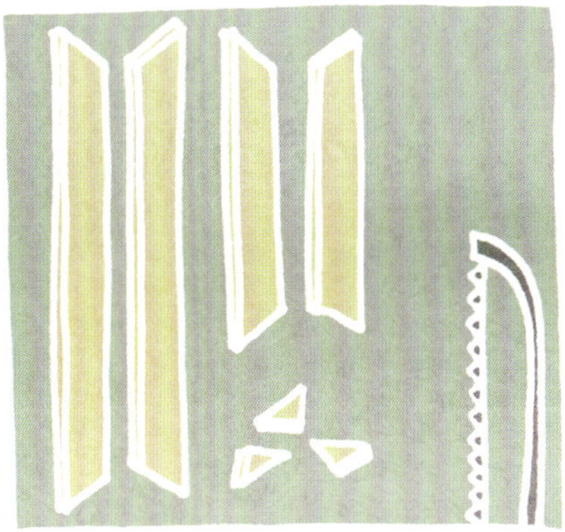

7 Für den Rahmen werden die Enden der Holzleisten jeweils in einem 45-Grad-Winkel abgesägt. Verwenden Sie dafür am besten ein Gehrungsmaß. Und bedenken Sie, dass die Außenkante der Holzleiste zum Schluss länger als die Innenseite sein muss.

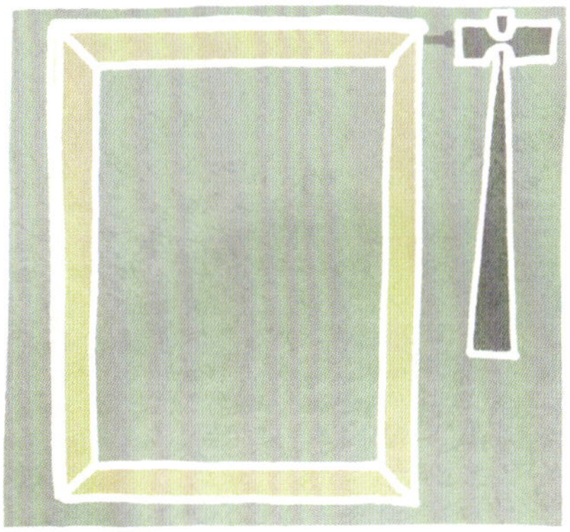

8 Setzen Sie die einzelnen Leisten zu einem Rahmen zusammen, indem Sie die Eckverbindungen verleimen. Um exakte rechte Winkel zu erhalten, nehmen Sie am besten ein Geodreieck bzw. einen Zeichenwinkel zu Hilfe. Abschließend werden alle vier Eckverbindungen noch durch Nägel stabilisiert.

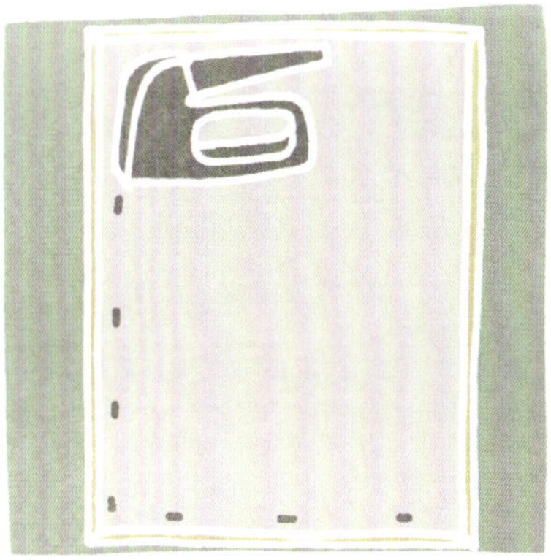

9 Legen Sie den Rahmen auf die MDF-Platte und richten Sie ihn so aus, dass die Platte an allen Seiten leicht übersteht. Um sie am Rahmen zu befestigen, verwenden Sie einen Elektro-Tacker.

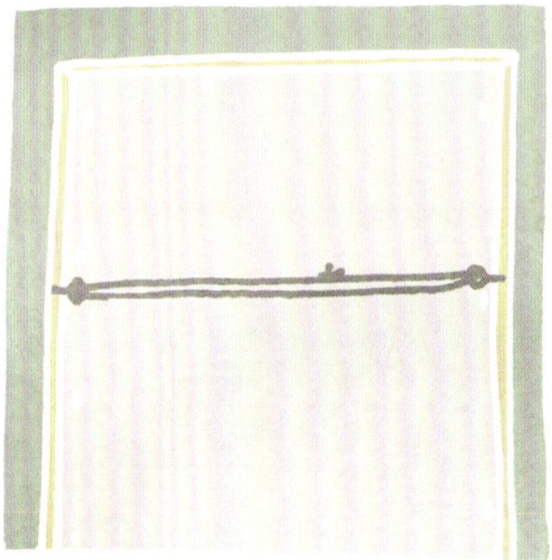

10 Versehen Sie die Rückseite des Rahmens mit D-Ringen und einer Kordel, um Ihre Collage an die Wand zu hängen.

KREATIV-TIPP

Auch die kleinen Collagen im Postkartenformat, die Sie nur für den Bildaufbau angefertigt haben, sind bereits wahre Kunstwerke. Sie können sie entweder als Werkgruppe einrahmen oder einzeln als Grußkarten verwenden.

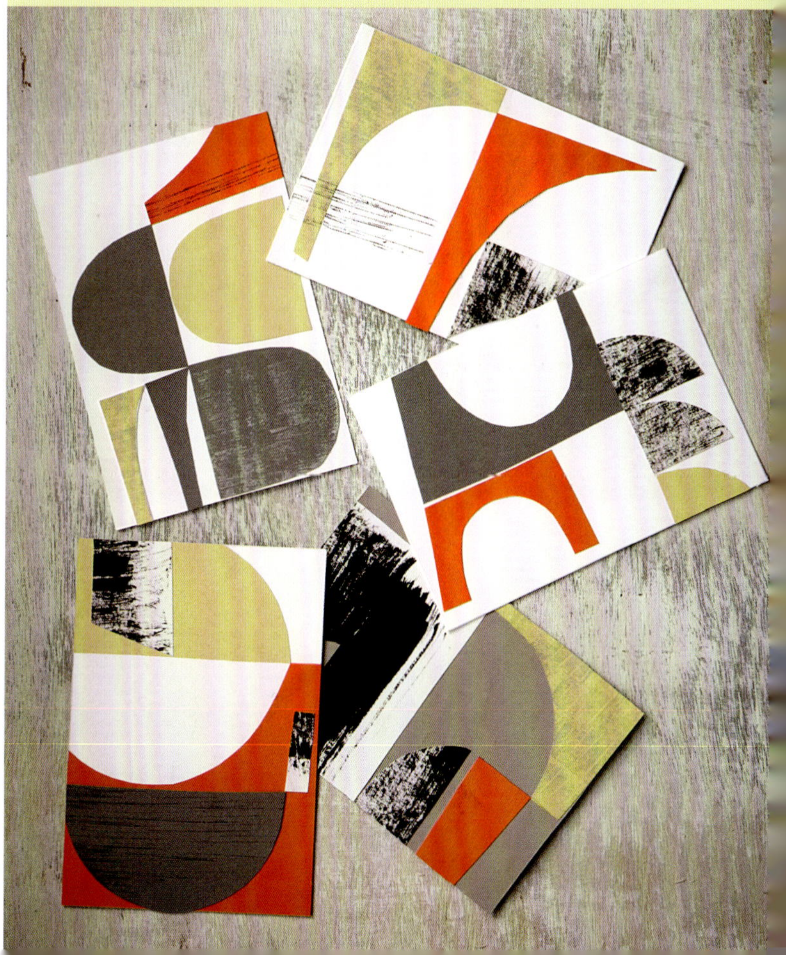

EINKAUFSTASCHE IM COLLAGE-DESIGN

Viele Jahre lang habe ich bedrucktes Papier gesammelt. **Verpackungen, alte Postkarten, Briefumschläge** und selbst in **Werbebroschüren** findet man interessante Designs. Manche Stücke sind richtig schön und müssen einfach gezeigt werden. Für dieses Projekt habe ich nur Papierschnipsel aus meiner Sammlung verwendet, habe sie zwischen **durchsichtiger Plastikfolie** eingenäht und daraus eine lässige Tasche gemacht. Sie ist robust, wasserfest und ein Unikat!

✿ **Plastik mit der Nähmaschine zu nähen ist etwas kniffig, denn das Material kann unter dem Nähfuß leicht verrutschen. Das können Sie umgehen, indem Sie zwischen Nähfuß und Plastik ein Stück Transparentpapier legen. Sobald Ihre Naht fertig ist, können Sie das Papier wieder entfernen.**

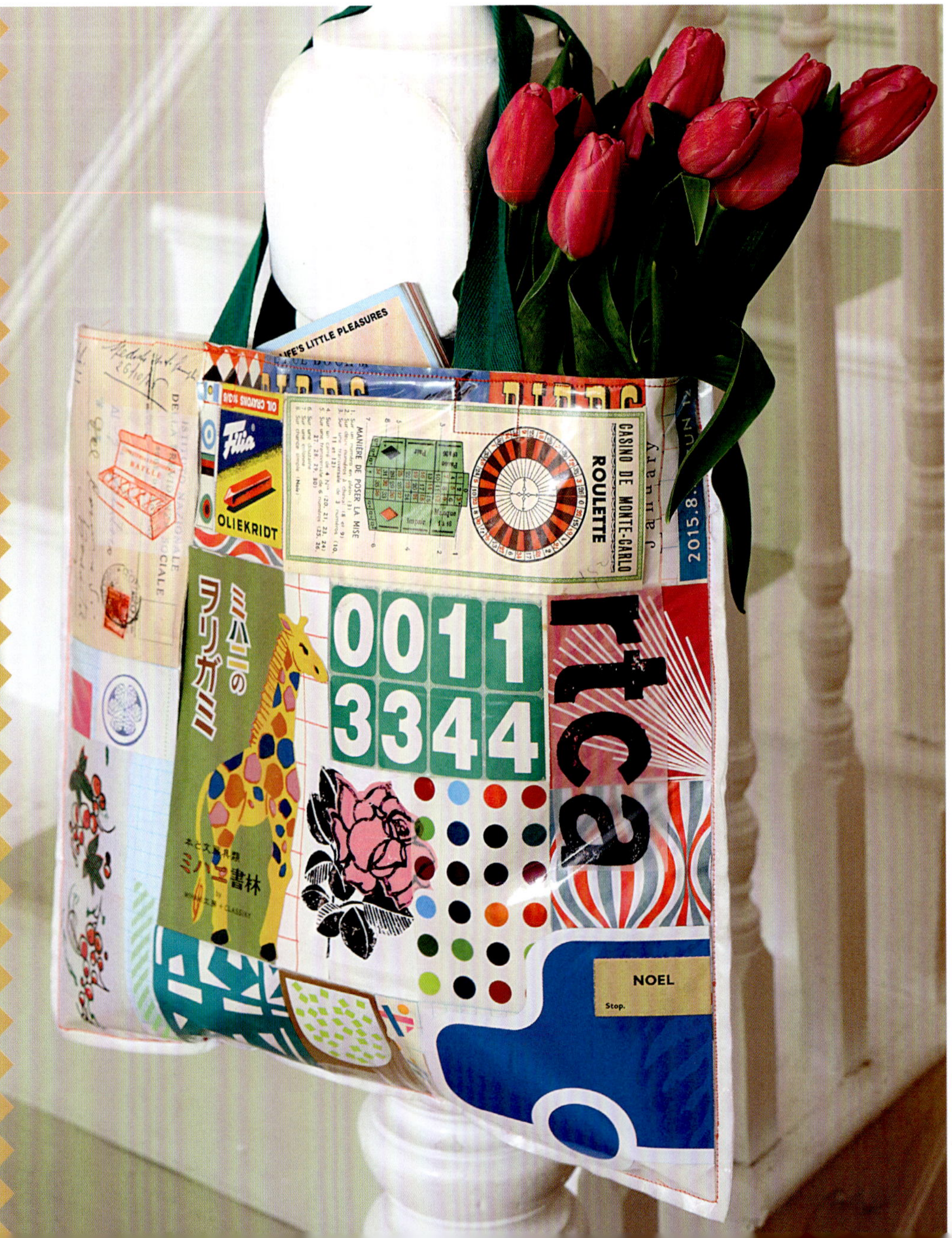

▼ DAS BRAUCHEN SIE

- ❍ 2 Blatt Papier (40 x 36 cm)
- ❍ diverse Ephemera (siehe Ephemera sammeln, Seite 18)
- ❍ Transparentpapier (optional)
- ❍ PVA-Klebstoff
- ❍ Malpinsel
- ❍ 4 Bögen stabile, durchsichtige Plastikfolie (40 x 36 cm)
- ❍ Nähmaschine
- ❍ Gurtband aus Baumwolle (4 cm breit und 1 m lang)
- ❍ Stecknadeln
- ❍ Kreppband (optional)

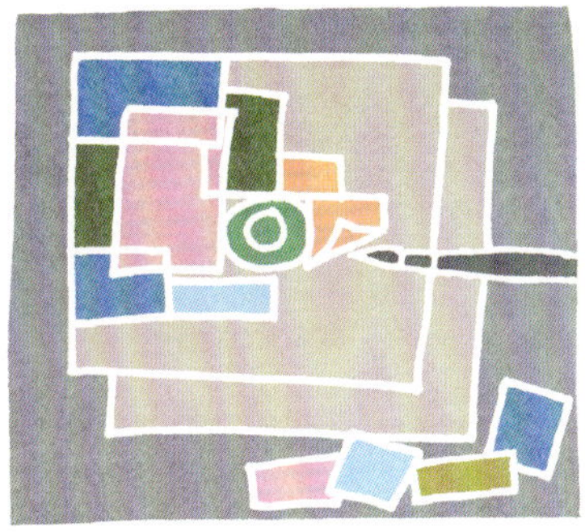

1 Bekleben Sie die beiden Papierbögen mit Ihrer Auswahl an Ephemera. Um mehrere Lagen zu erhalten, können Sie außerdem Transparentpapier mit Mustern bedrucken. Zum Collagieren sollten Sie PVA-Klebstoff und einen Malpinsel verwenden.

2 Legen Sie die erste der beiden Collagen zwischen zwei Bögen Plastikfolie. Nähen Sie mit der Nähmaschine im Geradstich (8 mm) am oberen Rand der Plastikfolie entlang, um alle drei Lagen miteinander zu verbinden. Mit Ihrer zweiten Collage verfahren Sie ebenso.

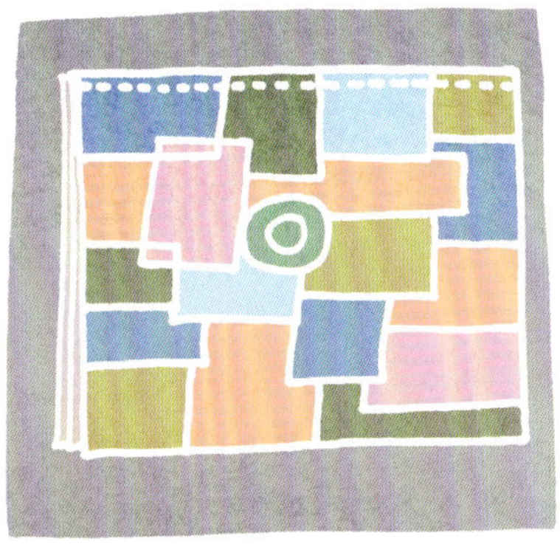

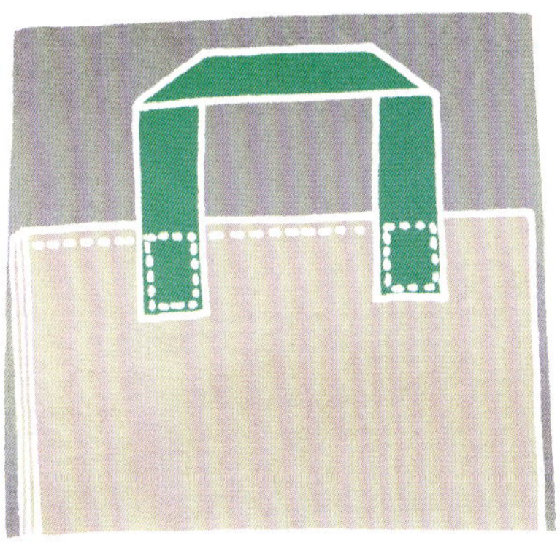

3 Schneiden Sie das Gurtband für die Henkel in zwei gleich lange Stücke. Legen Sie die Enden des ersten Henkels an der Rückseite der ersten Collage an, mit jeweils 11 cm Abstand zu den Seitenrändern und 4 cm Abstand zum oberen Rand. Stecken Sie den Henkel mit Nadeln fest oder fixieren Sie ihn mit Kreppband – so gibt es keine Löcher in der Folie. Steppen Sie beide Enden des Henkels im Quadrat fest. Um auch den zweiten Henkel anzubringen, wiederholen Sie diesen Schritt.

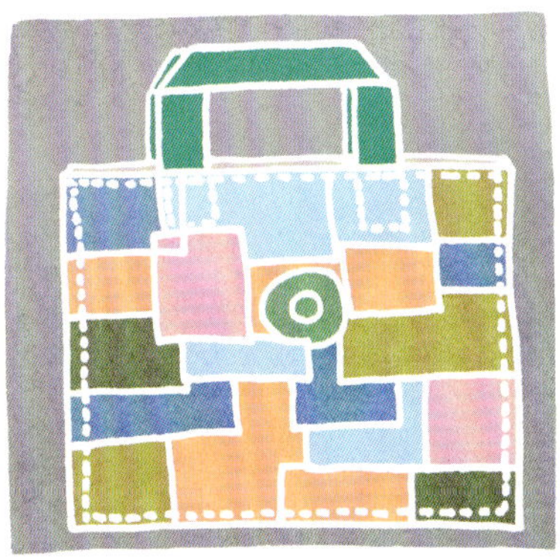

4 Legen Sie die beiden Seitenflächen der Tasche so aneinander, dass beide Rückseiten nach innen zeigen. Nun nähen Sie im Geradstich an den Seitenrändern sowie am unteren Rand entlang. Falls nötig, verwenden Sie dabei Transparentpapier (siehe gegenüberliegende Seite) – fertig ist die Einkaufstasche im Collage-Design!

GESCHENK-ANHÄNGER

▼ DAS BRAUCHEN SIE

- ❍ Geschenkanhänger in Weiß
- ❍ Buntpapier
- ❍ Papierschnipsel
- ❍ Schere
- ❍ Klebestift
- ❍ Nähmaschine (optional)

Besonders gerne fertige ich **mehrere kleinformatige Collagen zu einem bestimmten Thema** an. Geschenkanhänger eignen sich perfekt, um neue Ideen zu erproben. Bei diesem Projekt habe ich ein **monochromes Farbschema** eingesetzt. So bilden die Collagen ein harmonisches Ganzes, obwohl keine von ihnen der anderen gleicht.

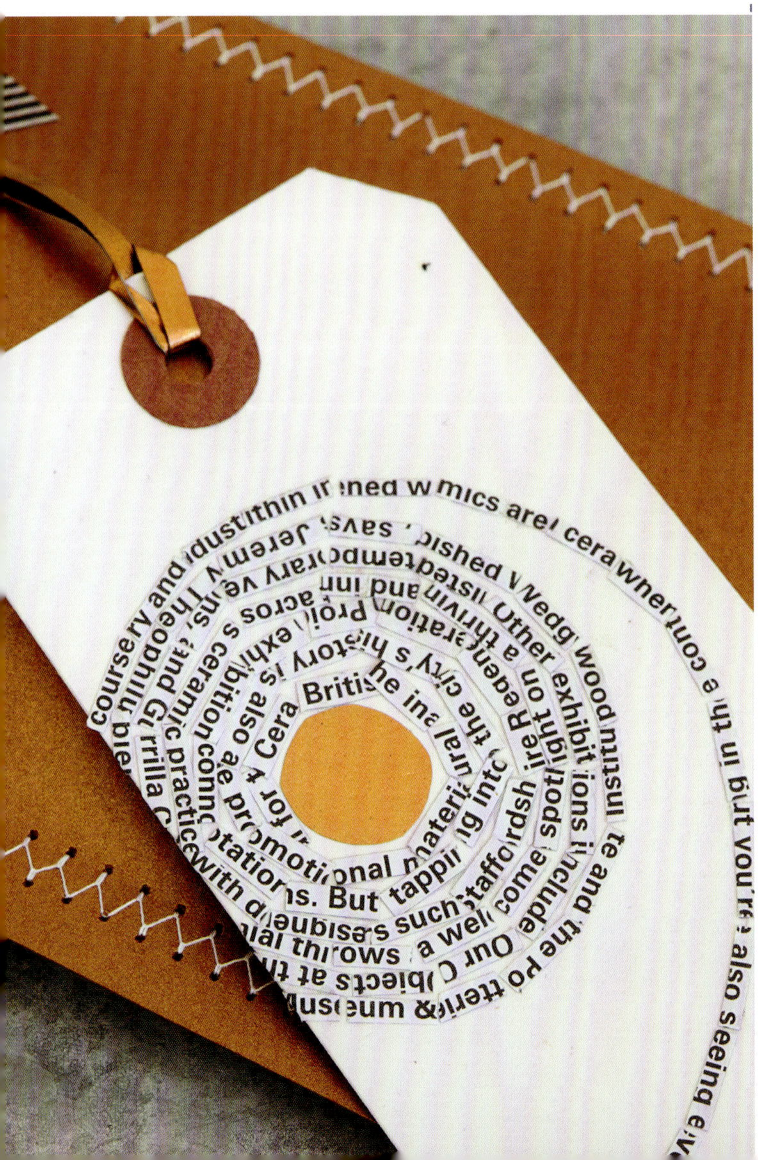

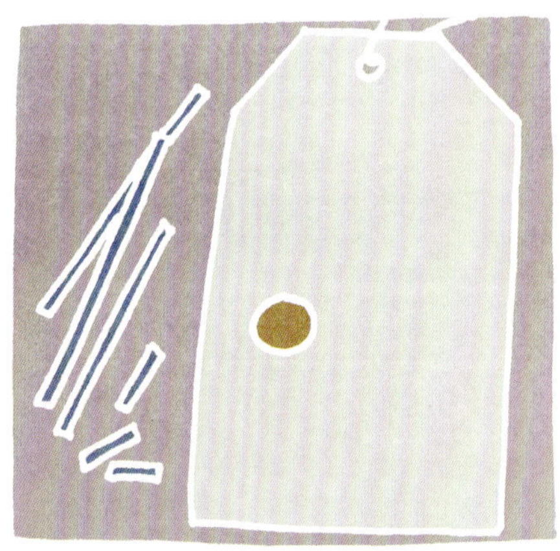

1 Für das Kreismotiv aus Typografie schneiden Sie aus Buntpapier einen kleinen Kreis aus und kleben diesen auf den Geschenkanhänger. Schneiden Sie anschließend aus einer Zeitschrift mehrere schmale, mit Text bedruckte Streifen aus.

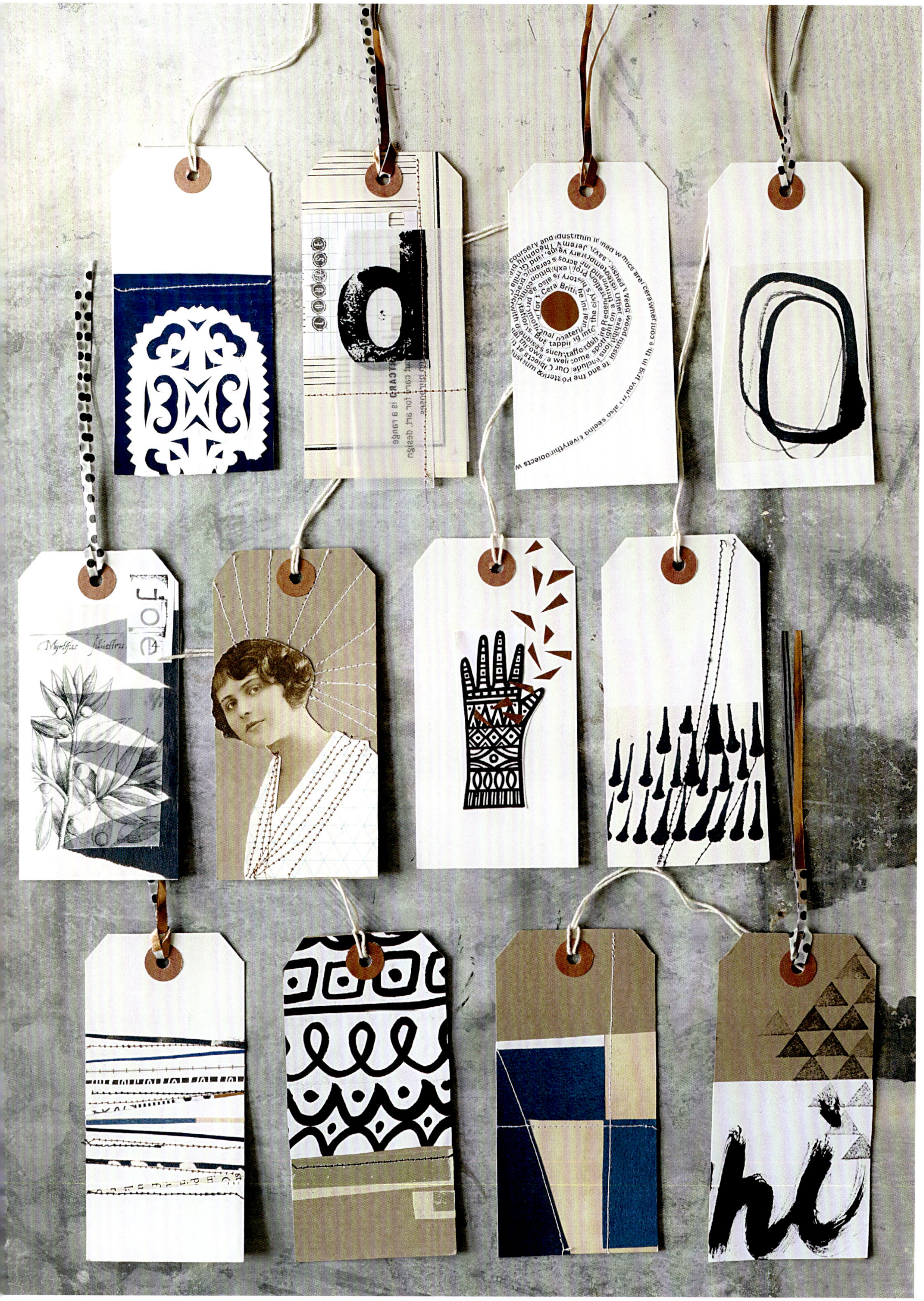

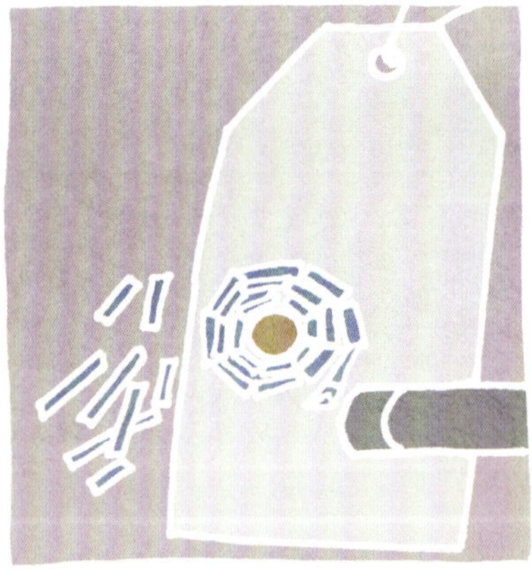

2 Schneiden Sie die Textstreifen in kurze Abschnitte, die Sie anschließend um den Kreis herum anordnen und festkleben – wie eine Spirale.

3 Und so wird der Anhänger mit den horizontalen Linien gemacht: Schneiden Sie Buntpapier und gemustertes Papier in dünne Streifen und kleben Sie diese quer über den Anhänger – allerdings in verschiedenen Winkeln. Mit der Nähmaschine können Sie ein paar zusätzliche Linien steppen. Da ich bei diesem Thema unter anderem Bronze verwendet habe, war ein Metallfaden die beste Ergänzung.

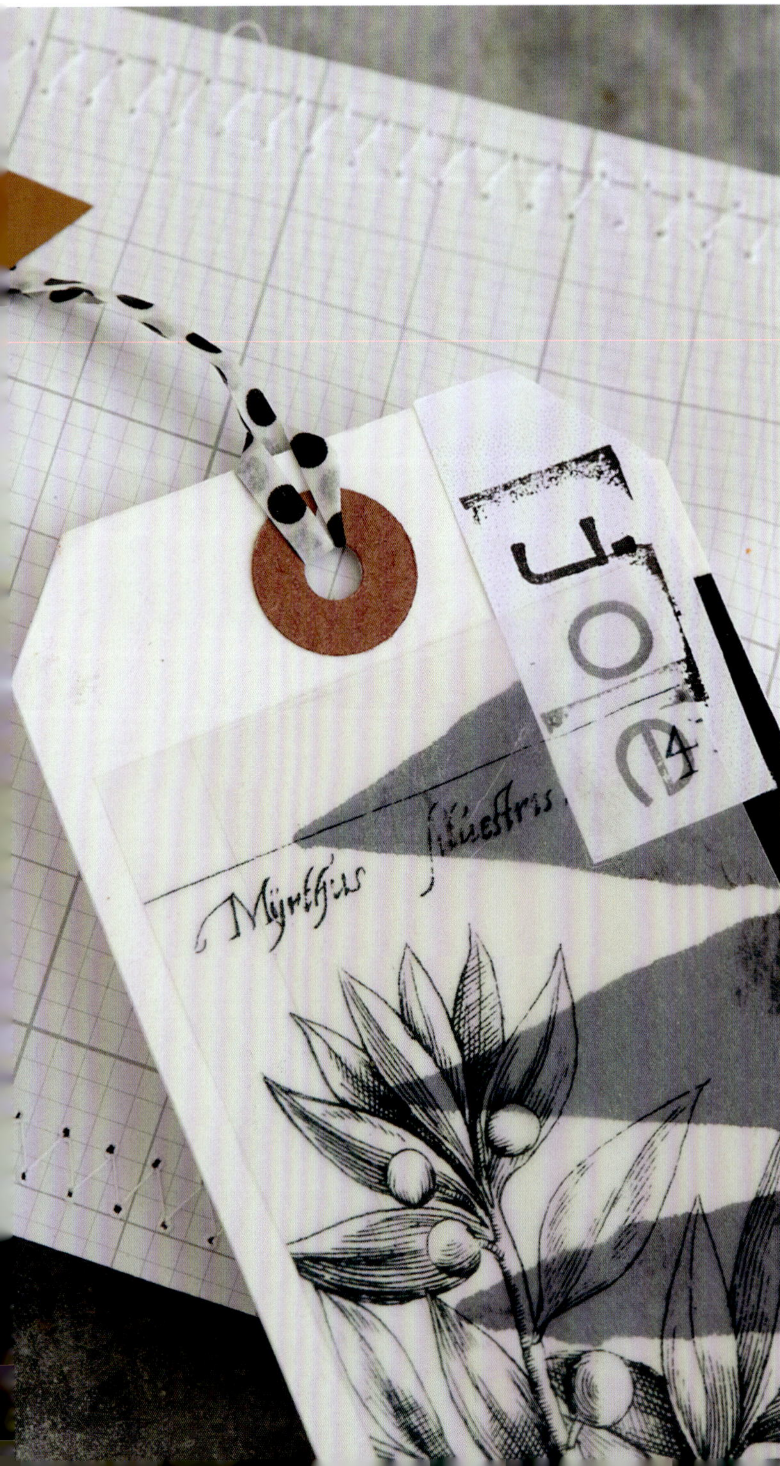

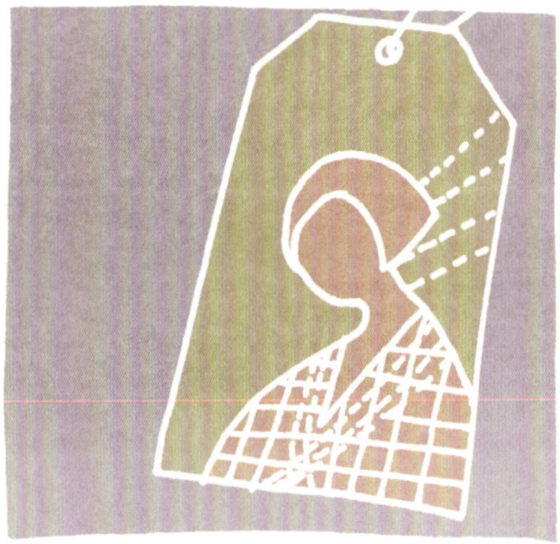

4 Auch mit alten Fotos lassen sich tolle Effekte erzielen. Hier habe ich z. B. aus einer alten Postkarte eine Frauenfigur ausgeschnitten und die Bluse durch Karopapier ersetzt. Mit der Nähmaschine wurden abschließend noch ein paar Verzierungen aufgenäht.

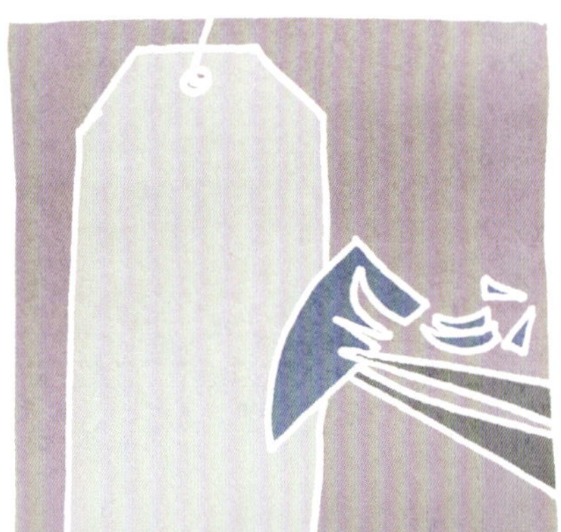

5 Für den nächsten Anhänger falten Sie ein kleines ovales Stück Papier zweimal in der Mitte. Anschließend schneiden Sie das gefaltete Papier mehrmals ein, als wollten Sie eine Papier-Schneeflocke basteln.

6 Falten Sie das eingeschnittene Papier wieder auseinander und kleben Sie es auf einen dunklen Hintergrund, damit das Muster auch gut zur Geltung kommt.

7 Stellen Sie mit einfachen Collage-Techniken weitere Geschenkanhänger her, z. B. indem Sie gemustertes Papier mit bedrucktem Transparentpapier überkleben.

8 Um meinen Anhängern den letzten Schliff zu geben, habe ich die Bänder teilweise durch Washi-Tape ersetzt. Dafür das Tape einfach der Länge nach falten und in sehr feine Streifen schneiden.

9 Und so kreieren Sie kleine Geschenktüten: Schneiden Sie zwei Bögen Papier in den Maßen 18 x 12 cm zu. Legen Sie beide Teile übereinander und verschließen Sie die Seitenränder sowie den Boden der Tüte mit einem Zickzackstich.

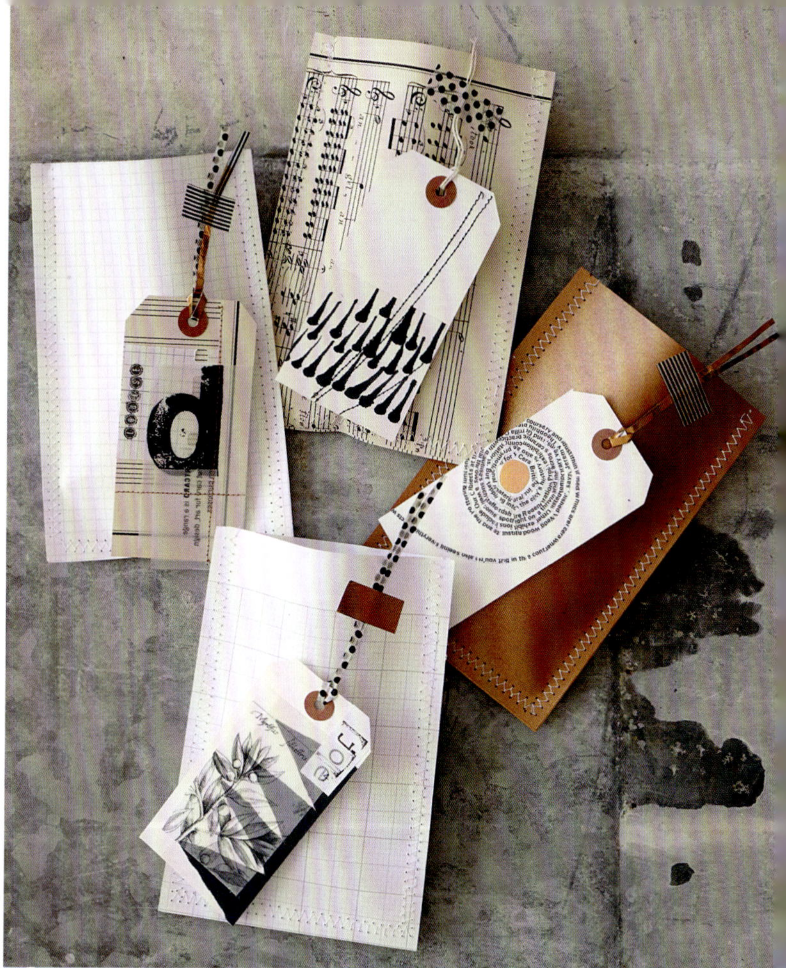

KREATIV-TIPPS

- Kombinieren Sie Ihre Geschenkanhänger mit schlichten selbst gebastelten Papiertüten! Darin können Sie z. B. kleine Gastgeschenke verpacken, die Sie Ihrem Besuch am Ende des Abends mitgeben.

- Stellen Sie Ihr eigenes Geschenkpapier sowie Anhänger her, um Geschenke für einen Kindergeburtstag zu verpacken. Besonders gut eigenen sich bunt gemustertes Papier und Ausschnitte aus Comicbüchern.

- Jeder Geschenkanhänger ist ein kleines Kunstwerk! Sie können die Anhänger auch nebeneinander in einem Bilderrahmen präsentierten oder sie aneinanderketten, um daraus eine Girlande zu machen.

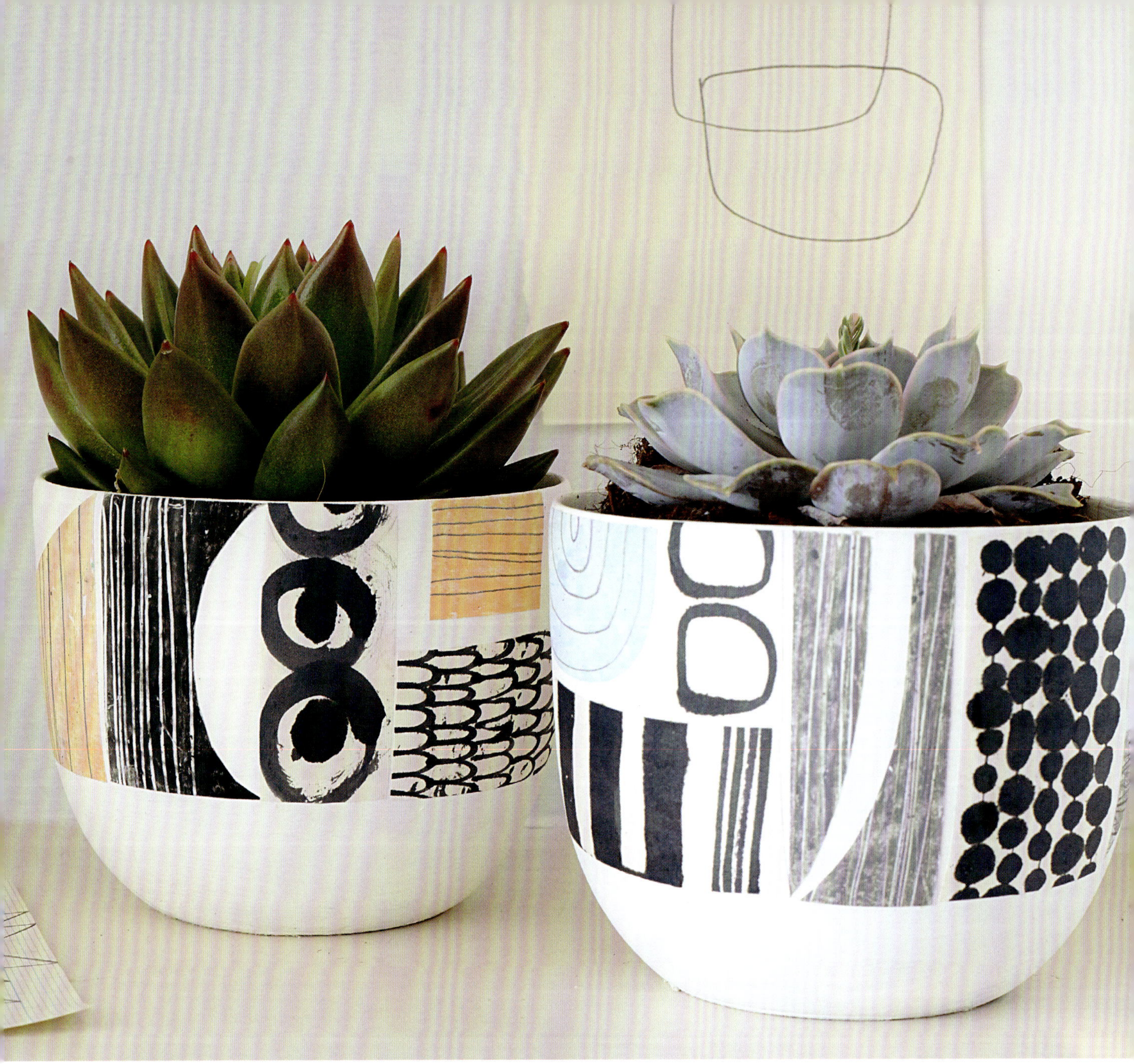

BLUMENTÖPFE MIT ABSTRAKTEN MUSTERN

Für Collagen ist jedes Material geeignet – Papier ebenso wie Stoff und Holz. Als ich zum ersten Mal **mit Keramik arbeitete**, war ich von dem Ergebnis gleichermaßen überrascht wie begeistert. Vor Kurzem habe ich mir probehalber einen Packen unbedrucktes Zeitungsdruckpapier besorgt. Das war genau die richtige Wahl für dieses Projekt. Es ist äußerst dünn und haftet daher gut an der Oberfläche der Blumentöpfe. Bei diesem Projekt zieren **abstrakte Linien** und blasse Farbtöne, die ich mit Schwarz kombiniert habe, die Übertöpfe – das verleiht ihnen einen **frischen, modernen Touch**.

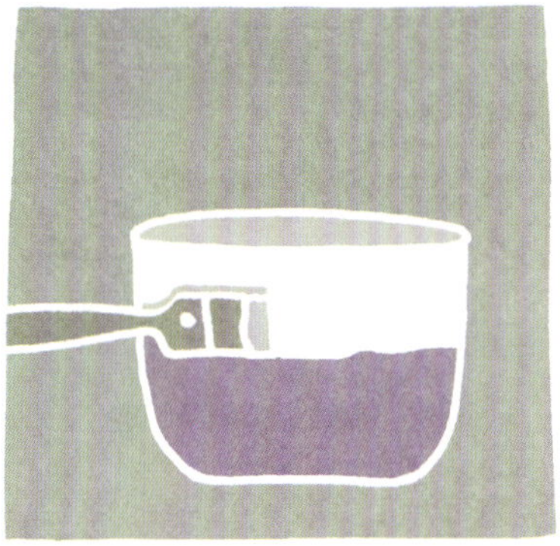

1 Tragen Sie auf den Tontopf zunächst eine mattweiße Grundierung auf. Sobald diese trocken ist, tragen Sie eine weitere Farbschicht auf.

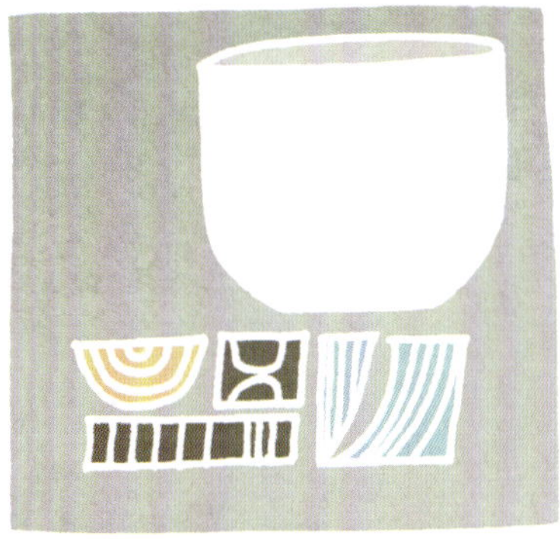

2 Schneiden Sie aus Ihrem gemusterten Papier ein paar Formen aus. Ordnen Sie diese in einer Reihe an, um zu testen, wie sie später auf dem Gefäß wirken. Ich habe Vierecke, Halbkreise und Dreiecke verwendet.

▼ DAS BRAUCHEN SIE

- ❍ Tontopf
- ❍ mattweiße Farbe
- ❍ Malpinsel
- ❍ dünnes Papier mit unterschiedlichen Mustern (siehe Papier selbst gestalten, Seite 13)
- ❍ Schere
- ❍ PVA-Klebstoff
- ❍ mattes, wasserbasiertes Acrylmedium

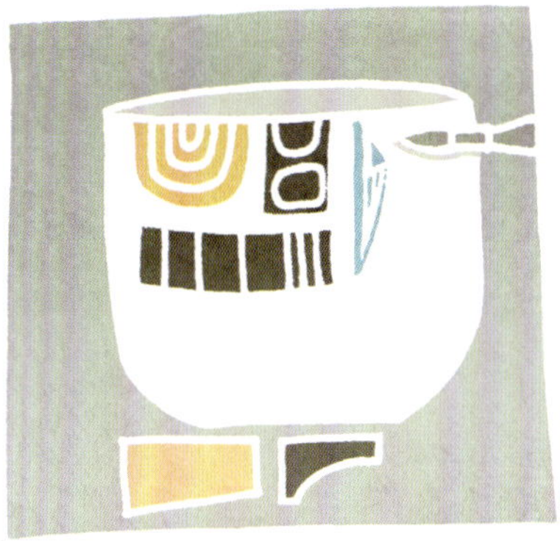

3 Wenn Ihnen Ihr Arrangement gefällt, kleben Sie die einzelnen Formen auf den Topf.

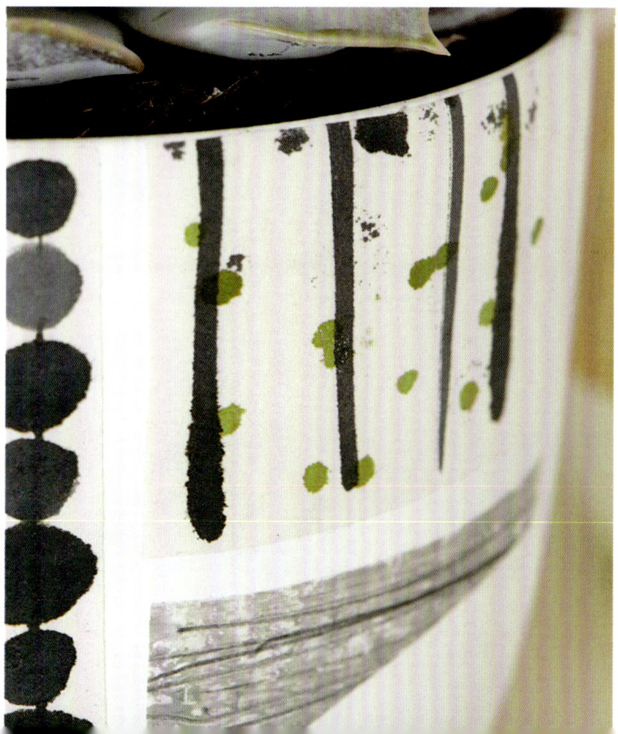

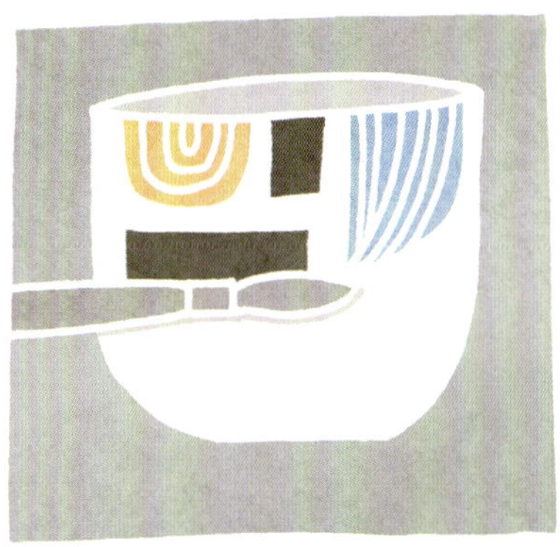

4 Um das Material vor Wasserspritzern zu schützen, tragen Sie abschließend mehrere Schichten mattes Acrylmedium auf.

WILDE TIERCOLLAGEN

Diese **kleinen Tiercollagen** sind schnell gemacht. Ich habe dafür Papier mit verschiedenen Mustern verwendet – das ich zuvor mithilfe von Pinsel und Stempelfarbe selbst verziert hatte – sowie ein paar Ausschnitte aus Zeitschriften. Die Tierfiguren können Sie z. B. auf einen Faden auffädeln und daraus ein buntes Mobile machen. Oder Sie wählen eine **ausgefallenere Art der Präsentation** und befestigen sie an Holzstäben.

▼ DAS BRAUCHEN SIE

- ❍ Vorlagen, siehe Seite 126-127
- ❍ Transparentpapier
- ❍ Kreppband
- ❍ Tonpapier
- ❍ Bleistift
- ❍ Lineal
- ❍ Schere
- ❍ Papierschnipsel
- ❍ PVA-Klebstoff
- ❍ Revolver-Lochzange
- ❍ Holzspieße
- ❍ einen kleinen Holzklotz (Ich habe einen 8 x 8 cm großen Klotz verwendet.)
- ❍ Bohrmaschine

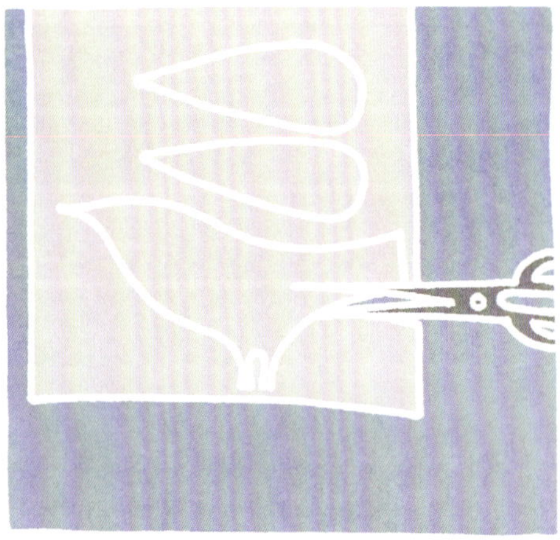

1 So basteln Sie den Vogel: Pausen Sie die Vorlage für den Rumpf sowie die Flügel ab und übertragen Sie sie auf Tonpapier. Schneiden Sie die Formen aus.

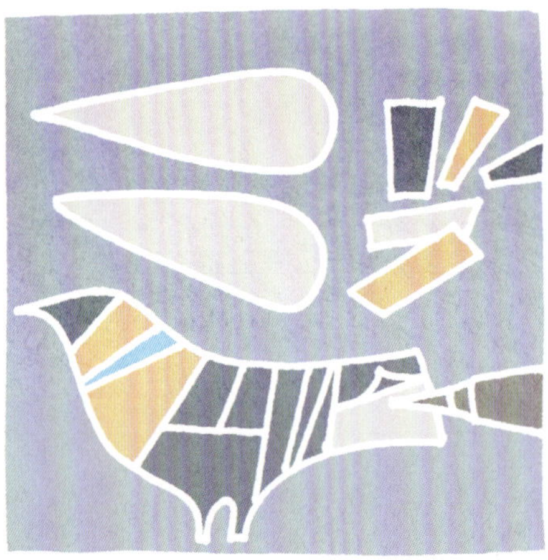

2 Bekleben Sie die Formen mit Papierschnipseln. Ich habe mich für Muster mit schwarzer Tinte und für ein paar knallig bunte Ausschnitte aus Zeitschriften entschieden.

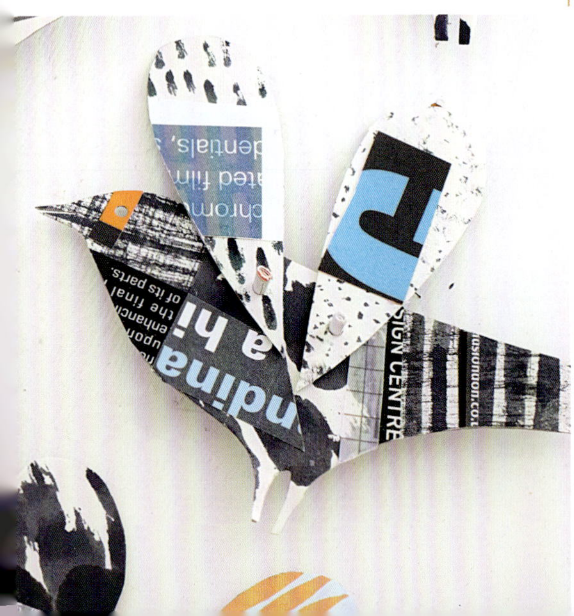

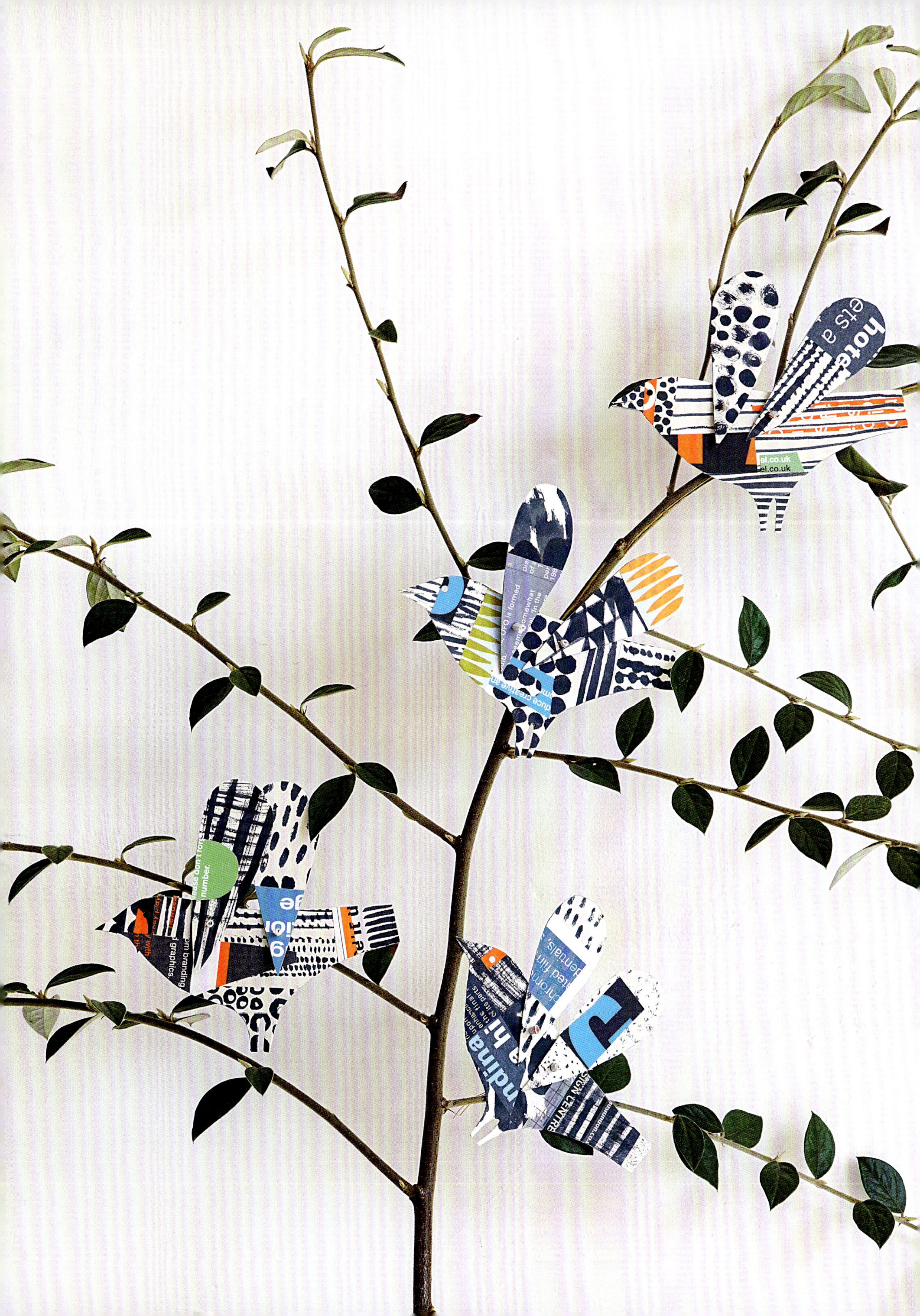

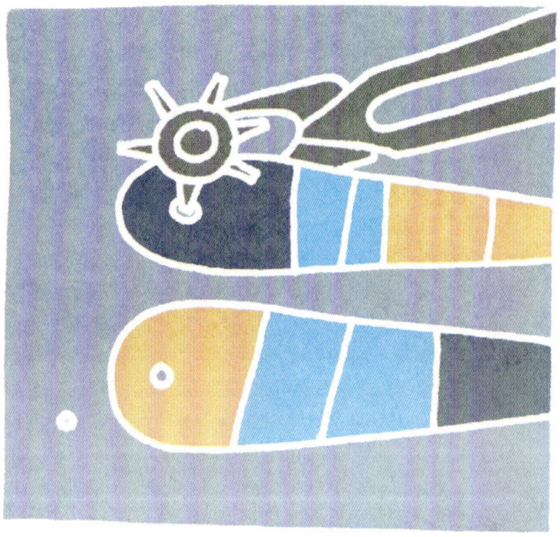

3 Stanzen Sie mit einer 2 mm-Lochzange in jeden Flügel ein Loch. Es sollte zentriert und etwa 1 cm vom unteren Rand entfernt sein.

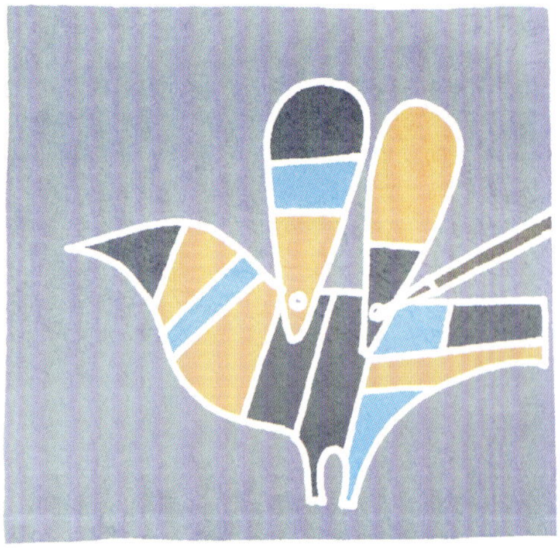

4 Platzieren Sie beiden Flügel auf dem Rumpf des Vogels und setzen Sie durch das Loch hindurch jeweils eine Bleistiftmarkierung. Stanzen Sie an beiden Markierungen ebenfalls Löcher.

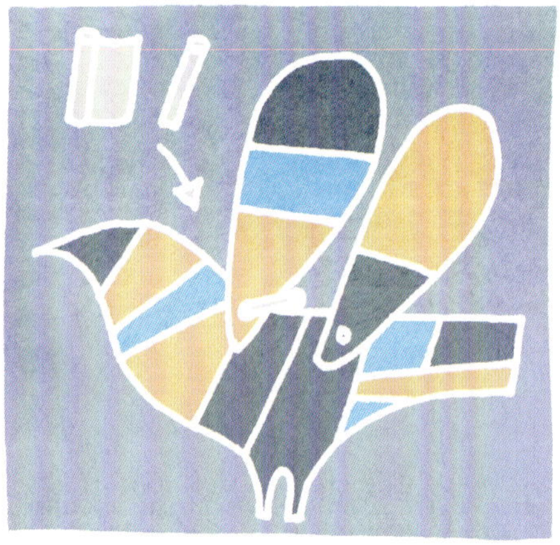

5 Schneiden Sie aus Papier ein kleines 5 x 1 cm großes Rechteck aus. Rollen Sie es der Länge nach auf. Der entstandene Papierstift sollte gerade so dick sein, dass er durch die Löcher im Flügel und im Rumpf des Vogels passt. Dabei müssen Sie vielleicht etwas experimentieren. Für den zweiten Flügel wiederholen, sodass sich am Ende beide Flügel beliebig verstellen lassen.

6 Stanzen Sie ein weiteres Loch als Auge.

7 Für die Eule wiederholen Sie die Schritte 1 bis 6, wobei Sie den Kopf am Rumpf befestigen und für beide Flügel nur ein Loch markieren.

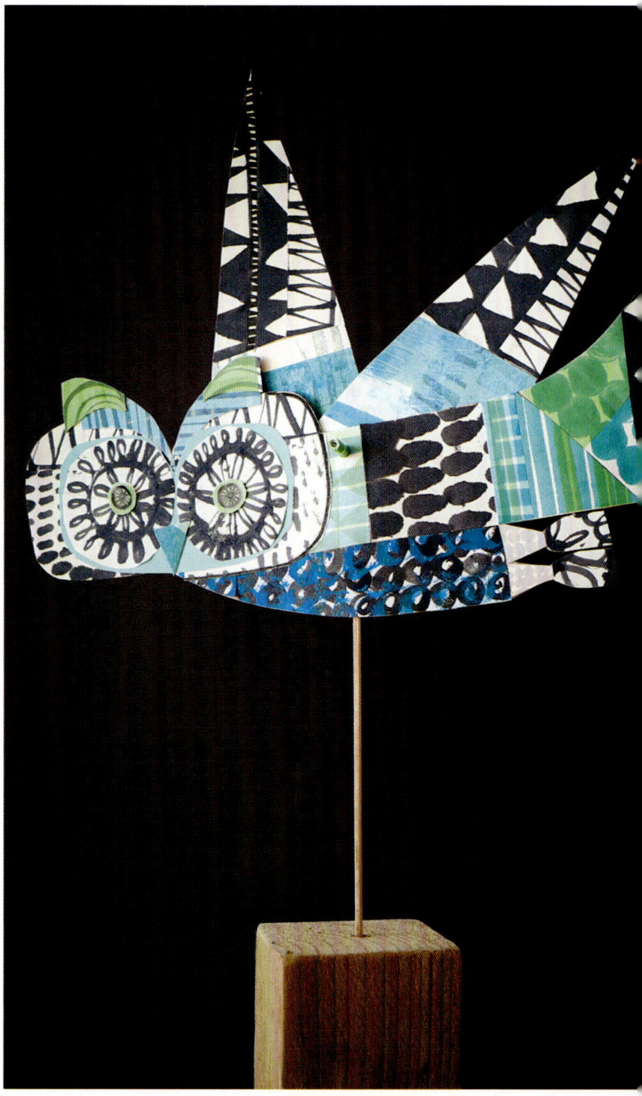

✿ **Wenn Sie zwei Tiere auf einem Holzklotz befestigen wollen, sollten Sie einen der Holzspieße zuvor kürzen, sodass die Tiere später nicht auf derselben Höhe, sondern versetzt präsentiert werden. Achten Sie beim Bohren darauf, dass Sie die Bohrmaschine leicht schräg halten.**

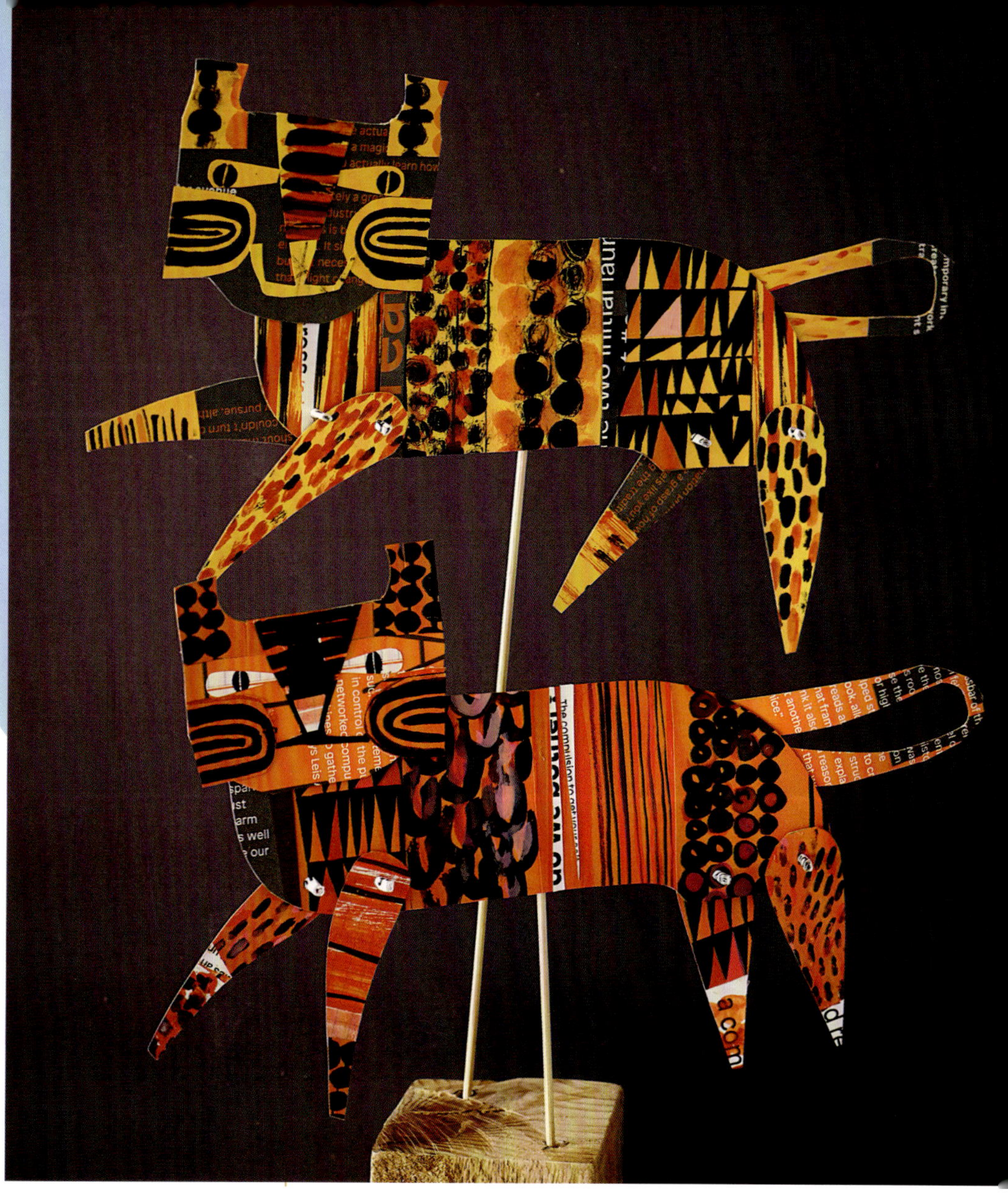

8 Und so basteln Sie den Tiger: Wiederholen Sie die Schritte 1 bis 6. Kleben Sie den Kopf auf den Rumpf und markieren Sie Löcher für die Beine.

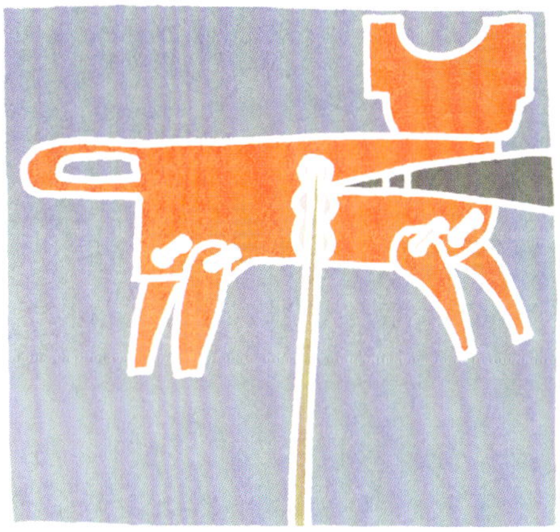

9 Um die Figuren an Holzspießen zu befestigen, tragen Sie auf der Rückseite Ihrer Tiercollage einige Tropfen PVA-Klebstoff auf. Dann drücken Sie das obere Ende des Holzspießes darauf und lassen den Kleber gut antrocknen.

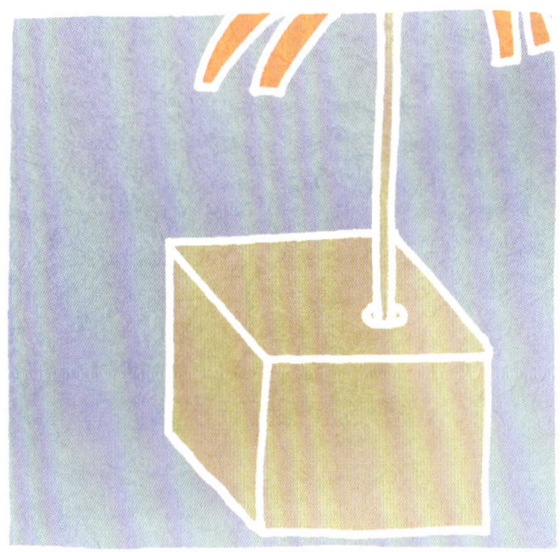

10 Bohren Sie ein 3 cm tiefes Loch in den Holzklotz und stecken Sie den Spieß hinein.

BEDRUCKTER KISSENBEZUG

▼ DAS BRAUCHEN SIE

- ❍ 2 Blatt weißes Papier im Format DIN A4
- ❍ buntes Seidenpapier
- ❍ bemaltes Papier
- ❍ Schere
- ❍ Klebestift
- ❍ 2 Blatt Foto-Transferpapier für helle T-Shirts im Format DIN A4
- ❍ gebügelten, weißen Baumwollstoff (87 x 40 cm)
- ❍ Bügeleisen
- ❍ Stecknadeln
- ❍ Nähmaschine

Für dieses Projekt habe ich eine Collage aus **buntem Seidenpapier** und **bemalten Papierschnipseln** verwendet. Das Ergebnis ist ein wunderschöner, moderner und farbenfroher Kissenbezug. Foto-Transferpapier ist meist im Zehnerpack erhältlich. Sie könnten also eine ganze Sofalandschaft mit Ihren Kreationen ausstatten. Der fertige Bezug hat die perfekten Maße für ein 40 x 40 cm großes Innenkissen.

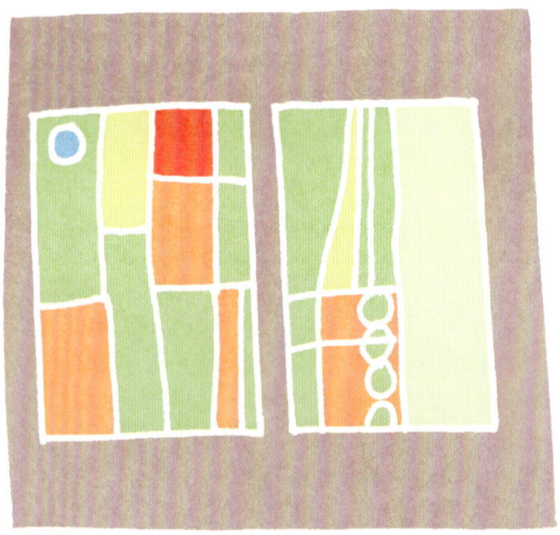

1 Bekleben Sie einen Bogen weißes Papier nach Belieben mit Seidenpapier sowie Ihrem bemalten Papier. Auf den zweiten Bogen kleben Sie lediglich einen 10 cm breiten Streifen Papier. Später werden die beiden Collagen zu einem Entwurf zusammengefügt. Probieren Sie aus, wie beide Collagen am besten nebeneinander wirken.

2 Übertragen Sie Ihre Collage auf Foto-Transferpapier. Folgen Sie dabei der Anleitung des Herstellers und achten Sie darauf, Ihr Bild auf der richtigen Seite des Papiers zu platzieren.

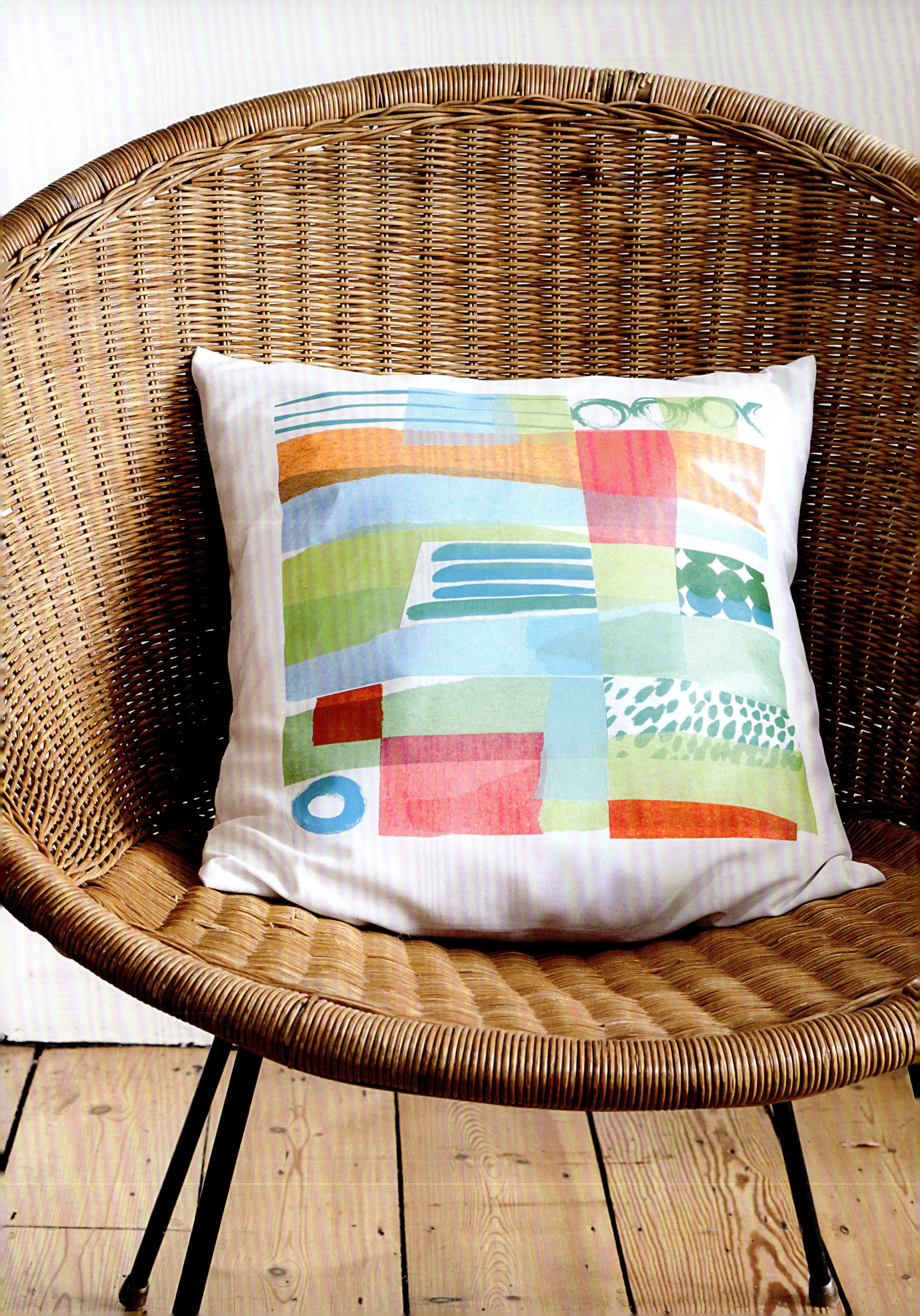

3 Schneiden Sie das überstehende Foto-Transferpapier der kleineren Collage ab und bügeln Sie Ihr Bild gemäß der Anleitung auf den Stoff auf. Legen Sie dafür beide Collagen bündig aneinander und platzieren Sie sie mit 28 cm Abstand zur Oberkante mittig auf dem Stoff.

4 Wenn Sie die Collage erfolgreich auf den Stoff übertragen und das Abdeckpapier vom Foto-Transferpapier entfernt haben, schlagen Sie den Stoff an den kurzen Kanten jeweils 1 cm ein. Stecken Sie den Saum fest und steppen ihn mit der Nähmaschine ab.

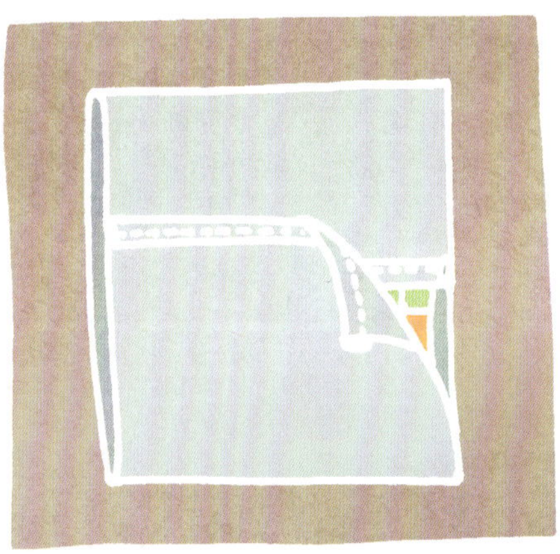

5 Legen Sie den Stoff längs und mit der rechten Seite nach oben flach hin – Ihre Collage befindet sich nun nahe der Oberkante. Schlagen Sie die Oberkante des Stoffes so um, dass zwischen Falz und Collage ein 5 cm breiter Streifen unbedruckter Stoff bleibt. Die Unterkante schlagen Sie nach demselben Prinzip so um, dass sie die Oberkante überlappt. Mit Nadeln feststecken!

6 Verschließen Sie alle Kanten des Kissens mit einem 1 cm breiten Saum. Drehen Sie den Kissenbezug auf rechts und bügeln Sie für ein gelungenes Finish noch einmal über die Kanten. Die Druck-Collage sollten Sie beim Bügeln aber unbedingt aussparen!

TISCHSET MIT FISCHMOTIVEN

Diese Collage mit Fischmotiven ist aus ausgeschnittenen Blattformen sowie aus Karo- und Strukturpapier entstanden, das ich zuvor mit **Ölkreide** bemalt habe. Mithilfe von **Foto-Transferpapier** und einem Stück weißem Stoff wird daraus ein hübsches Tischset, das Ihre Tischplatte vor Wasserflecken sowie Kratzern schützt – und einfach toll aus sieht! Kreieren Sie dafür nach Lust und Laune eine Collage. Sie sollte lediglich dasselbe Format wie Ihr Foto-Transferpapier haben.

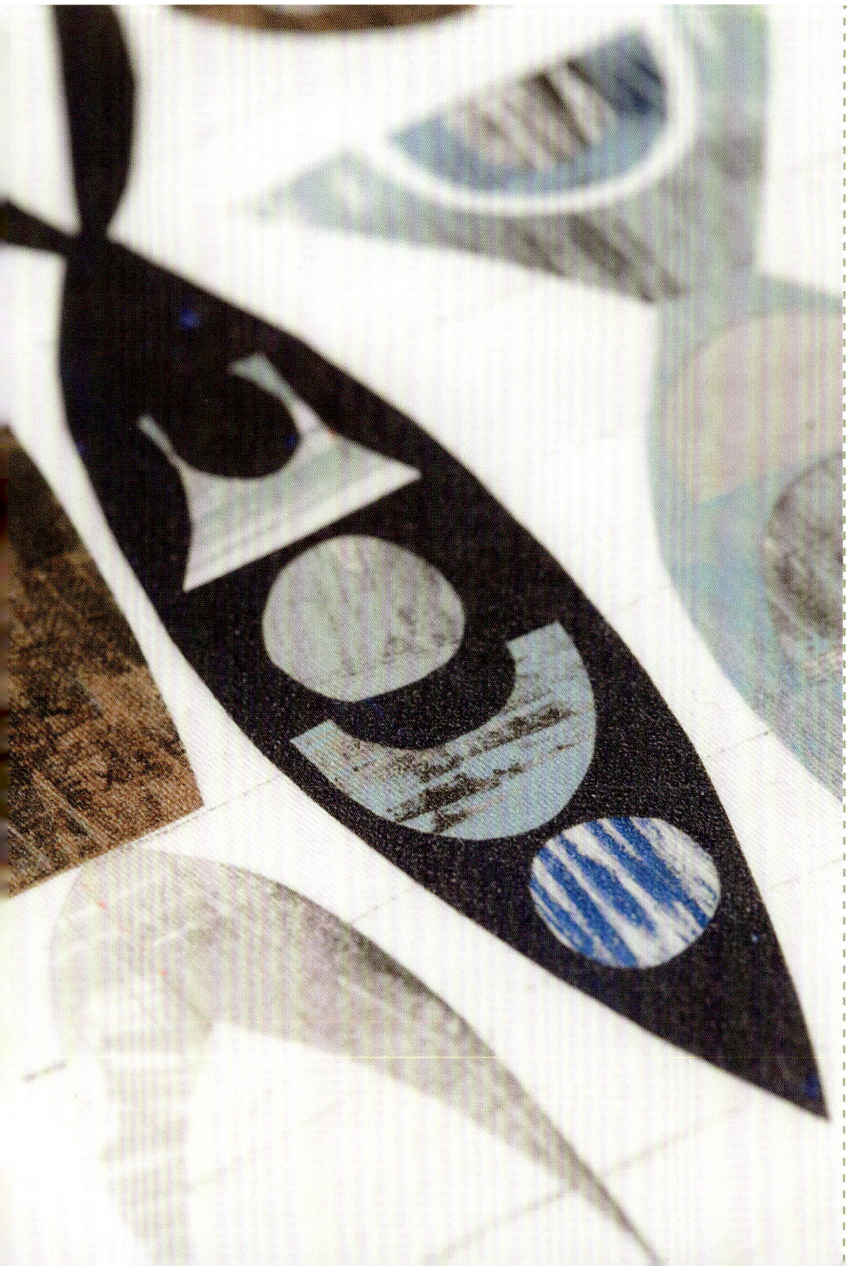

▼ DAS BRAUCHEN SIE

- ❍ Collage im Format DIN A4
- ❍ Foto-Transferpapier für helle T-Shirts im Format DIN A4
- ❍ 2 Zuschnitte gebügelten weißen Stoff (29 x 38 cm)
- ❍ Bügeleisen
- ❍ Volumenvlies oder Wattierung (29 x 38 cm)
- ❍ Nähmaschine
- ❍ Schere
- ❍ Nähnadel und Faden

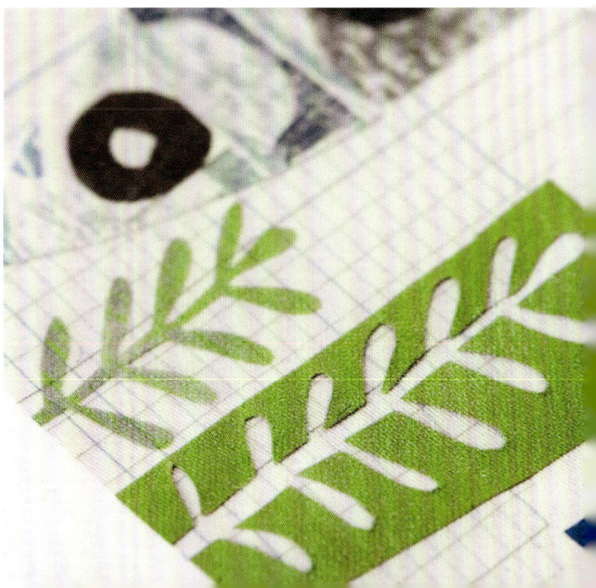

1 Um Ihre Collage auf der richtigen Seite des Foto-Transferpapiers zu platzieren, sollten Sie beim Drucken der Anleitung der Herstellers folgen.

2 Legen Sie das Foto-Transferpapier mittig auf einen der Stoffzuschnitte und bügeln Sie Ihr Bild gemäß der Anleitung auf den Stoff auf.

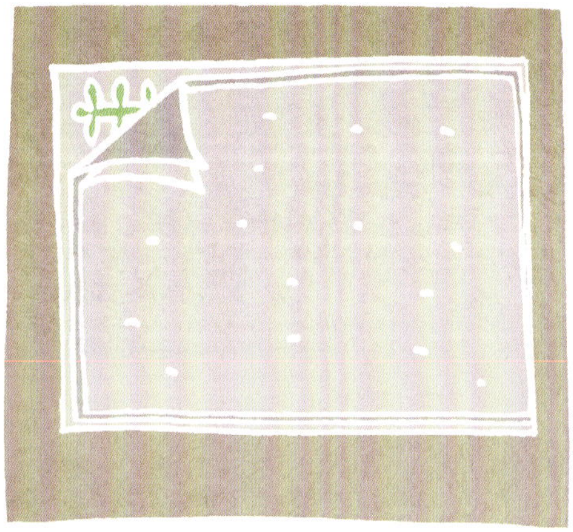

3 Entfernen Sie das Abdeckpapier des Foto-Transferpapiers und breiten Sie den Stoff mit dem collagierten Motiv nach oben auf Ihrer Arbeitsfläche aus. Legen Sie das zweite Stück Stoff darüber und zudem das Volumenvlies bzw. die Wattierung. Achten Sie darauf, dass alle Kanten sauber abschließen.

4 Nähen Sie mit der Nähmaschine ringsum einen 1 cm breiten Saum, sodass alle drei Stofflagen miteinander verbunden sind. Lassen Sie an einer Seite eine 15 cm breite Öffnung.

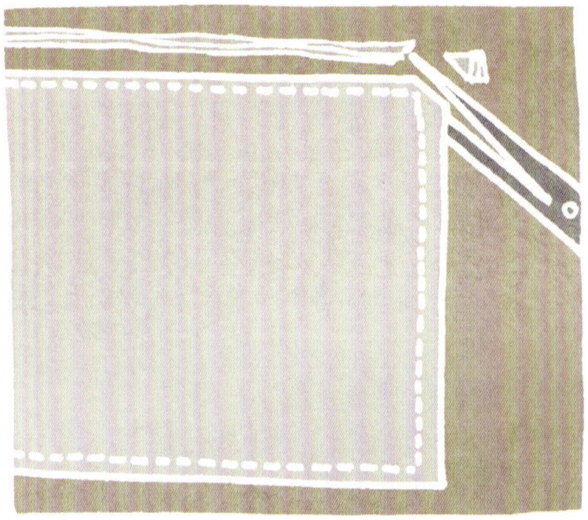

5 Kürzen Sie den Saum auf 5 mm und schneiden Sie alle vier Ecken ab. Achten Sie darauf, dass Sie dabei nicht in die Naht schneiden.

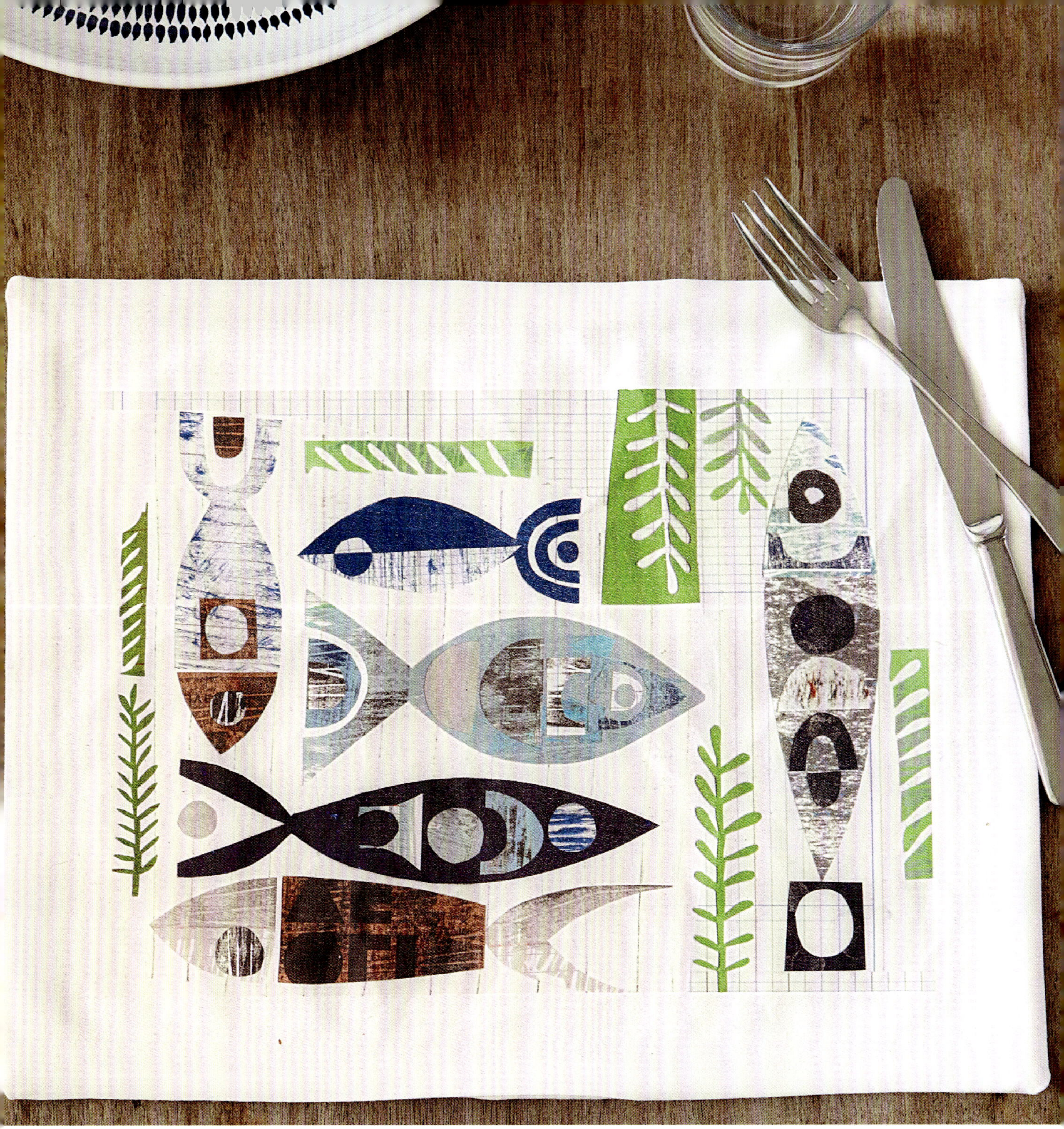

6 Drehen Sie den Stoff auf rechts und nähen Sie die Öffnung mit Nadel und Faden zu. Bügeln Sie zum Schluss vorsichtig die Stoffkanten flach, ohne dabei Ihre Collage mit dem heißen Bügeleisen zu berühren.

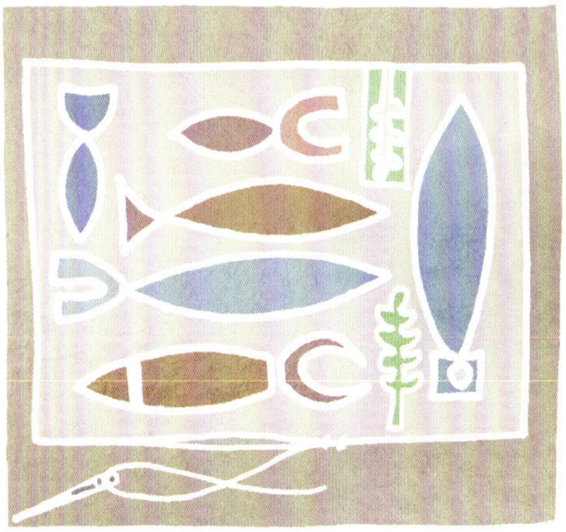

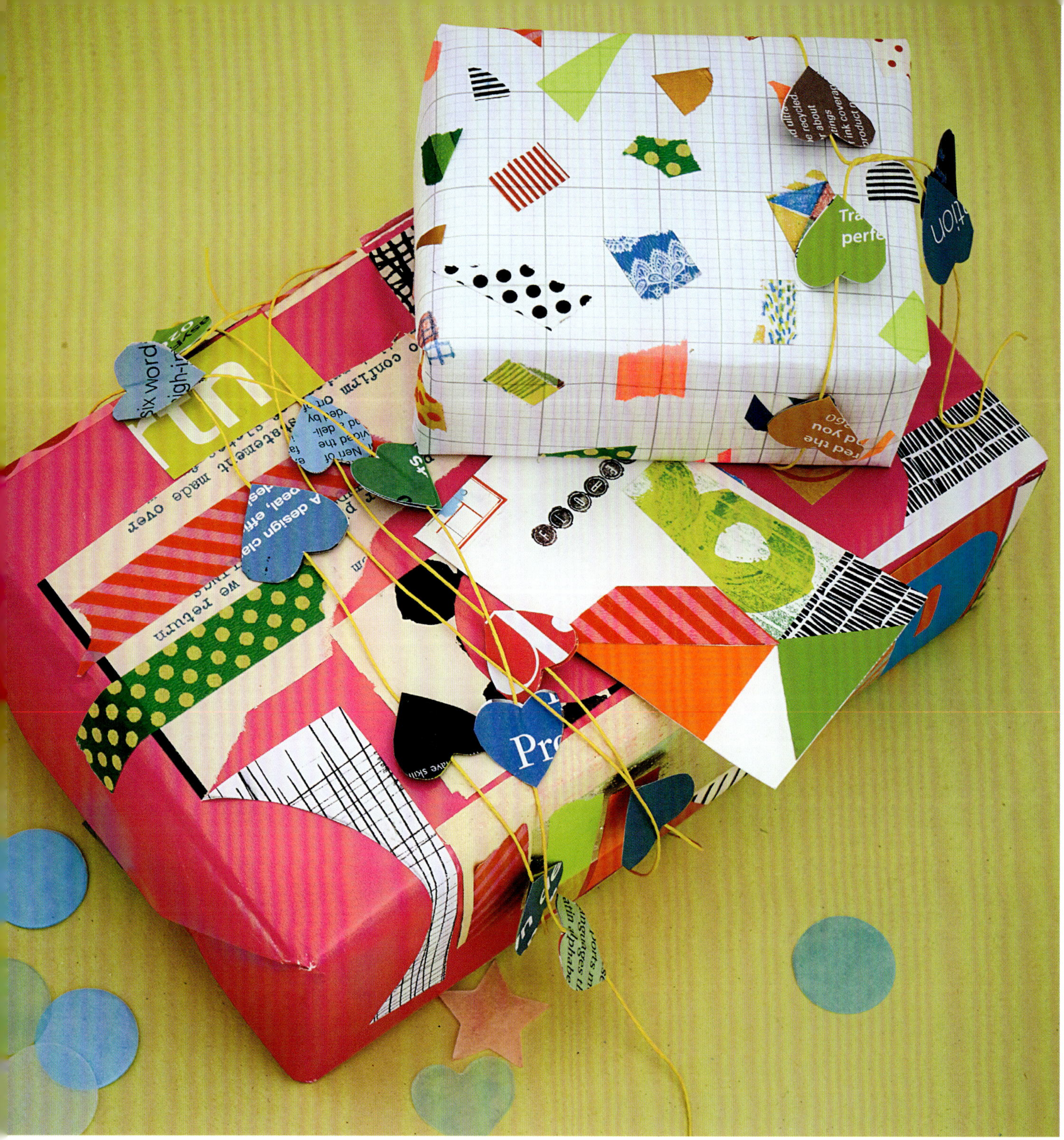

GESCHENK-PAPIER

Ich bewahre alle möglichen Papierreste auf und kann mich manchmal nicht einmal von dem kleinsten Papierfetzen trennen. Wenn es Ihnen auch so geht, können Sie diese Reste nutzen, um Ihr eigenes Geschenkpapier herzustellen. Als Hintergrund habe ich für das eine Modell schlichtes Buntpapier und für das andere Karopapier verwendet. Passend dazu gibt es einen hübschen **Geschenkanhänger** und eine Herzchen-Girlande.

▼ DAS BRAUCHEN SIE

- ❍ bunte Papierschnipsel
- ❍ großformatiges Papier (als Hintergrund)
- ❍ Klebestift
- ❍ Schere
- ❍ Schnur oder Zwirn
- ❍ Tonpapier

1 Platzieren Sie Ihre Papierschnipsel auf dem großformatigen Hintergrundpapier. Variieren Sie das Arrangement, bis es Ihnen gefällt, und kleben Sie die Schnipsel fest.

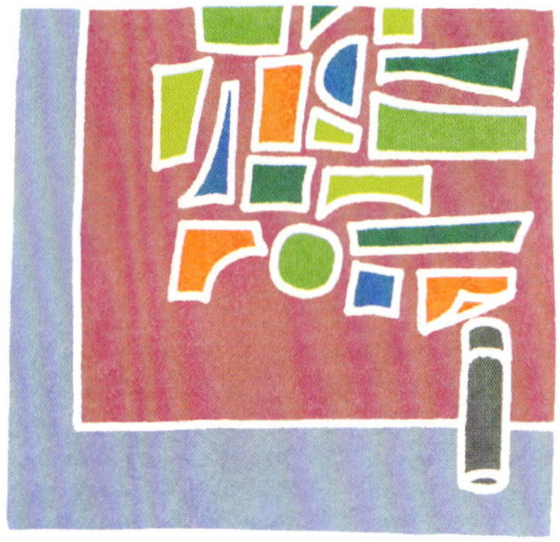

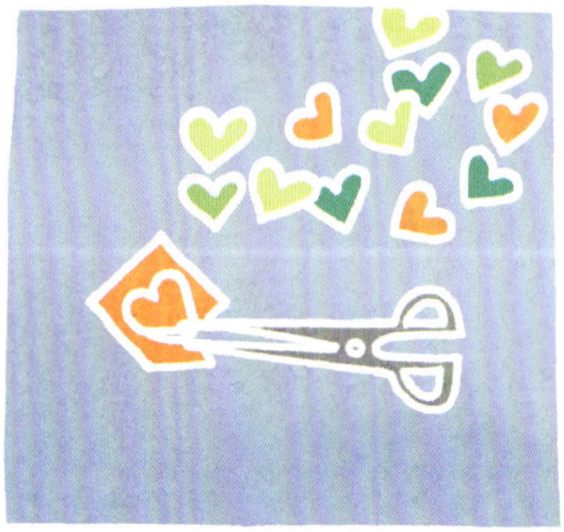

2 So basteln Sie die Herzchen-Girlande: Schneiden Sie zunächst ein Herz aus einem beliebigen Stück Papier aus und verwenden Sie es als Schablone, um noch viele weitere Herzen auszuschneiden.

3 Schneiden Sie nun ein Stück Schnur zurecht. Legen Sie die Schnur zwischen die Rückseiten von zwei Herzchen und kleben Sie sie zusammen. Damit fahren Sie in gleichmäßigen Abständen bis zum Ende der Schnur fort. Natürlich können Sie das Motiv auch variieren und z. B. Sterne oder Dreiecke ausschneiden.

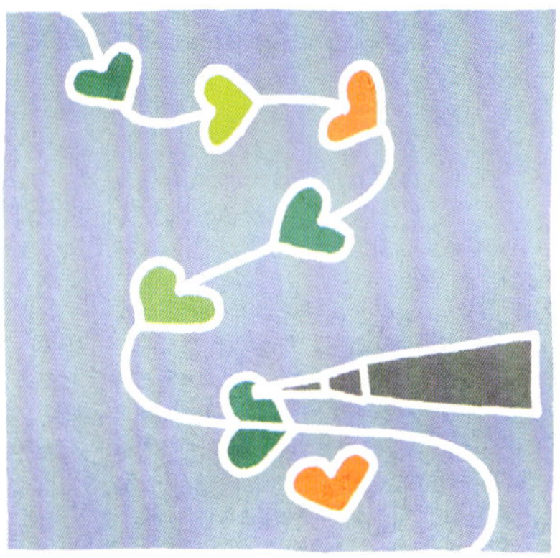

4 Für den Geschenkanhänger schneiden Sie aus Tonpapier ein Rechteck aus und bekleben es mit Papierschnipseln. Auf mein Exemplar habe ich außerdem mithilfe von Buchstabenstempeln einen Namen gedruckt.

KREATIV-TIPP

Personalisieren Sie Ihr Geschenkpapier, indem Sie zusätzlich Fotos und Schriftzüge aus Zeitschriften verwenden. Sammeln Sie Buchstaben in unterschiedlichen Größen und Schrifttypen, um den Namen des Beschenkten zu „schreiben", sowie die passenden Zahlen für das Datum der Feier. Auch Buchstabenstempel aus dem Bastelbedarf sind dafür bestens geeignet. Das passt perfekt zur Partystimmung!

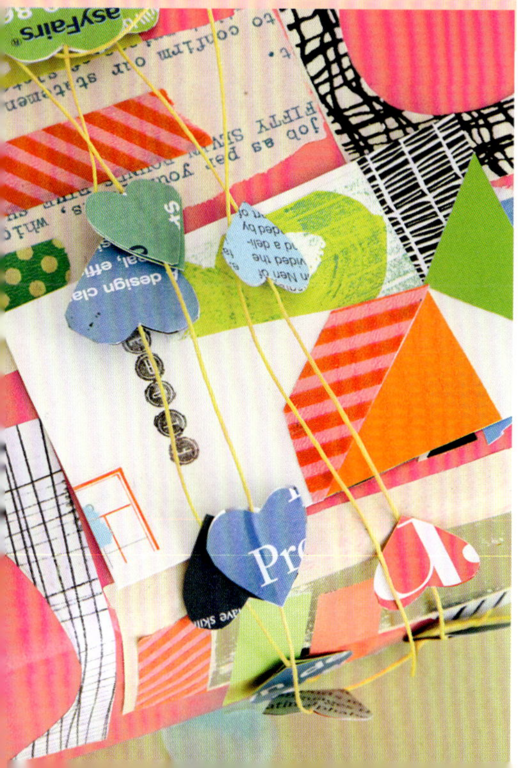

WANDBEHANG MIT GÜRTELTIER

▼ **DAS BRAUCHEN SIE**

- ❍ Vorlage, siehe Seite 119
- ❍ Transparentpapier
- ❍ Bleistift
- ❍ Kreppband
- ❍ Papier im Format DIN A4
- ❍ gemustertes Papier
- ❍ Schere
- ❍ Klebestift
- ❍ Foto-Transferpapier für helle T-Shirts im Format DIN A4
- ❍ weißen Stoff (35 x 35 cm)
- ❍ Bügeleisen
- ❍ Bügelband
- ❍ 2 Holzleisten (31 cm lang)
- ❍ Bohrmaschine
- ❍ Schnur
- ❍ Holzleim

Ein Wandbehang ist die perfekte Präsentationsfläche für eine Collage. Dieses kleine Gürteltier besteht aus vielen **verschiedenen Mustern**, die in **ähnlichen Farben** gehalten sind. Für das Gürteltier gibt es eine Vorlage, aber natürlich können Sie auch Ihr eigenes Tier kreieren. Schauen Sie sich auf Fotos an, wie das Tier in natura aussieht, und reduzieren Sie es dann auf ein paar einfache Formen. Und auch hier gilt: Denken Sie nicht lange nach, sondern **experimentieren** Sie nach Herzenslust!

1 Falls Sie auf die Vorlage zurückgreifen, muss diese vergrößert, abgepaust und anschließend auf ein Blatt Papier im Format DIN A4 übertragen werden (Vergrößern von Vorlagen, siehe Seite 118). Dann bekleben Sie den Körper des Gürteltiers mit gemusterten Papierstreifen.

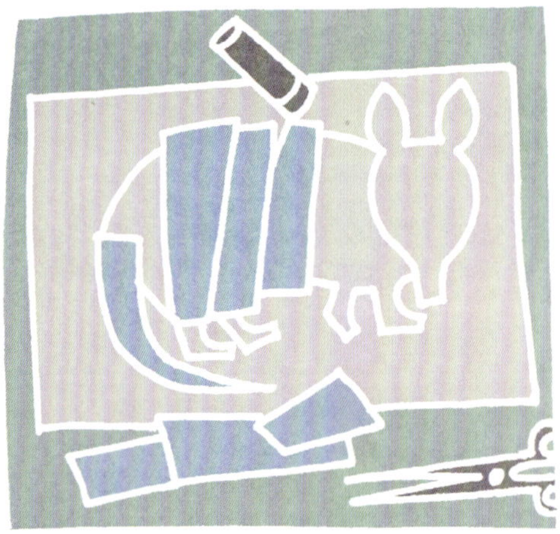

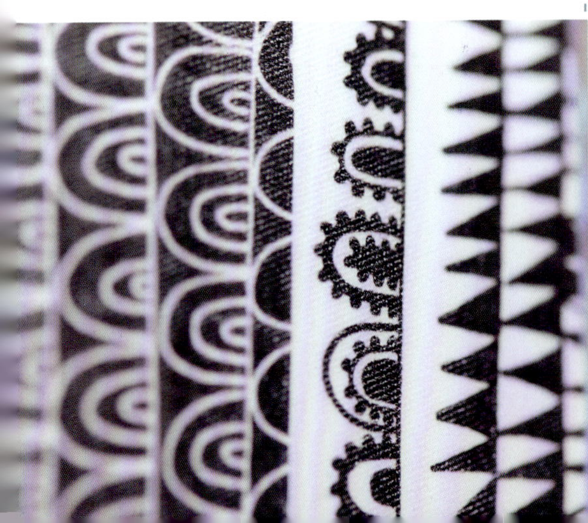

✿ **Am besten lassen sich die Papierstreifen der Form des Gürteltiers anpassen, wenn Sie beim Ausschneiden den Durchschlag der Vorlage zu Hilfe nehmen. Falls ein Streifen trotzdem mal zu lang ist oder über den Umriss hinausragt, ist das nicht weiter schlimm. Im Gegenteil: es gehört zum lässigen Look dieses Wandbilds!**

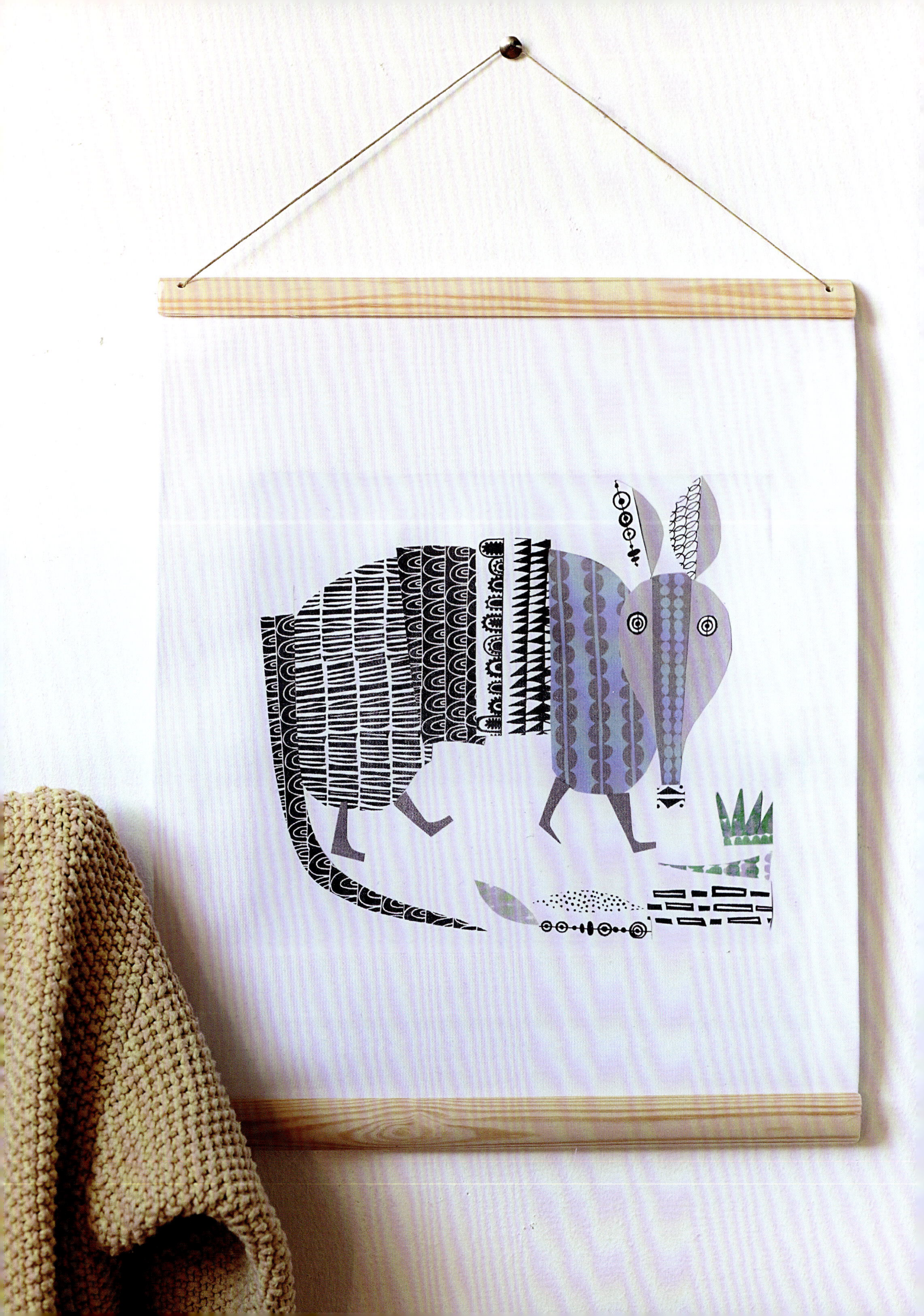

2 Wenn Ihre Collage fertig ist, können Sie sie mithilfe von Foto-Transferpapier drucken. Folgen Sie dabei der Anleitung des Herstellers, damit Ihre Collage auf der richtigen Seite des Papiers erscheint. Legen Sie das Abziehbild in die Mitte des Stoffs und bügeln sie darüber. Folgen Sie auch dabei wieder der Anleitung des Herstellers.

3 Schlagen Sie an der Ober- und Unterseite den Saum um – er sollte so breit wie das Bügelband sein – und bügeln Sie ihn flach. Schieben Sie das zurechtgeschnittene Band unter beide Säume. Anschließend wird es nach der beiliegenden Anleitung aufgebügelt, um die Säume zu fixieren.

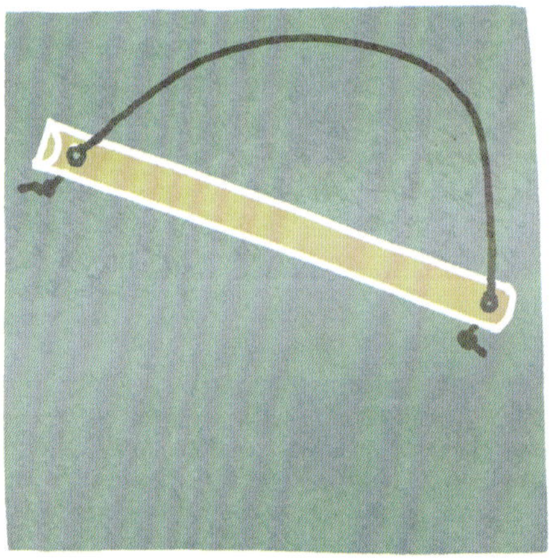

4 Bohren Sie in eine der Holzleisten – jeweils 1 cm vom Rand entfernt – zwei Löcher. Für die Aufhängung fädeln Sie eine Schnur durch die Löcher und fixieren beide Schnurenden mit einem Knoten.

5 Tragen Sie zum Schluss auf der Rückseite der beiden Leisten Holzleim auf und kleben Sie sie an der Ober- und Unterkante des Stoffs fest – fertig ist Ihr Wandbehang mit Gürteltier!

FRUCHTIGE GRÜSSE

Das richtige Material für diese Collage ist schnell gefunden! **Trennen Sie einfach ein paar bunt bedruckte Seiten aus einer alten Zeitschrift heraus**. Bei diesen Scherenschnitt-Karten zeige ich Ihnen drei unterschiedliche Methoden, wie Sie Papierschnipsel mit großer Wirkung arrangieren und aufkleben können. Dafür habe ich meine Papiersammlung zunächst nach Farben sortiert: einen Stapel aus **Grün- und Gelbtönen** für die Birne, einen aus **Pink und Orange** für die Ananas und einen dritten Stapel aus **Gelb sowie Schwarz** für die Banane.

▼ DAS BRAUCHEN SIE

- ❍ Vorlagen, siehe Seite 124
- ❍ 3 Bögen bunten Tonkarton (31 x 17 cm)
- ❍ Bleistift
- ❍ Lineal
- ❍ stumpfes Messer oder Falzbein
- ❍ Transparentpapier
- ❍ Kreppband
- ❍ Cuttermesser
- ❍ Schneidematte
- ❍ Papierschnipsel in verschiedenen Farben
- ❍ Schere
- ❍ Klebestift

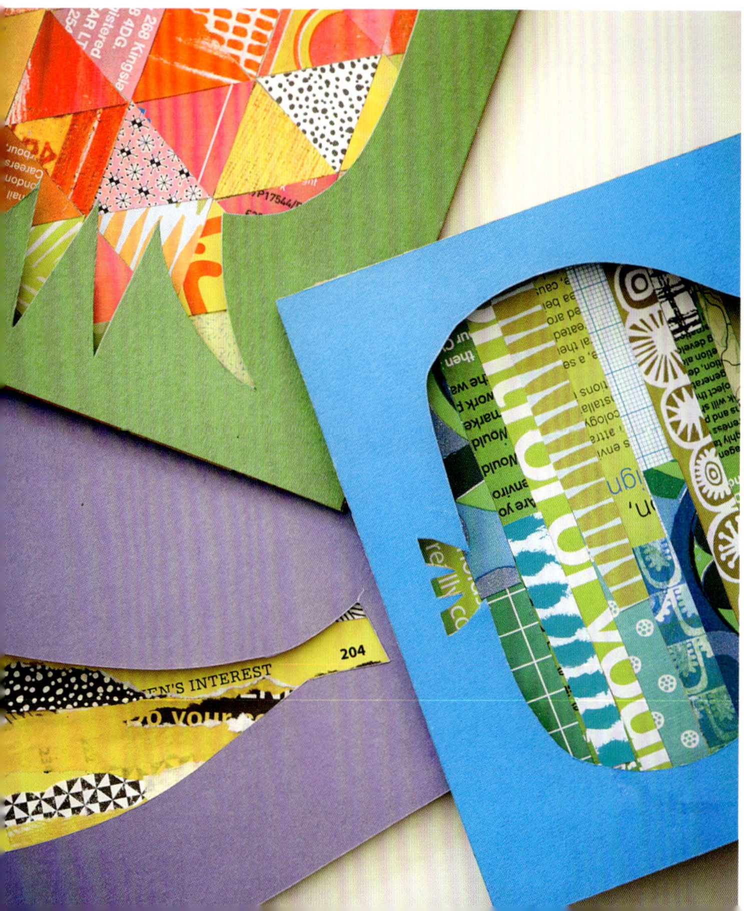

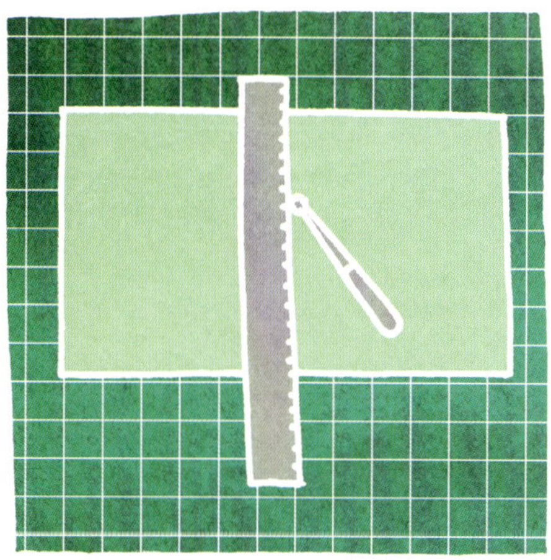

1 So collagieren Sie die Karte mit dem Ananasmotiv: Legen Sie einen Bogen Tonpapier quer auf Ihre Arbeitsfläche und markieren Sie mithilfe von Lineal und Bleistift die Mitte der langen Seiten. Verbinden Sie die Markierungen mit dem Lineal und fahren Sie für den Mittelfalz mit einem stumpfen Gegenstand daran entlang.

2 Pausen Sie die Ananas-Vorlage ab und übertragen Sie sie mittig auf die Vorderseite der Klappkarte. Schneiden Sie die Form aus. Verwenden Sie dafür ein Cuttermesser sowie eine Schneidematte, um Ihre Arbeitsfläche vor Kratzern zu schützen.

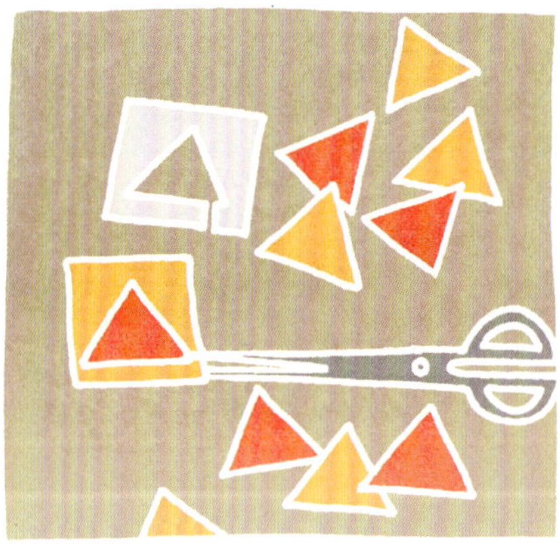

3 Schneiden Sie aus Ihren Papierschnipseln mehrere kleine Dreiecke aus. Ich verwende dafür eine Schablone aus Pappe und eine kleine Schere, mit der ich direkt an der Schablone entlang schneide. Legen Sie einige Papierbögen übereinander, um gleich mehrere Dreiecke auf einmal auszuschneiden.

4 Bekleben Sie beide Innenseiten der Karte komplett mit Dreiecken. Beginnen Sie dabei jeweils am Mittelfalz und arbeiten Sie Reihe für Reihe zur Außenkante hin.

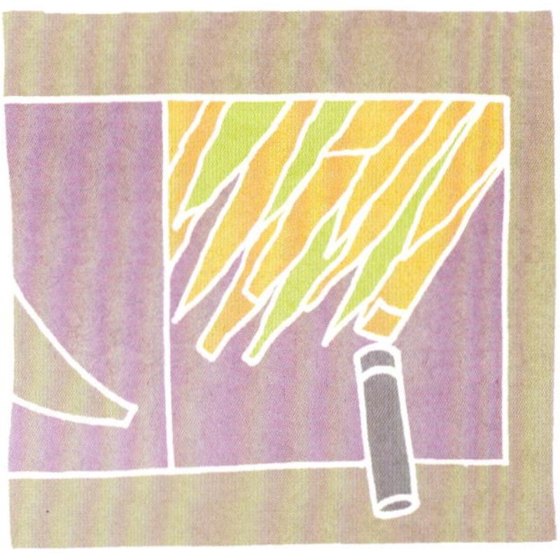

5 Für die Karte mit dem Bananenmotiv wiederholen Sie die Schritte 1 bis 4. Verwenden Sie für diese Collage aber schmale Papierfetzen.

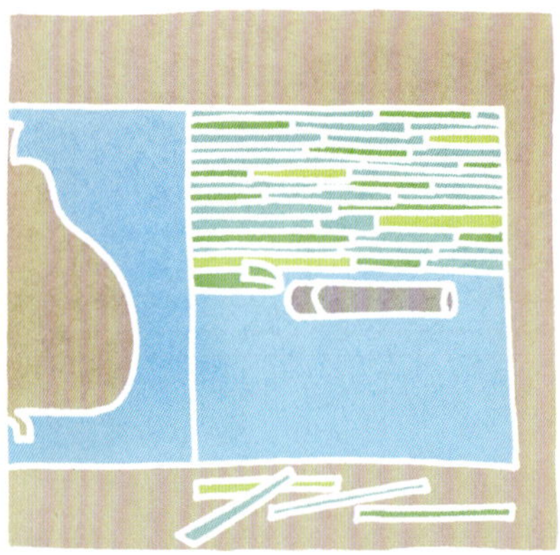

6 Für die Karte mit dem Birnenmotiv folgen Sie ebenfalls den Schritten 1 bis 4. Diesmal bekleben Sie die Innenseiten mit dünnen Papierstreifen, die Sie fortlaufend aneinanderreihen.

KREATIV-TIPP

Dieses Projekt bietet unglaublich viele Variationsmöglichkeiten. Z. B. lassen sich mit Großbuchstaben oder Zahlen wunderschöne, personalisierte Grußkarten für Freunde gestalten. Verwenden Sie dafür einen bestimmten Buchstaben oder eine Zahl, die Sie aus einer Zeitschrift ausschneiden und nach Bedarf vergrößern. Alternativ können Sie Ihr Motiv auch am Computer ausdrucken.

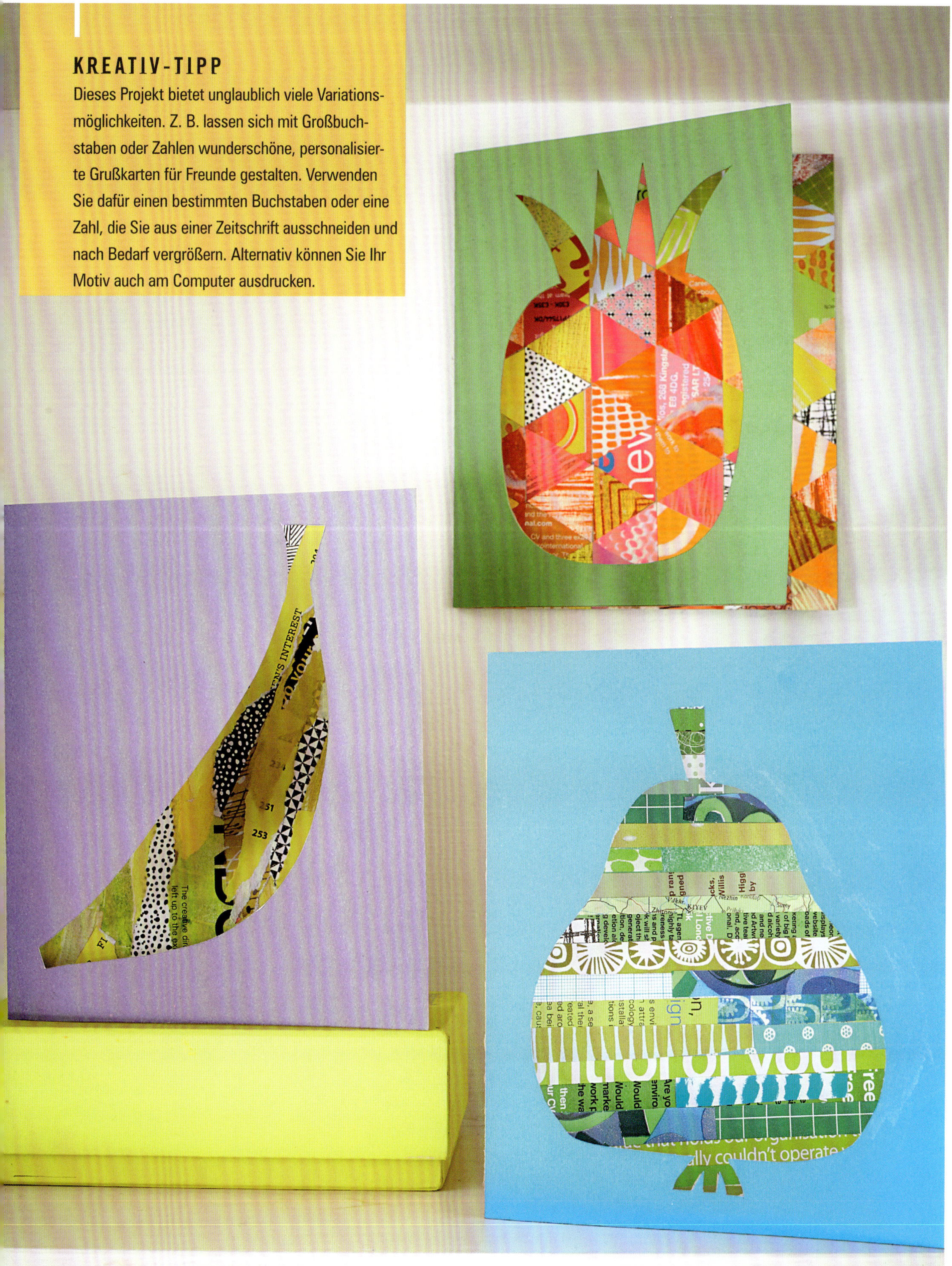

FOTO-MONTAGE

Durch das **Übertragen von Fotos auf Holz** lassen sich interessante Effekte erzielen. Diese Technik ist besonders für Experimentierfreudige ein Riesenspaß. Das nötige Foto Transfer-Medium bekommen Sie in fast jedem Bastelgeschäft. Für das Holzhäuschen habe ich einfach ein Stück Restholz genommen. Drucken Sie eine der Fotografien auf Transparentpapier aus, um der Collage **mehr Tiefe** zu verleihen.

▼ DAS BRAUCHEN SIE

- ❍ ein Stück Restholz
- ❍ Lineal
- ❍ Bleistift
- ❍ Holzsäge
- ❍ Schleifpapier
- ❍ Kopien von Fotografien
- ❍ Zeitung
- ❍ Foto Transfer-Medium
- ❍ Malpinsel
- ❍ ein Schälchen Wasser
- ❍ einen kleinen Schwamm
- ❍ Transparentpapier
- ❍ PVA-Klebstoff

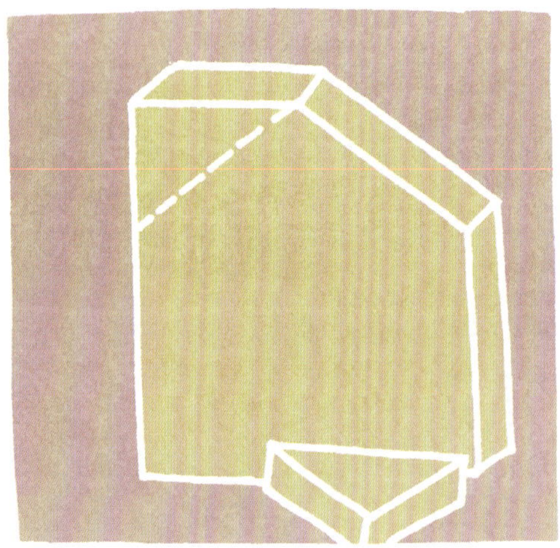

1 Zeichnen Sie mithilfe von Lineal und Bleistift für das Dach zwei Dreiecke auf das Holz. Sägen Sie die Dreiecke ab und glätten Sie alle rauen oder brüchigen Stellen mit Schleifpapier.

2 Legen Sie eine der kopierten Fotografien mit der bedruckten Seite nach oben auf Ihre Arbeitsfläche. Diese sollten Sie zum Schutz vorher mit Zeitungspapier auslegen. Tragen Sie mit dem Pinsel eine großzügige Schicht Foto Transfer-Medium auf das Foto auf.

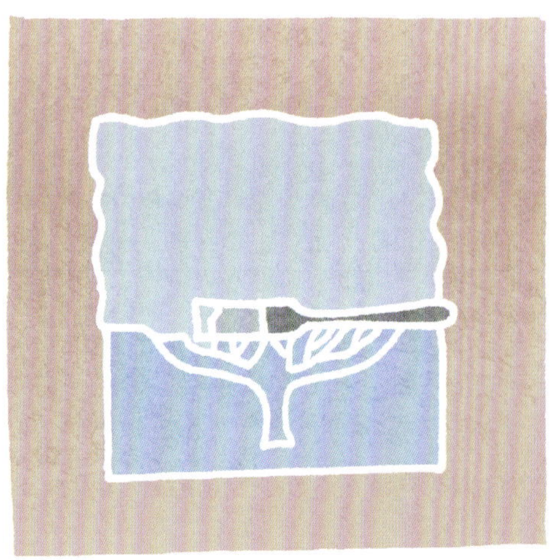

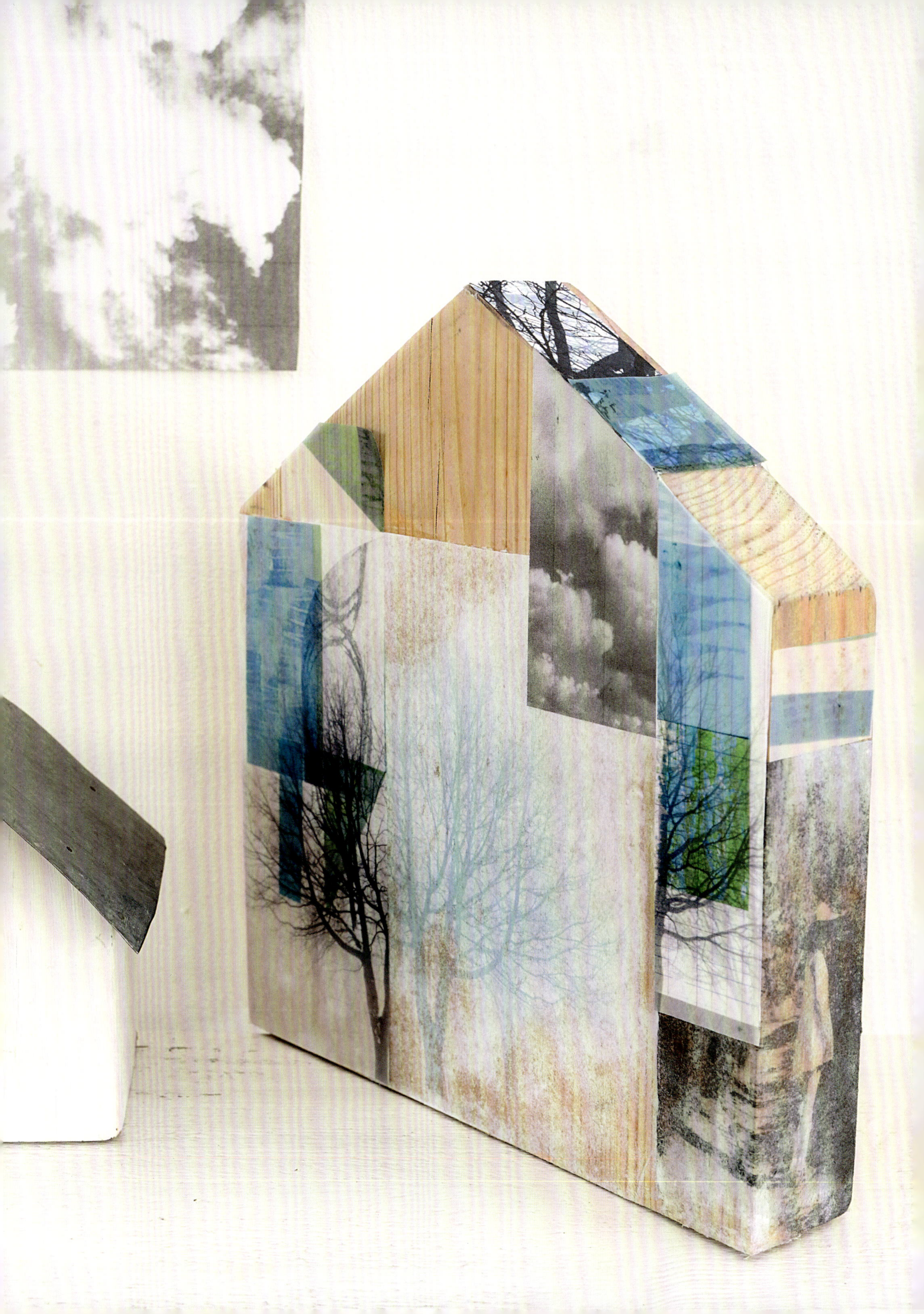

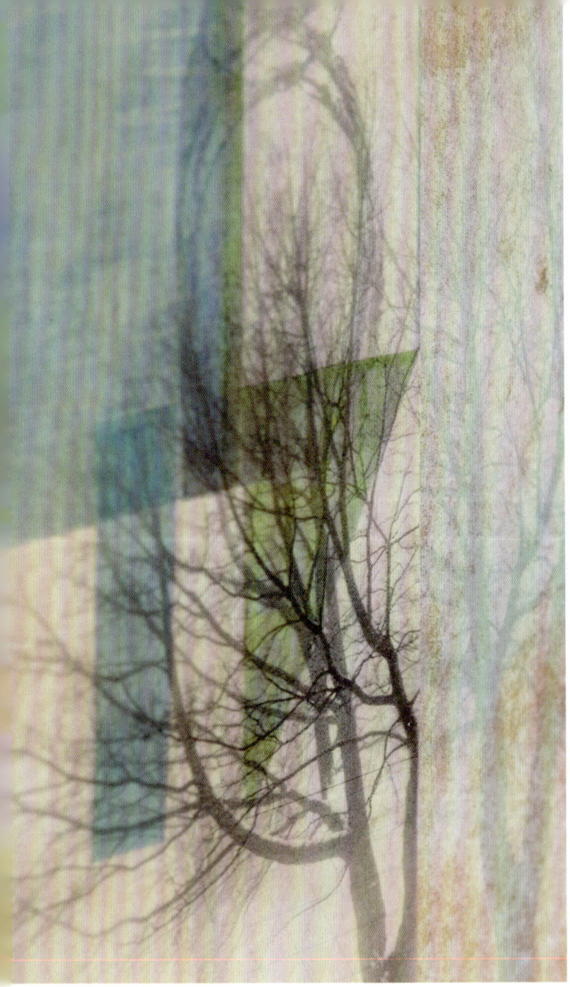

3 Heben Sie das Foto vorsichtig hoch und platzieren Sie es auf dem Holzblock. Drücken Sie es gut an und streichen Sie es solange glatt, bis keine Falten oder Luftblasen mehr zu sehen sind.

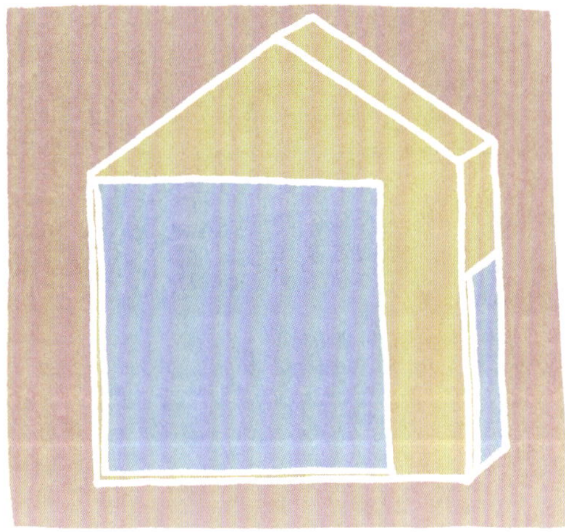

4 Mit allen weiteren Fotos, die Sie auf das Holz übertragen wollen, verfahren Sie, wie in den Schritten 2 und 3 beschrieben. Auf der Vorderseite habe ich einen Baum platziert und auf der schmalen Seitenfläche eine Figur. Lassen Sie die Fotos mindestens sechs Stunden lang bzw. über Nacht trocknen.

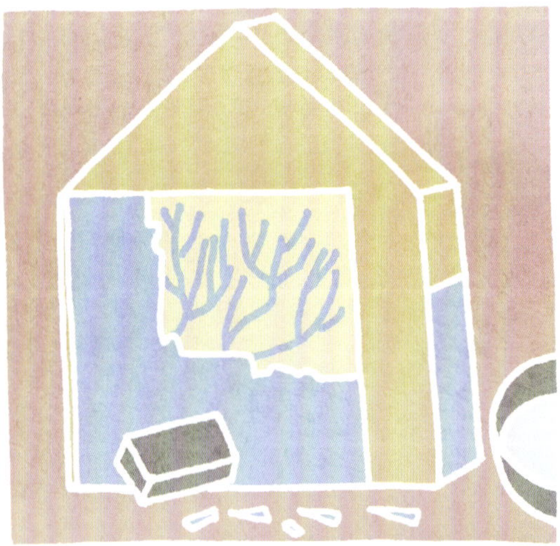

5 Und nun kommt der spannende Teil! Nehmen Sie ein Schälchen Wasser zur Hand. Befeuchten Sie einen Schwamm und reiben Sie damit vorsichtig über das Papier. Nun löst sich das Papier Stück für Stück ab, sodass schließlich das Motiv auf dem Holz zum Vorschein kommt. Wiederholen Sie diesen Vorgang bei allen anderen Fotos auf dem Holzblock.

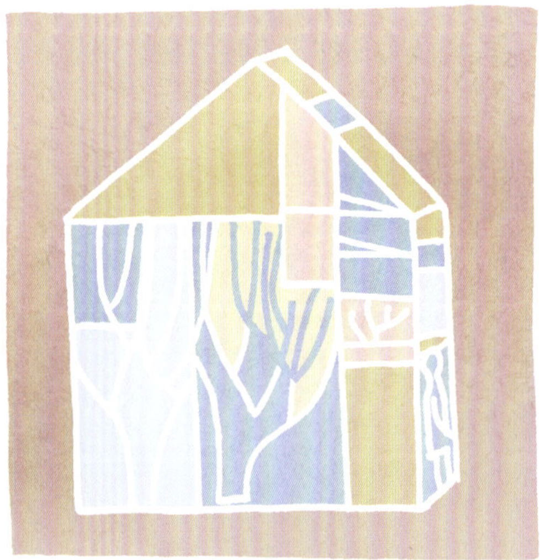

6 Zerschneiden Sie weitere kopierte Fotografien, kleben Sie sie auf und verwenden Sie zusätzlich bedrucktes Transparentpapier – das schafft mehr Tiefe und Abwechslung. Schieben Sie die einzelnen Teile hin und her, fügen Sie neue hinzu oder nehmen Sie einige wieder weg, bis Sie mit Ihrem Arrangement zufrieden sind. Erst wenn alles am richtigen Platz ist, kleben Sie die Einzelteile fest.

BUNTE PAPIER-INSEKTEN

Als Kind sah ich in einem Museum Glaskästen voller **Schmetterlinge und Käfer**. Die Kästen waren vollständig mit dunklem Filz überzogen, der das Tageslicht fernhalten und so die Insekten schützen sollte. Wenn man den Filz zurückschlug, konnte man die herrlich **schimmernden Farben** der Insekten sehen. Bis heute habe ich diesen faszinierenden Anblick nicht vergessen. In meiner Papiersammlung bewahre ich auch **Bonbonpapier** mit ähnlich metallischem Glanz auf. Und so kam ich auf die Idee, meine eigene Insektensammlung zu kreieren. Sie können dafür alle möglichen Papierschnipsel aus Ihrer Sammlung benutzen. Für die Flügel der Insekten empfehle ich Ihnen **Transparentpapier**, das Sie auch bedrucken können.

DAS BRAUCHEN SIE

- Vorlagen, siehe Seite 122
- Transparentpapier
- Kreppband
- Bleistift
- Lineal
- Tonpapier
- Schere
- Papierschnipsel, darunter Glitzerpapier oder Glitzerfolie
- Klebestift
- stumpfes Messer oder Falzbein
- Cuttermesser
- Schneidematte
- einen kleinen Schaukasten (optional)
- moosbewachsene Zweige
- Holzleim

1 So entsteht die große Libelle: Pausen Sie die Vorlagen ab, übertragen Sie die Körperform auf Tonpapier und schneiden Sie sie aus.

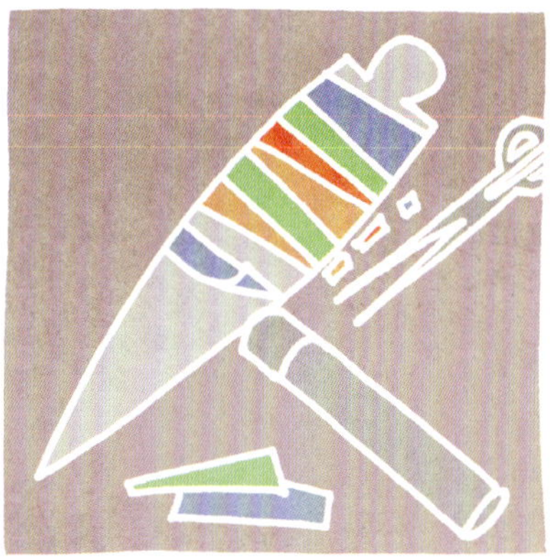

2 Bekleben Sie die gesamte Fläche des Körpers mit kleinen Schnipseln aus Buntpapier und Folie. Schneiden Sie überstehendes Papier ab.

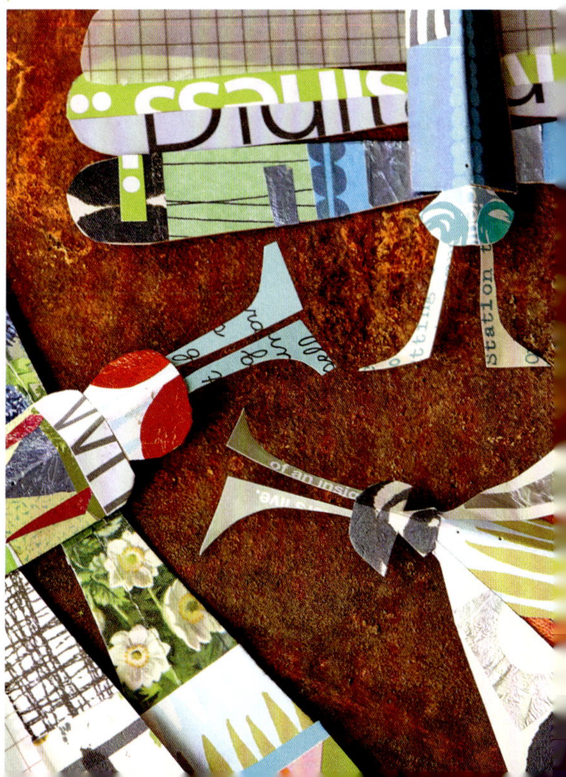

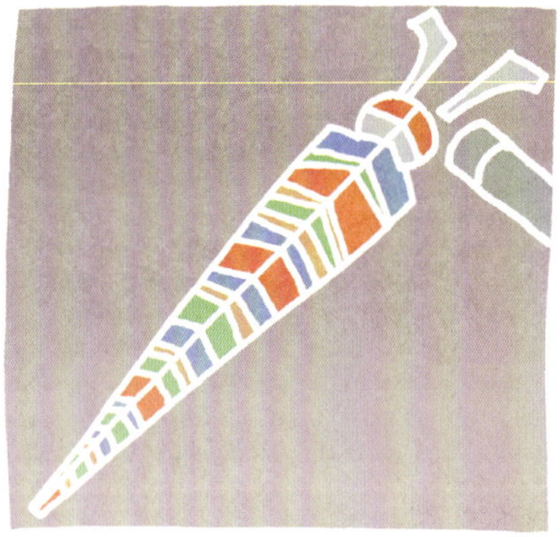

3 Fahren Sie mit einem stumpfen Gegenstand an der Mittelachse des Körpers entlang und falten Sie das Papier in der Mitte. Schneiden Sie aus Buntpapier ein Paar Fühler aus und kleben Sie diese an den Kopf des Insekts.

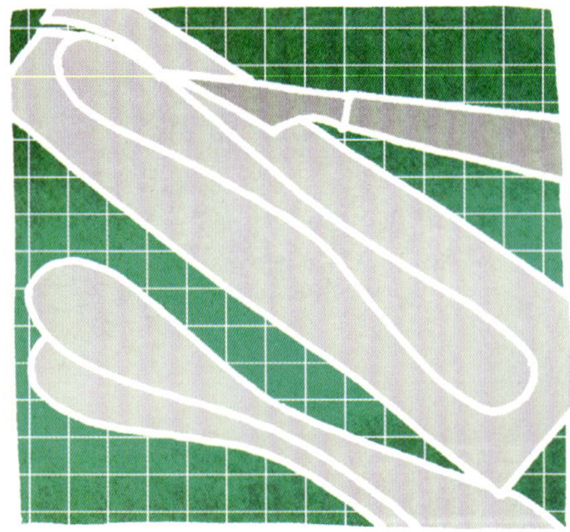

4 Schneiden Sie nun mithilfe der Vorlage drei Flügelpaare aus. Für zwei davon habe ich Tonkarton genommen, den ich zuvor komplett mit Papierschnipseln beklebte; für das dritte Flügelpaar habe ich bedrucktes Transparentpapier vorgesehen. Schneiden Sie die Formen mit einem Cuttermesser aus und legen Sie eine Schneidematte unter, um Ihre Arbeitsfläche vor Kratzern zu schützen.

KREATIV-TIPP

Rahmen Sie Ihre Papier-Insekten doch wie im Museum ein und präsentieren Sie sie in einem Schaukasten. Befestigen Sie jedes Insekt darin mit einem kleinen Stück Schaumstoff (siehe Seite 35), das Sie auf der Rückseite anbringen.

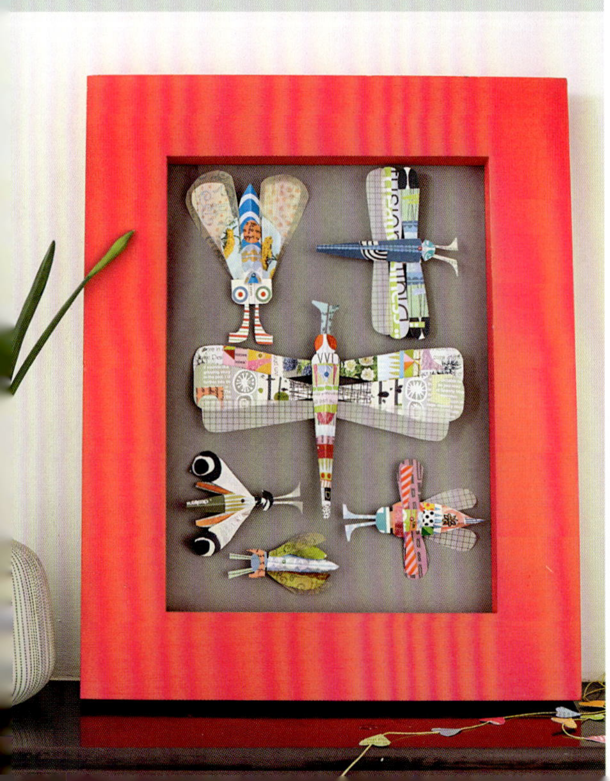

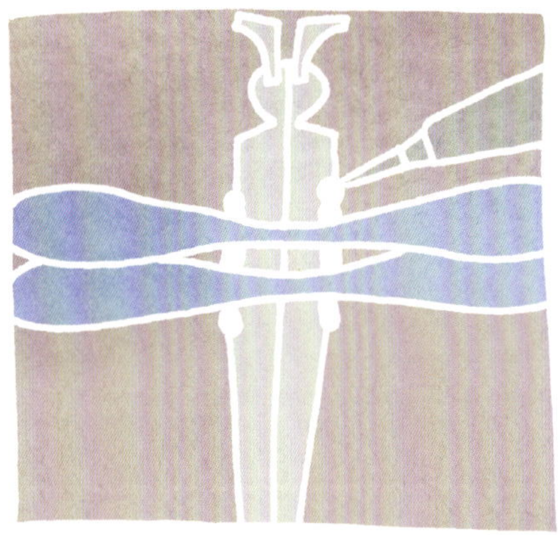

5 Tragen Sie auf der Unterseite des Insektenkörpers etwas Kleber auf. Kleben Sie die Flügel so hintereinander fest, dass sie einander jeweils ein kleines Stück überschneiden.

6 Basteln Sie mithilfe der Schritte 1 bis 5 mehrere, unterschiedlich große Insekten. Variieren Sie dabei sowohl die Form als auch die Größe der Flügel und des Körpers.

7 Entweder präsentieren Sie Ihre kleinen Kreaturen in einem Schaukasten (siehe Abbildung links) oder in einem eher natürlichen Umfeld, indem Sie sie auf ein paar moosbedeckten Zweigen platzieren. Damit später nichts verrutscht, kleben Sie die Insekten mit ein paar Tropfen Holzleim fest.

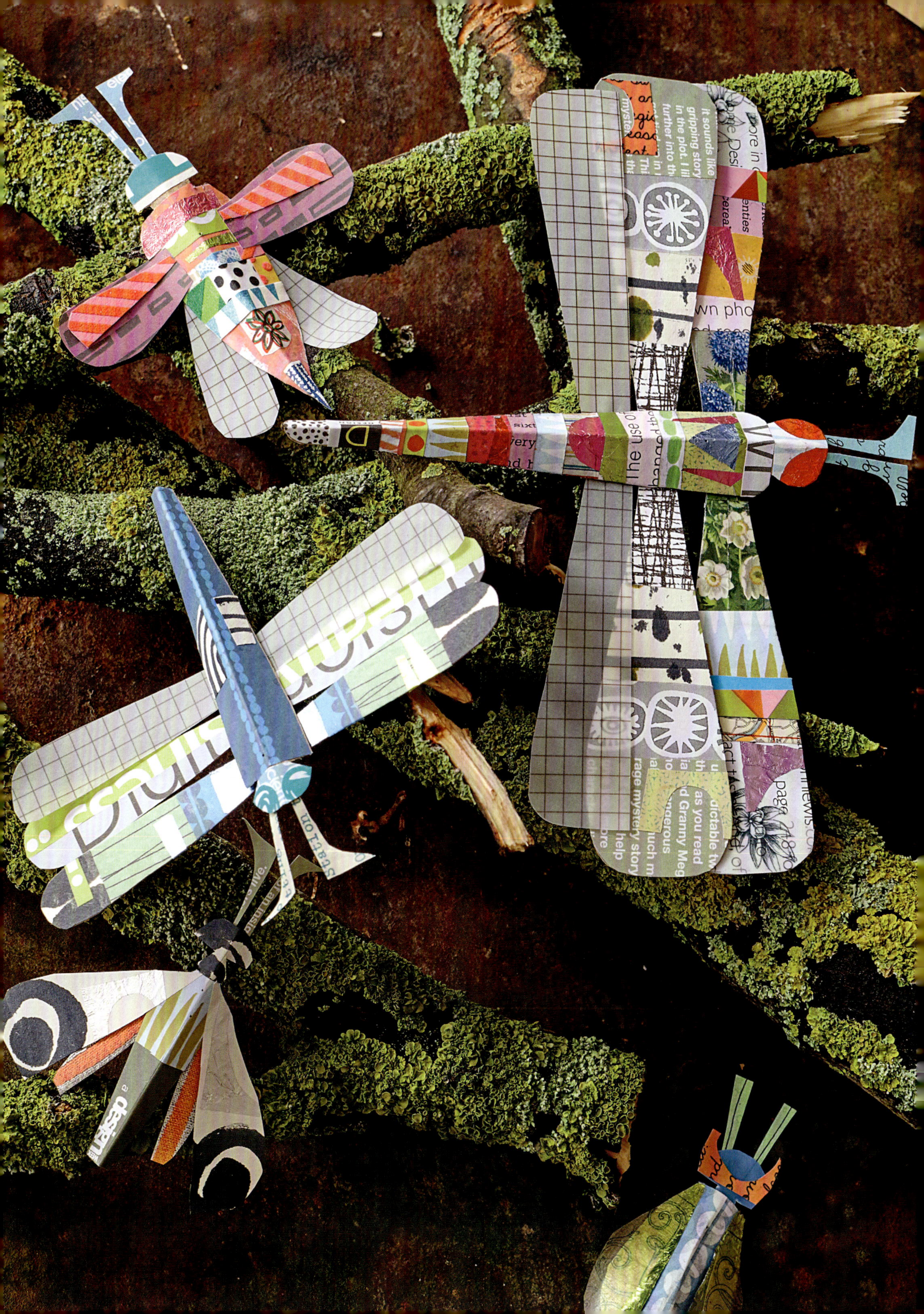

FOTO-MOBILE

Foto-Mobiles eignen sich hervorragend, um kleine Collagen zu präsentieren. Für mein Modell habe ich mehrere Kunstwerke aus den **unterschiedlichsten Materialien** verwendet: Schnipsel aus alten Zeitschriften, Reste von selbst bedrucktem Papier, ausgeschnittene Figuren aus Seidenpapier, Fotos, Transparentpapier mit Textpassagen sowie gemustertes Papier, das ich zuvor mit Feder und Tinte bemalt habe. Hier sind Ihnen keine Grenzen gesetzt! Einige meiner Kunstwerke bestehen aus verschiedenen ausgeschnittenen Formen und bilden **abstrakte Muster**, andere aus mehreren Lagen Seidenpapier sowie bedrucktem Transparentpapier. Trotz ihrer unterschiedlichen Machart harmonieren sie miteinander, da ich bei diesem Projekt die Farbpalette auf Schwarz, Weiß und Grün reduziert habe.

▼ DAS BRAUCHEN SIE

- ❍ weißes Tonpapier
- ❍ Lineal
- ❍ Bleistift
- ❍ Cuttermesser
- ❍ Schneidematte
- ❍ Papierschnipsel in den gewünschten Farben
- ❍ Schere
- ❍ Klebestift
- ❍ Foto-Mobile (im Internet erhältlich)

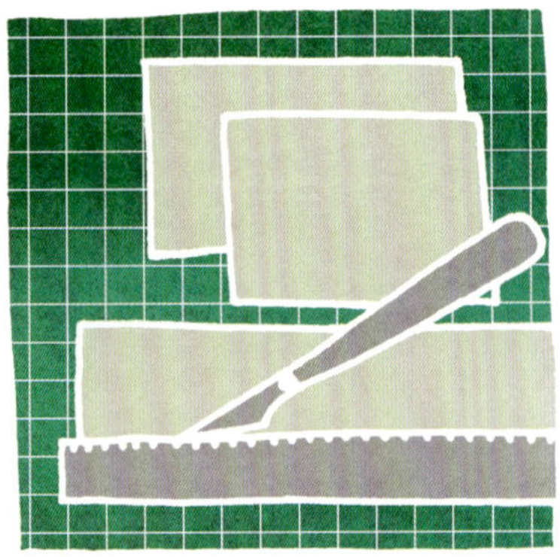

1 Zeichnen Sie mit Bleistift und Lineal mehrere Rechtecke und Quadrate auf das Tonpapier. Ich habe sie in den Maßen 12 x 12 cm, 14 x 9 cm und 12 x 8 cm zugeschnitten. Zum Ausschneiden verwenden Sie ein Cuttermesser sowie eine Schneidematte, um Ihre Arbeitsfläche vor Kratzern zu schützen.

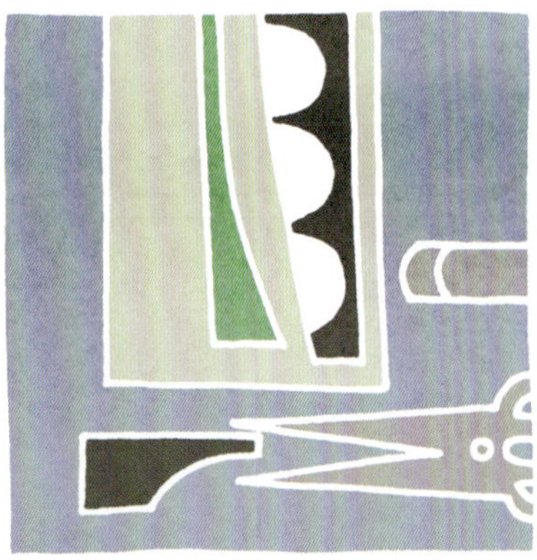

2 Und so kreieren Sie die Collagen: Schneiden Sie aus bunten Papierschnipseln unterschiedliche Formen aus und bekleben Sie damit beide Seiten des Tonpapiers (siehe Bildaufbau, Seite 21–25).

3 Klemmen Sie Ihre fertigen Collagen an das Mobile und hängen Sie es auf.

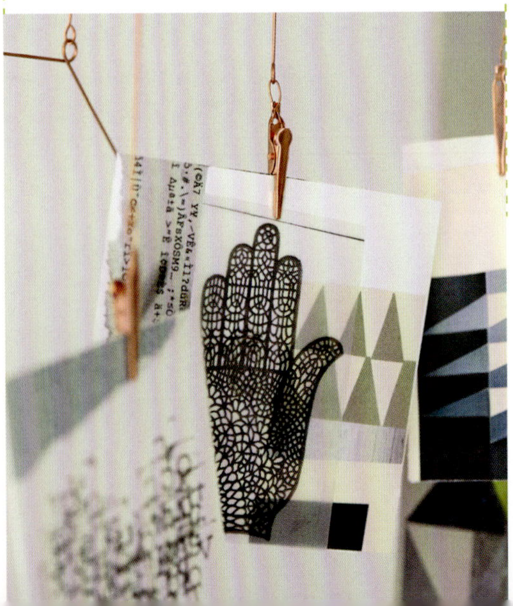

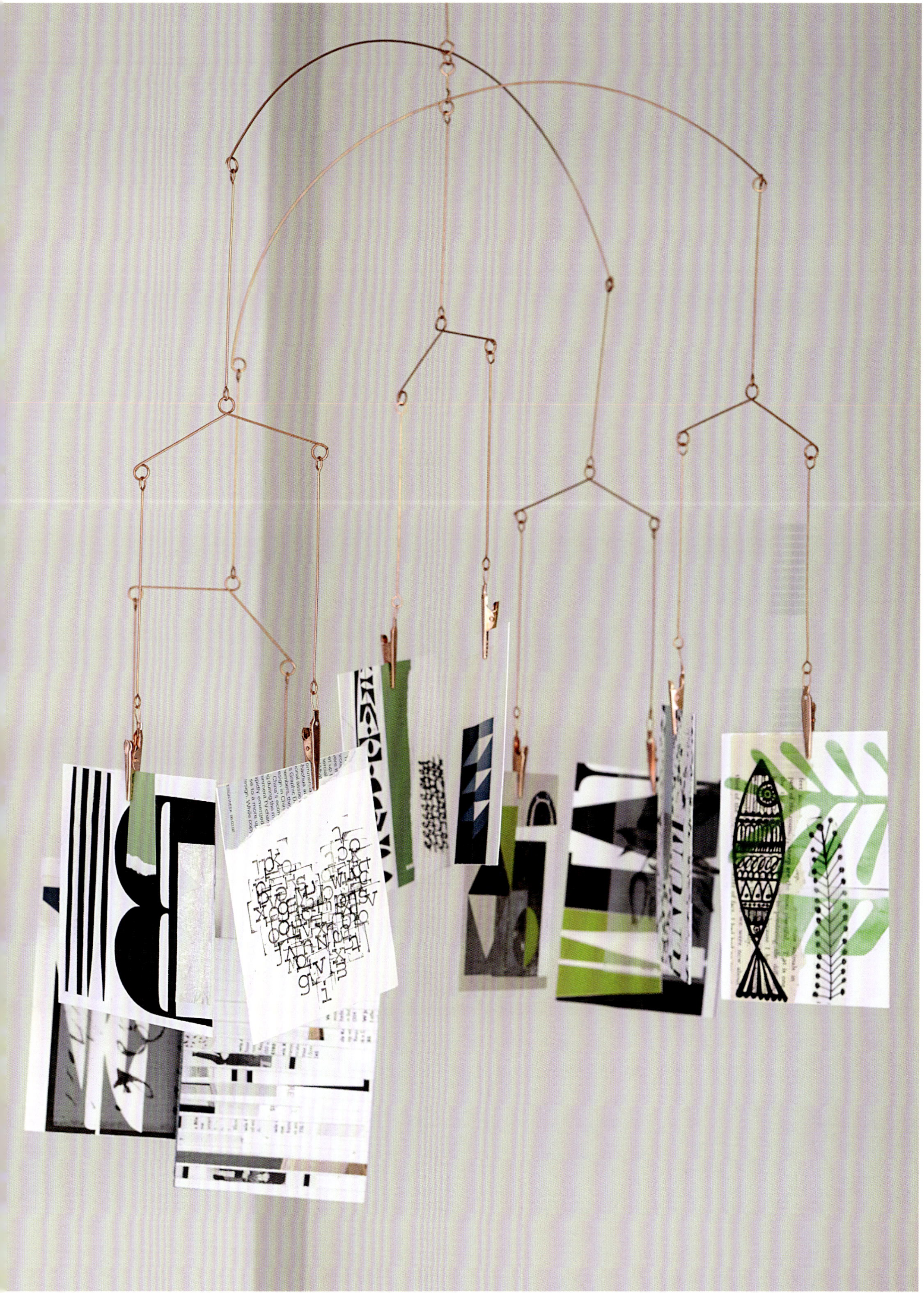

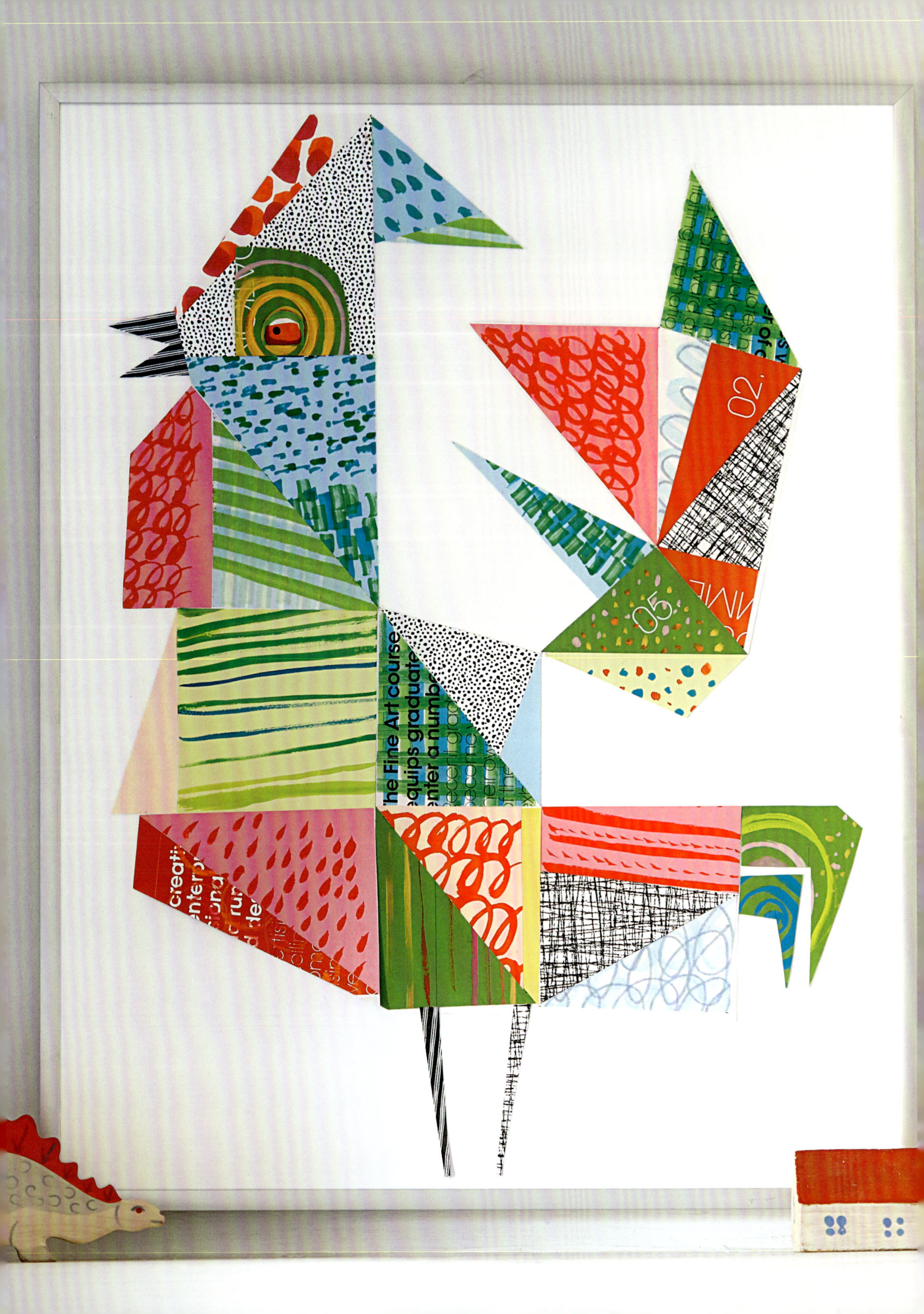
02.
05.
The Fine Art course
equips graduate

TIERISCHE GEOMETRIE

Für dieses Projekt verwenden Sie am besten **von Hand bedrucktes Papier** (siehe Papier selbst gestalten, Seite 13). Ich habe daraus **einfache Formen** ausgeschnitten – **vor allem Dreiecke** – und diese in der Form eines Vogels angeordnet. Für den Anfang können Sie auf meine Vorgaben zurückgreifen oder Sie entwerfen Ihren eigenen Vogel. Schneiden Sie verschiedene Formen aus und legen Sie diese auf ein Blatt Papier. Verändern Sie das Arrangement, indem Sie einzelne Teile hinzufügen oder wieder wegnehmen. Irgendwann werden Sie darin eine Figur erkennen, mit der Sie weiterarbeiten können – das muss nicht unbedingt Vogel sein, auch ein Tiger oder ein Boot ist denkbar. Meist lasse ich mich dabei **von den Formen inspirieren**, ohne zu wissen, was am Ende dabei herauskommt. So zu arbeiten, ist herrlich befreiend!

DAS BRAUCHEN SIE

- Buntpapier und bemaltes Papier
- Schere
- Papier oder weißes Tonpapier im Format DIN A3
- Klebestift

Für das T-Shirt:

- Foto-Transferpapier für helle T-Shirts im Format DIN A4
- weißes T-Shirt
- Bügeleisen

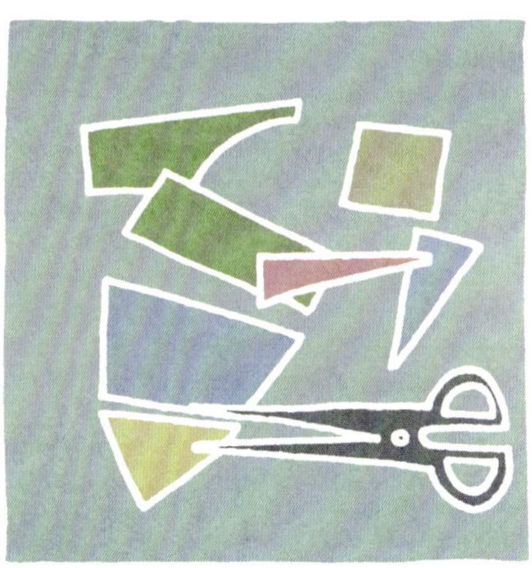

1 Schneiden Sie aus Buntpapier und bemaltem Papier mehrere Dreiecke und Rechtecke aus. Alternativ können Sie dafür auch den Verschnitt von früheren Collagen verwenden.

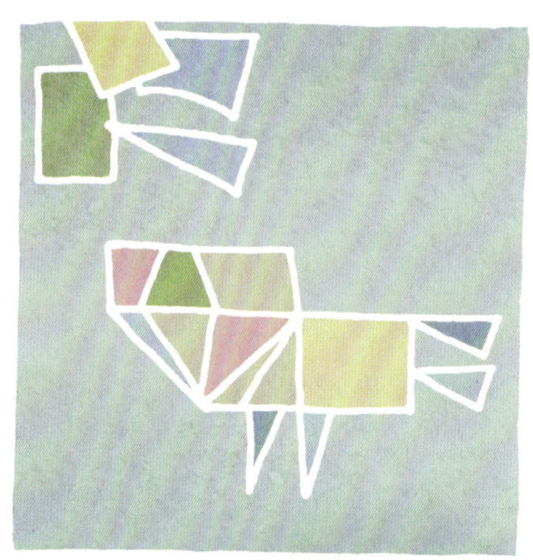

2 Arrangieren Sie die einzelnen Formen auf dem Papier bzw. Tonpapier. Sie können weitere Formen hinzufügen oder die bereits vorhandenen Formen nachträglich zurechtschneiden.

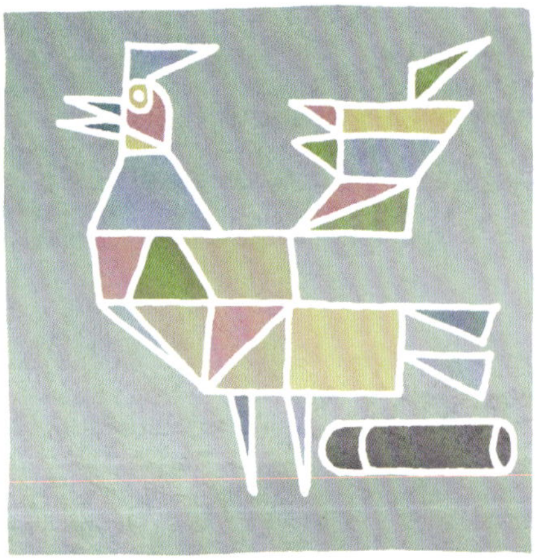

3 Wenn Ihnen Ihr Entwurf gefällt, kleben Sie die Formen fest. Das Auge habe ich – wie gewohnt – erst zum Schluss angebracht. Nun ist Ihre Collage fertig und kann gerahmt werden!

4 Und so wird daraus ein T-Shirt: Kopieren und verkleinern Sie die Collage, sodass sie auf ein Blatt Papier im Format DIN A4 passt. Da meine Collage recht groß war, musste ich sie in Teilen kopieren.

5 Legen Sie Foto-Transferpapier auf Ihr T-Shirt und bügeln Sie das Bild auf. Folgen Sie dabei der Anleitung des Herstellers!

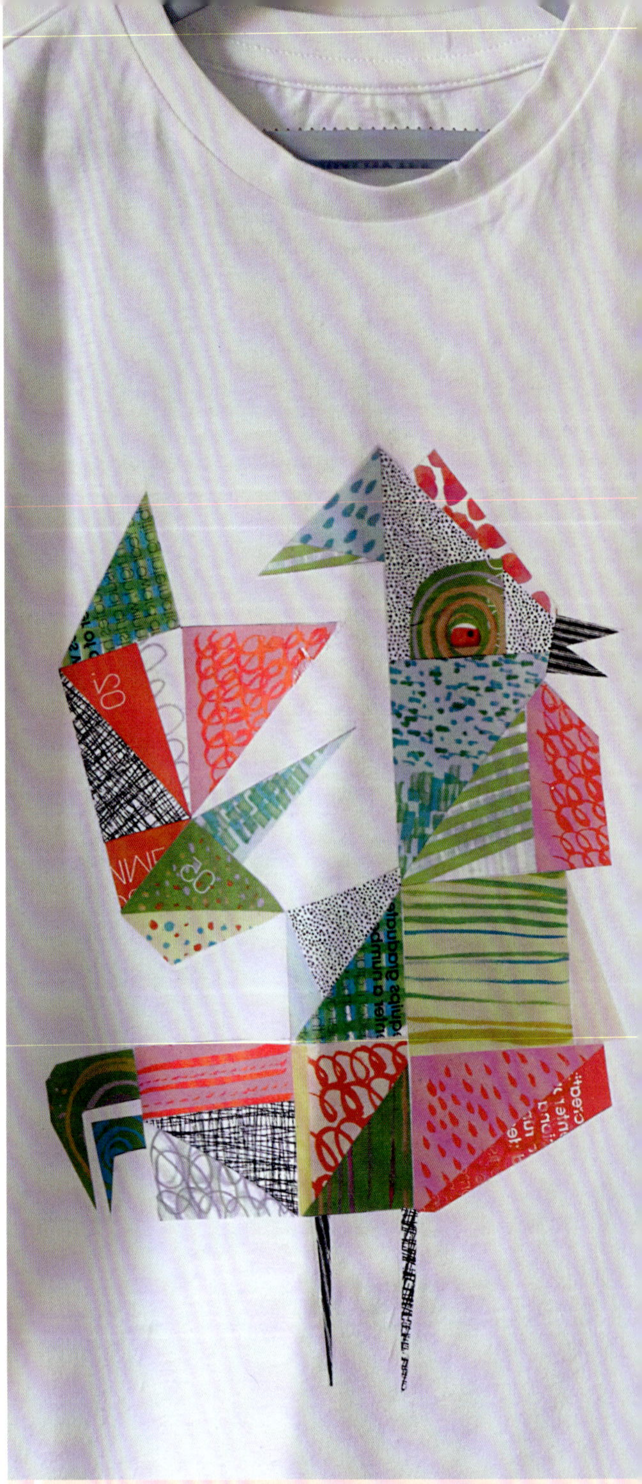

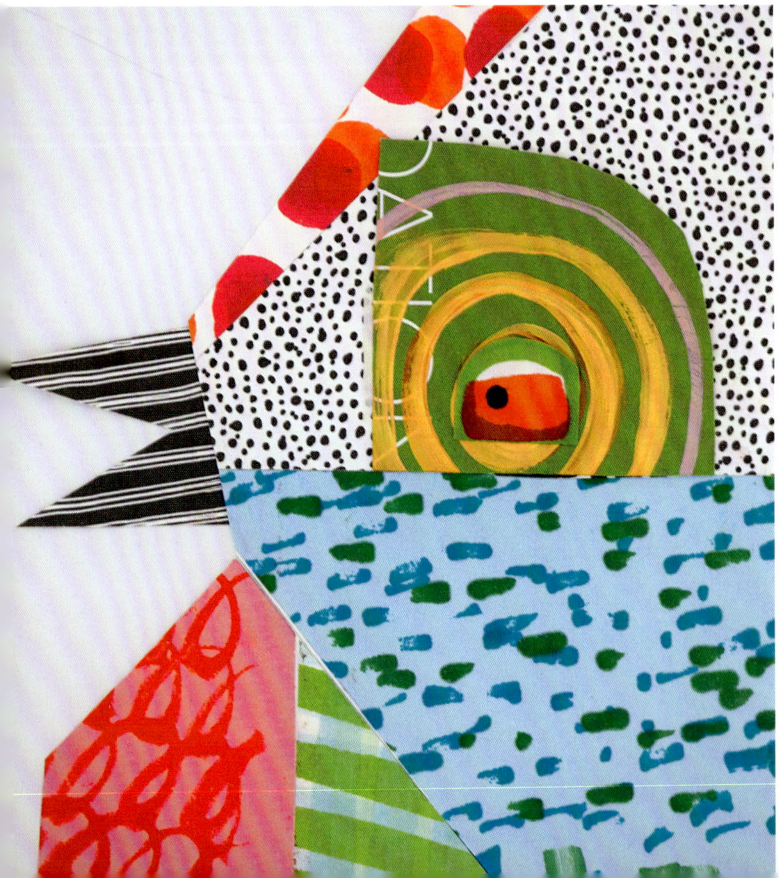

KREATIV-TIPP

Dieses Projekt eignet sich hervorragend, um die Bilder Ihrer Kinder weiterzuverwenden. Benutzen Sie z. B. Ausschnitte aus besonders farbenfrohen Werken – je abstrakter, desto besser – und gestalten Sie daraus einen Vogel oder ein anderes Tier. Wenn Sie das kleine Kunstwerk nicht zerschneiden wollen, können Sie es vorher kopieren.

LEUCHT-SCHRIFT

Diese Buchstaben-Collage herzustellen, ist ganz einfach und macht jede Menge Spaß. Ich habe dafür **die buntesten Papierschnipsel** verwendet, die ich finden konnte, darunter Schnipsel in **leuchtenden Neonfarben, von Hand bemaltes Papier** sowie **farbiges Karopapier**. Die Grundform der Buchstaben enthält jeweils einen Textausschnitt aus einer alten Zeitschrift. So heben sich die poppigen Farben besonders deutlich von dem schwarzen Hintergrund ab.

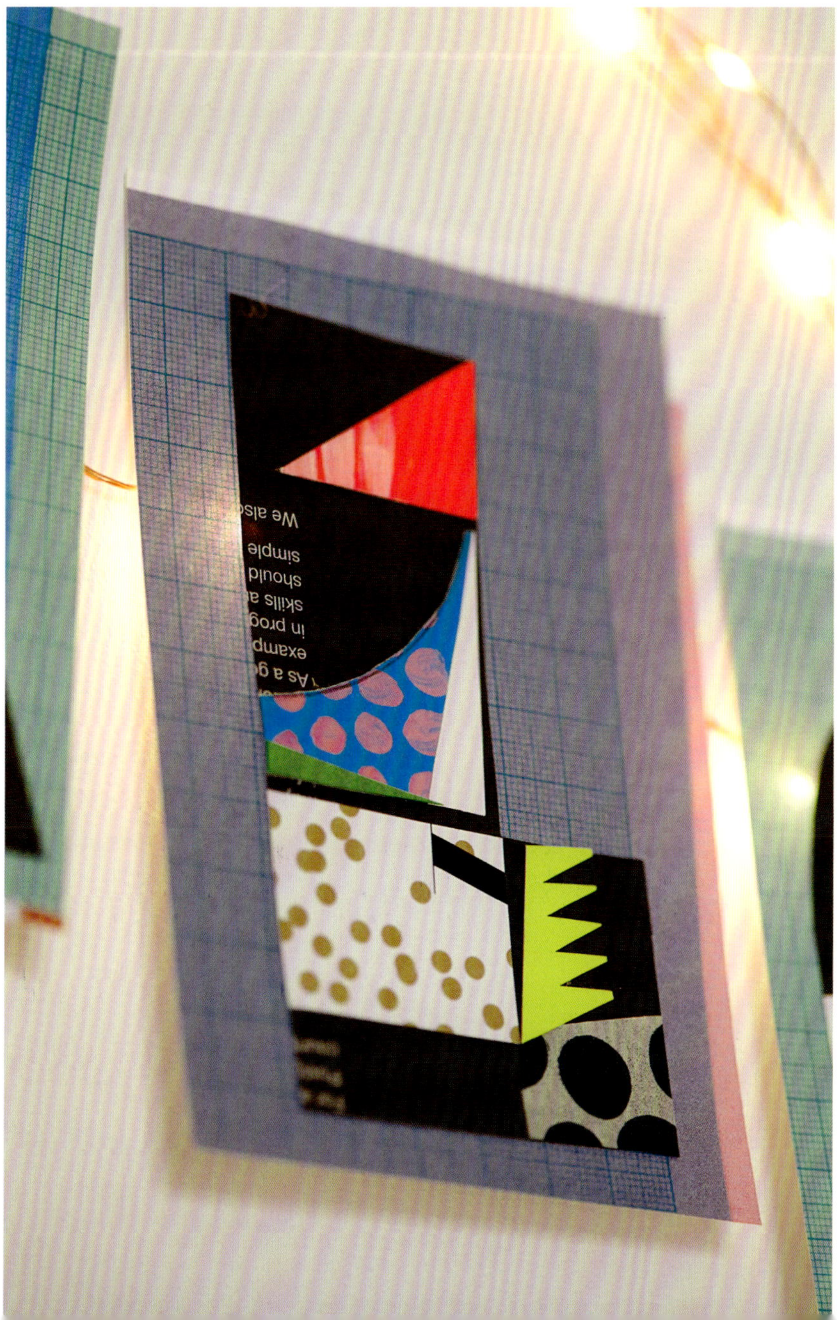

▼ DAS BRAUCHEN SIE

- ❍ Tonpapier
- ❍ Lineal
- ❍ Bleistift
- ❍ Cuttermesser
- ❍ Schneidematte
- ❍ Schnipsel aus Buntpapier
- ❍ Klebestift
- ❍ Seiten aus einer Zeitschrift in einem dunklen Farbton
- ❍ Schere
- ❍ Lichterkette (optional)
- ❍ Washi-Tape (optional)
- ❍ Blu-Tack (optional)

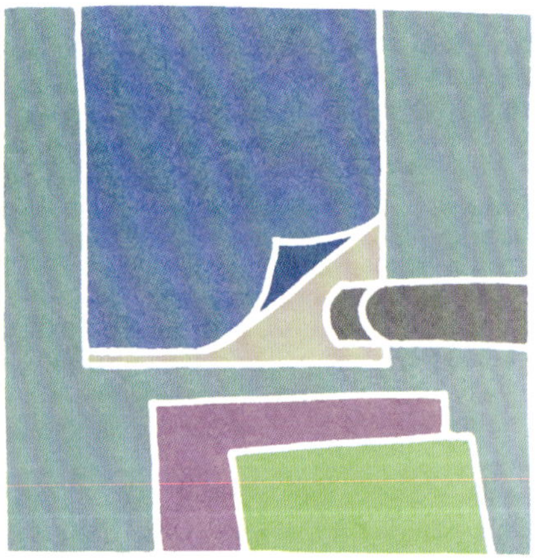

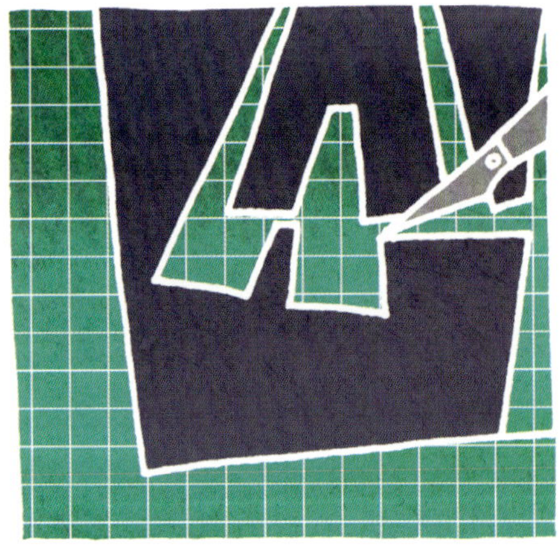

1 Schneiden Sie aus dem Tonpapier ein paar Rechtecke in den Maßen 14 x 9 cm aus. Verwenden sie dafür ein Cuttermesser und eine Schneidematte, mit der Sie Ihre Arbeitsfläche vor Kratzern schützen. Bekleben Sie die Rechtecke mit Buntpapier.

2 Schneiden Sie die gewünschten Buchstaben aus. Am liebsten verwende ich dafür Seiten aus Zeitschriften, die einen schwarzen Hintergrund haben und mit weißer Schrift bedruckt sind. Achten Sie dabei nicht allzu sehr auf die korrekte Form der Buchstaben – etwas Individualität kann nicht schaden.

3 Kleben Sie Ihre Buchstaben auf die Rechtecke und verzieren Sie sie mit Schnipseln aus Buntpapier. Allerdings sollten die Buchstaben anschließend noch gut lesbar sein.

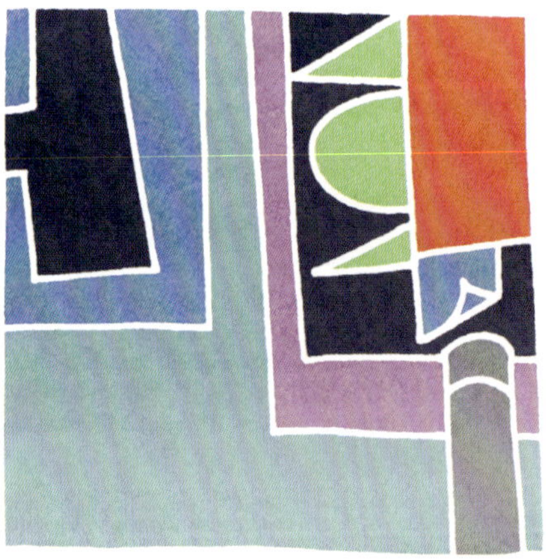

4 So wird aus Ihrer Collage eine Leuchtschrift: Formen Sie eine Lichterkette zu einem Herz und befestigen Sie die Kabel mit Washi-Tape an der Wand.
Zum Schluss kleben Sie Ihre Buchstaben mit Blu-Tack innerhalb der Herzform an die Wand.

✿ Um farbiges Karopapier zu erhalten, bekleben Sie ein Blatt Papier im Format DIN A4 mit rechteckigen Ausschnitten aus Buntpapier und kopieren Sie das Ganze auf Karopapier.

✿ Statt sie von Hand zu zeichnen, können Sie die Buchstaben natürlich auch am Computer ausdrucken und deren Umrisse durchpausen.

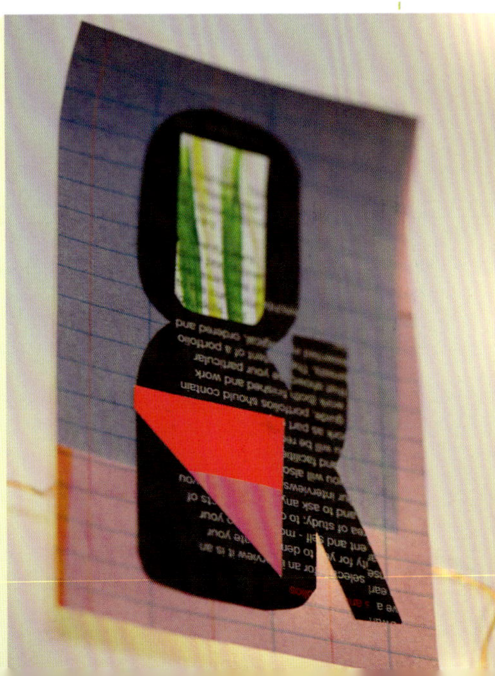

KREATIV-TIPP

Ihre eigenen Buchstabenkreationen können Sie z. B. auf Grußkarten und Geschenkanhängern präsentieren.

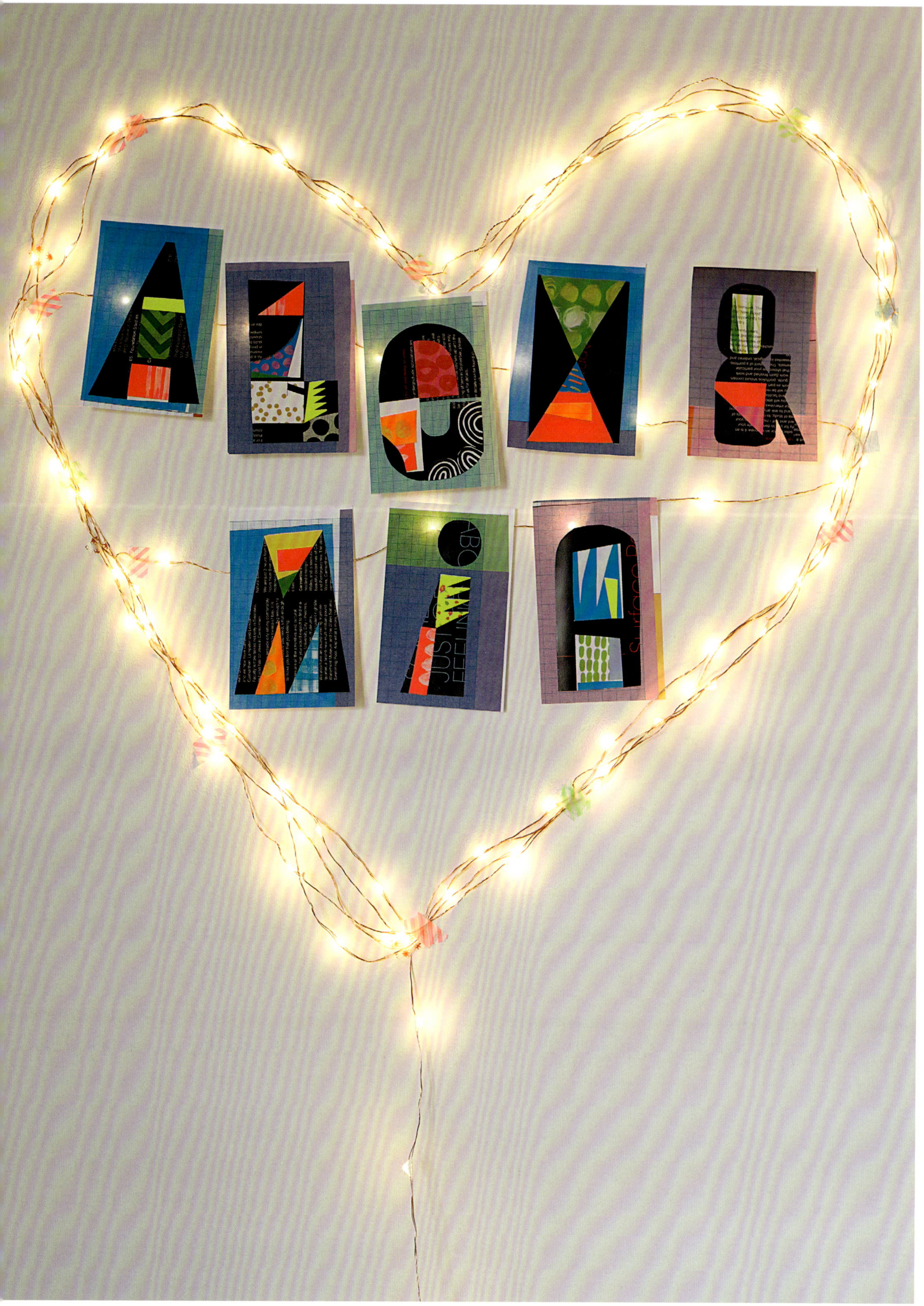

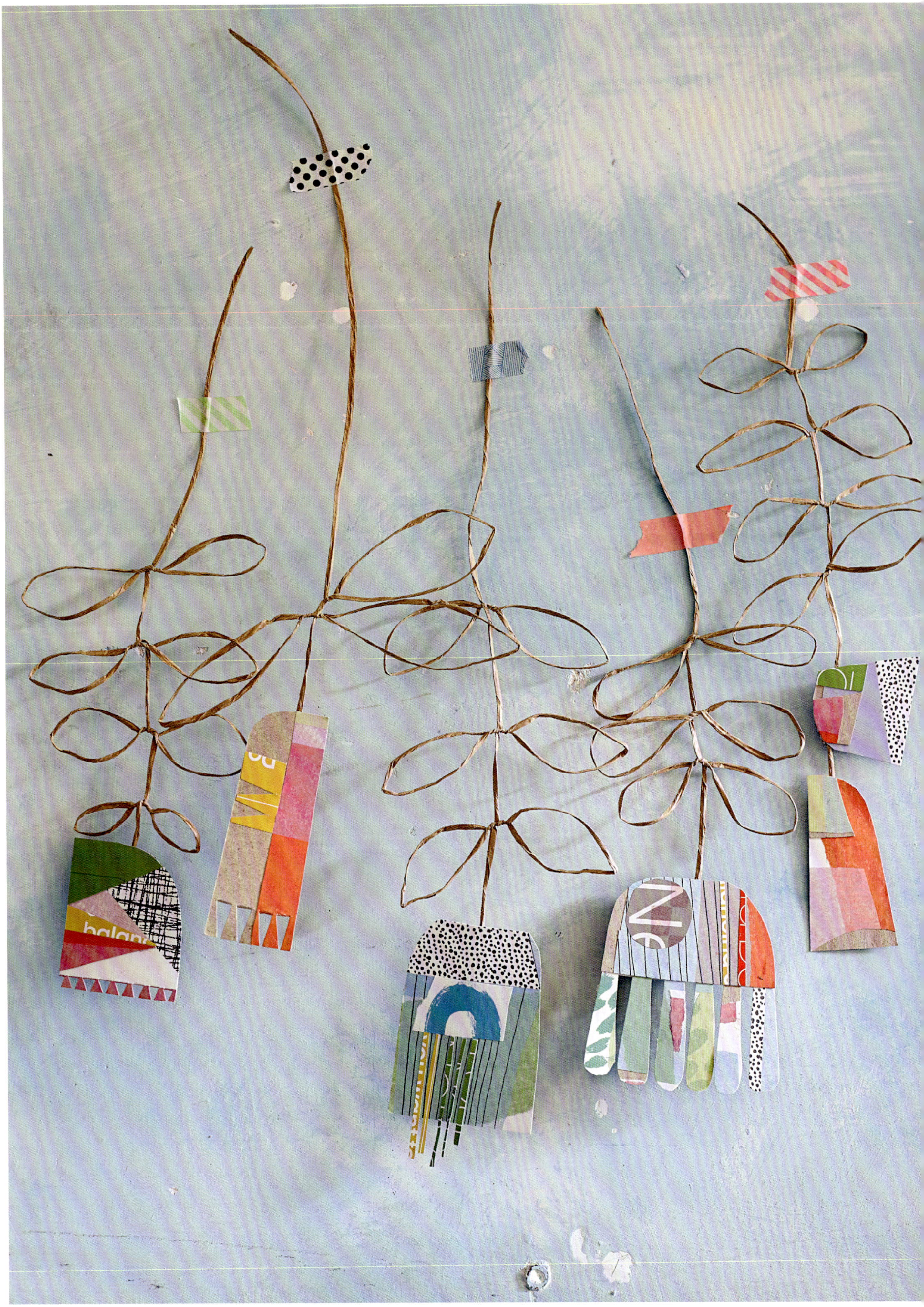

FLORALE DEKORATION

Diese hübschen Dekoblumen bieten Ihnen unendlich viele Variationsmöglichkeiten. Für die Blütenstiele habe ich **Kupfer- und Papierdraht** verwendet. Wickeln Sie Ihre selbst gemachten Blüten-Kunstwerke um Gläser oder Geschenke oder reihen Sie sie an einem Band aneinander, um daraus eine **Girlande** zu machen. Auf einer festlichen Tafel sehen sie als Serviettenringe sehr hübsch aus. Bei diesem Projekt können Sie **Papierreste von früheren Projekten** verwenden, von denen Sie sich einfach nicht trennen können. Statt die Vorlagen aus diesem Buch zu verwenden, können Sie natürlich auch eigene Blumenmotive entwerfen.

DAS BRAUCHEN SIE

- Vorlagen, siehe Seite 121
- Kupferdraht oder Papierdraht
- Drahtzange
- Transparentpapier
- Kreppband
- Bleistift
- Tonpapier
- Schere
- verschiedene bedruckte und gemusterte Papiere
- Klebestift
- PVA-Klebstoff

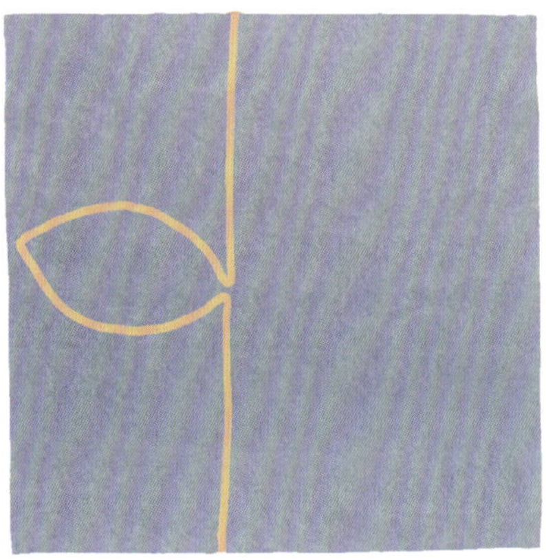

1 Für den Blütenstiel schneiden Sie ein 80 cm langes Stück Draht ab. Biegen Sie ihn auf einer Höhe von 20 cm zu einer Blattform.

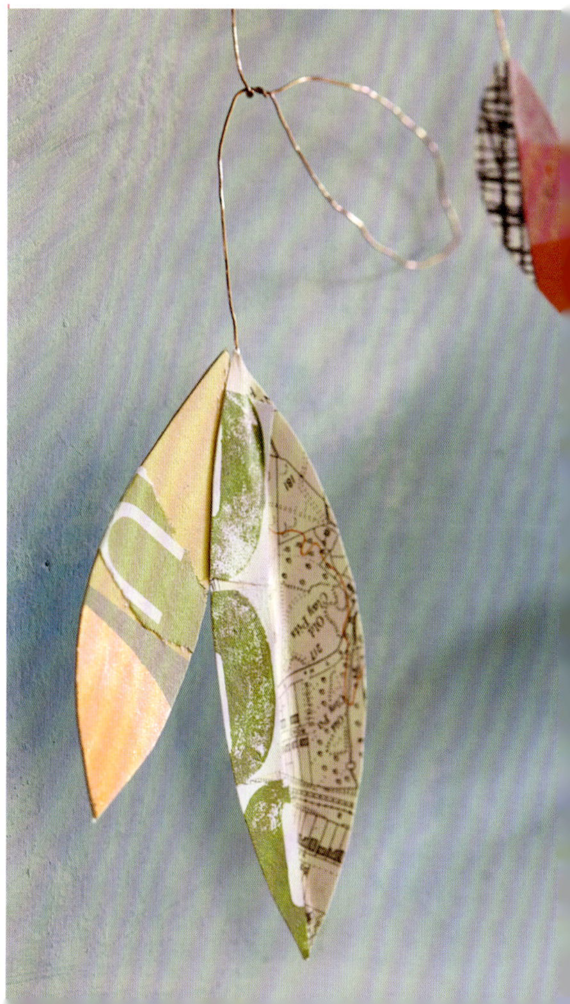

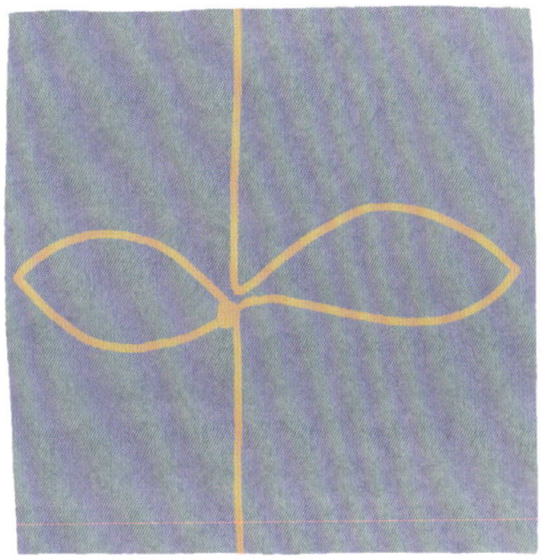

2 Drehen Sie das Blatt ein paar Mal um sich selbst, damit die Form stabil bleibt. Formen Sie auf der gegenüberliegenden Seite ein weiteres Blatt. Fahren Sie fort, bis die gewünschte Anzahl an Blättern erreicht ist.

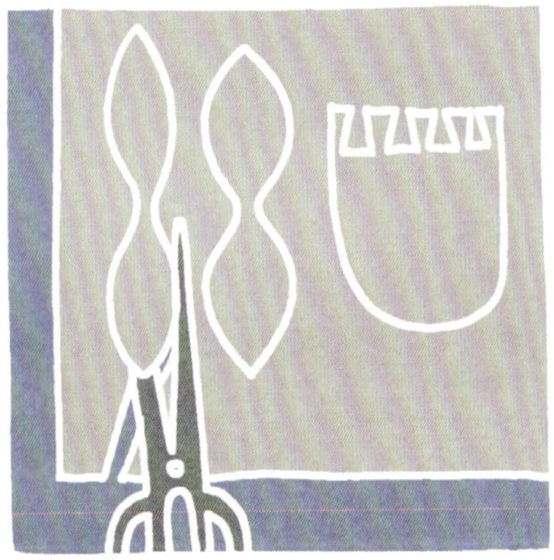

3 Pausen Sie die Umrisse der Blüten und Blätter ab und übertragen Sie sie auf Tonpapier. Für jede Blüte bzw. für jedes Blatt benötigen Sie zwei identische Exemplare. Schneiden Sie die Formen anschließend aus.

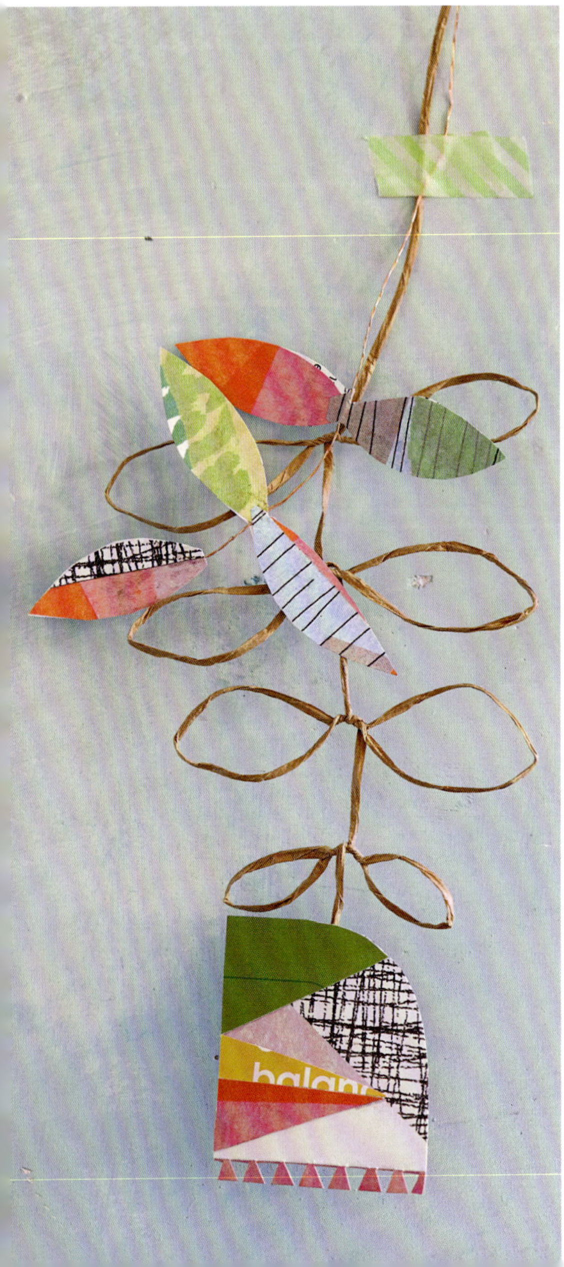

4 Bekleben Sie die Formen mit kleinen Schnipseln aus bedrucktem und gemustertem Papier – verwenden Sie dafür einen Klebestift.

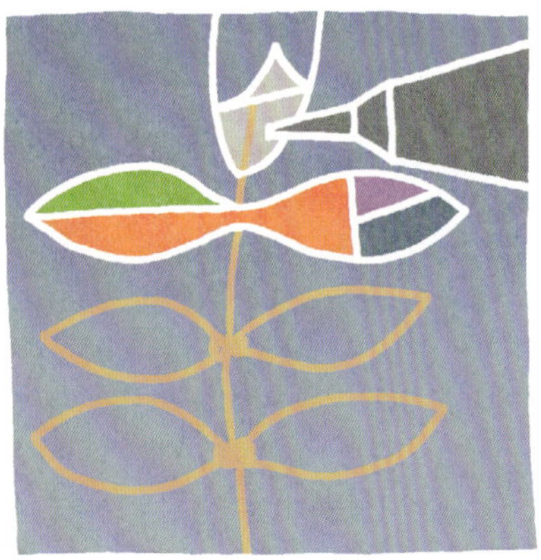

5 Anschließend kleben Sie jeweils zwei gleiche Formen mit PVA-Klebstoff aneinander, wobei Sie den Draht zwischen beide Teile klemmen.

PARTY-GESCHENK-TÜTEN

Diese Geschenktüten zu collagieren macht vor allem Kindern jeder Altersgruppe einen Riesenspaß! Sie können die Tüten komplett selbst basteln, oder Sie bedrucken sie lediglich mit Fotos. Dann kann später jedes Kind seine eigene Geschenktüte collagieren. Und schon haben Sie ein neues **Partyspiel** erfunden.

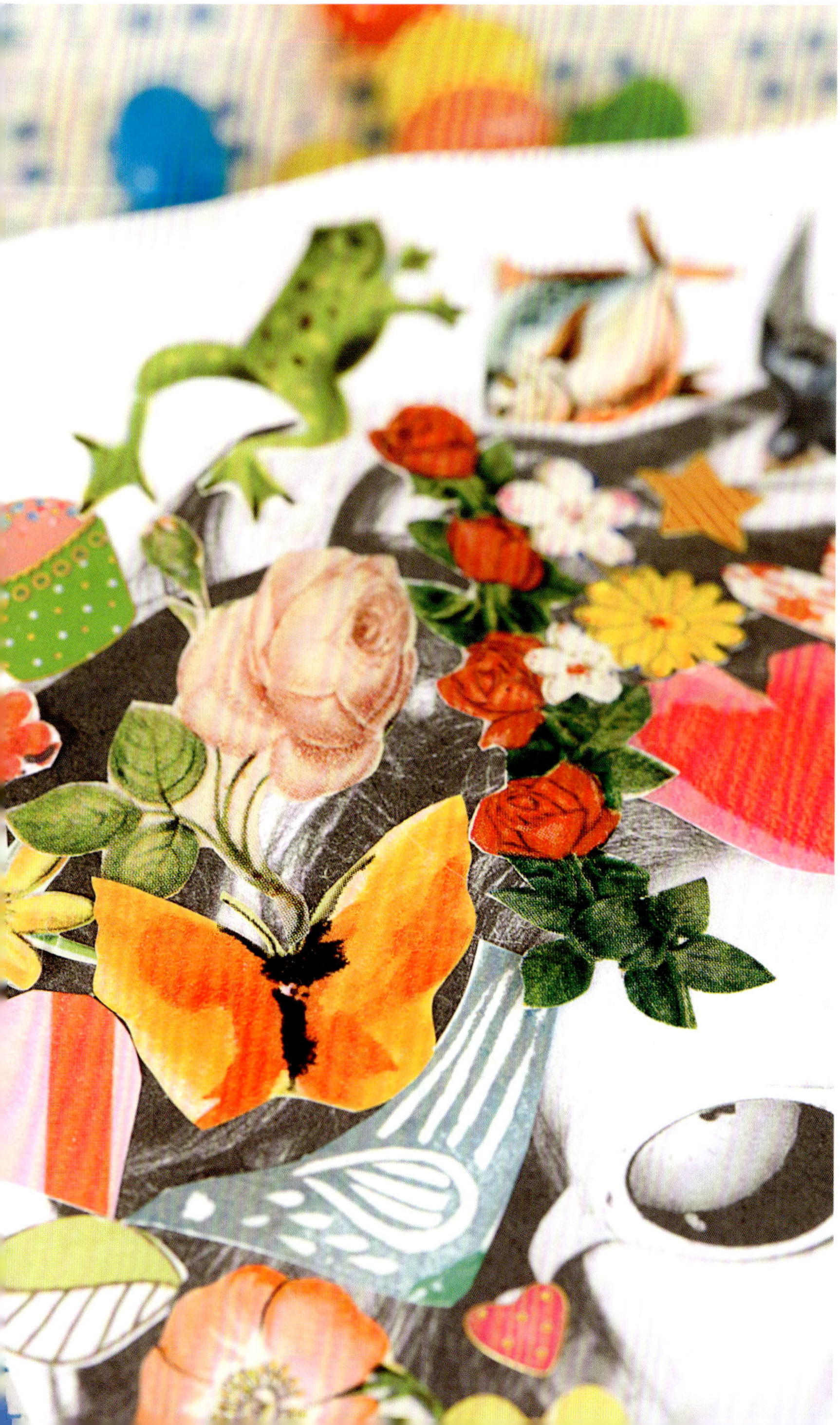

▼ DAS BRAUCHEN SIE

- ❍ Schwarz-Weiß-Fotografien im Format DIN A5
- ❍ Papier im Format DIN A4
- ❍ Klebestift
- ❍ Papierschnipsel aus Zeitschriften, alten Büchern, Geschenkpapier oder von Verpackungen
- ❍ Schere

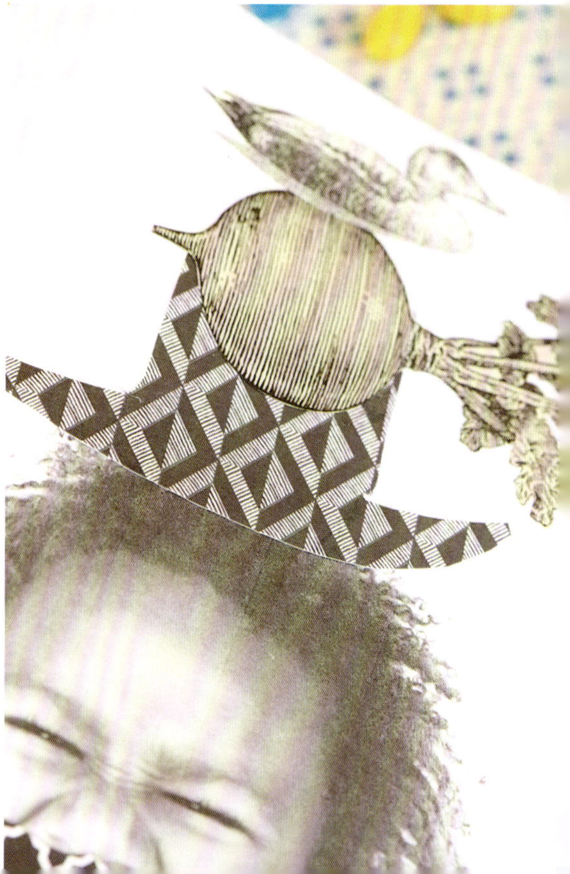

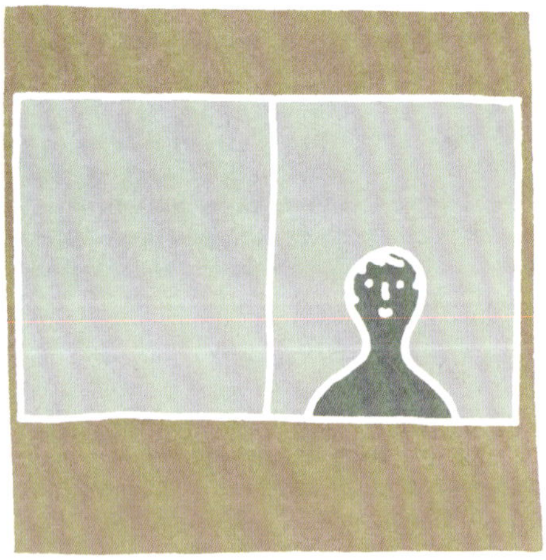

1 Kopieren Sie eine der Fotografien, sodass sie ausgedruckt die Hälfte von einem Blatt Papier im Format DIN A4 einnimmt.

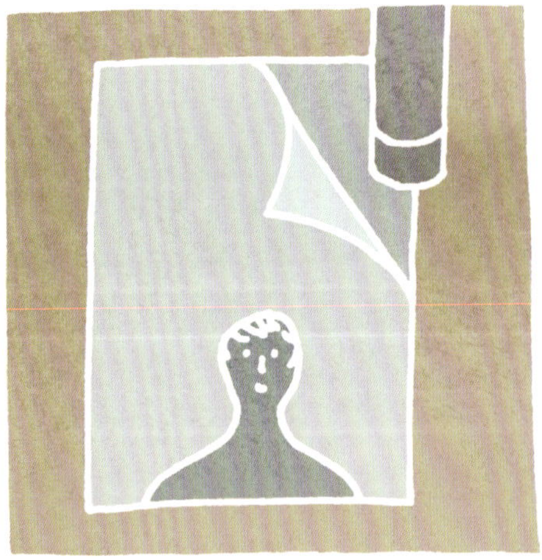

2 Um daraus eine Tüte zu basteln, falten Sie das Papier einmal in der Mitte und kleben es am unteren Rand sowie an der offenen Seite zusammen (siehe auch Seite 63).

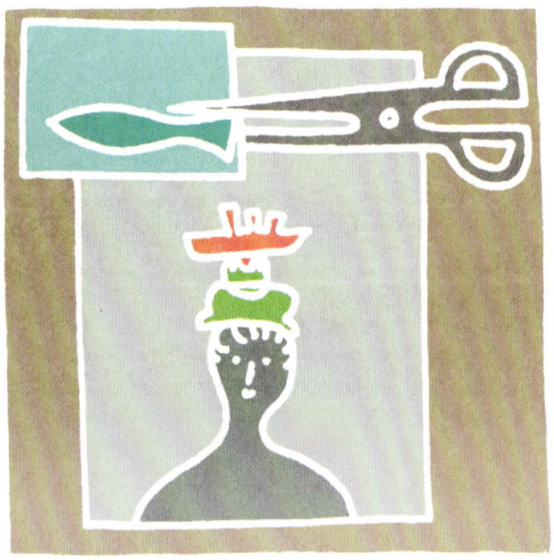

3 Schneiden Sie aus Ihren Papierschnipseln verschiedene Bildmotive aus, die Sie anschließend auf das Foto kleben.

4 Eines der Gesichter habe ich z. B. mit einem Schnurrbart und einem Hut verziert, die ich zuvor aus gemustertem Papier ausgeschnitten hatte.

KREATIV-TIPPS

• Drucken Sie weitere Fotos aus und dekorieren Sie sie. Befestigen Sie die Bilder in gleichmäßigem Abstand zueinander an einem bunten Schleifenband. So wird daraus eine farbenfrohe Wimpelkette.

• Und so machen Sie Ihre Partydekoration komplett: Drucken Sie einige Gesichter auf Papier im Format DIN A4 aus. Kleben Sie die Porträts aneinander und verzieren Sie sie, um daraus z. B. einen Tischläufer zu machen, den Sie auf Ihrer Geburtstags-Kaffeetafel platzieren.

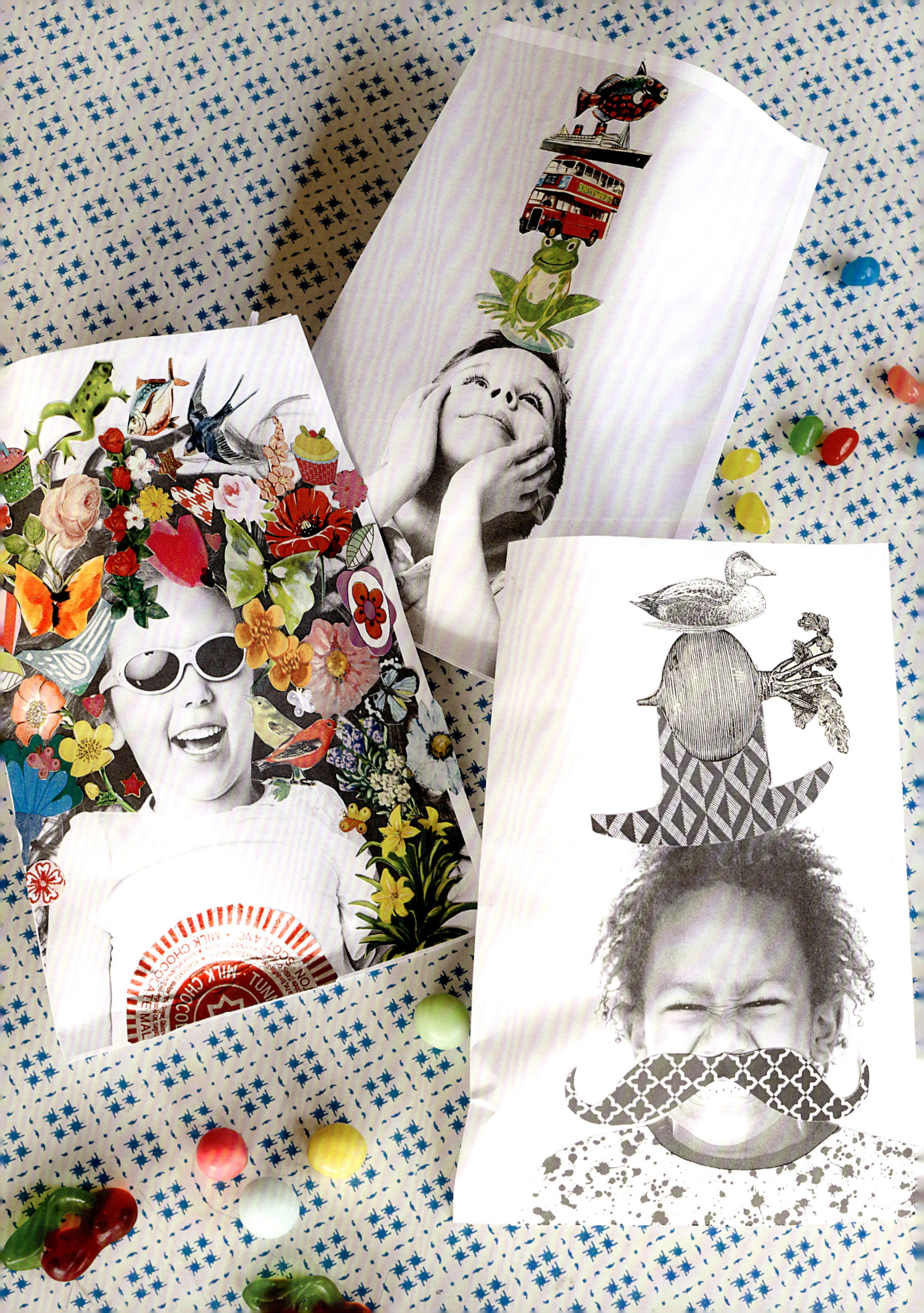

RESTHOLZ-COLLAGE ZUM STAPELN

DAS BRAUCHEN SIE

- ein Stück Restholz (Ich habe ein 8,5 x 4 cm großes Stück verwendet. Die einzelnen Holzblöcke sind zwischen 10 und 13 cm lang.)
- weiße Farbe (optional)
- Malpinsel (optional)
- Schwarz-Weiß-Fotografien
- Buntpapier im Format DIN A4
- Transparentpapier
- Schere
- Klebestift

Foto-Collagen auf **Restholz** sind eine tolle Alternative zum klassischen Bilderrahmen. Gestalten Sie aus mehreren Holzblöcken ein einzigartiges dekoratives Objekt, das Sie immer wieder verändern, neu arrangieren und umstellen können. Um die **optische Wirkung** zu verstärken, habe ich für dieses Projekt **kontrastreiche Schwarz-Weiß-Fotografien** sowie eine minimalistische Farbpalette verwendet, die die Bilder zu einem Gesamtkunstwerk vereinen.

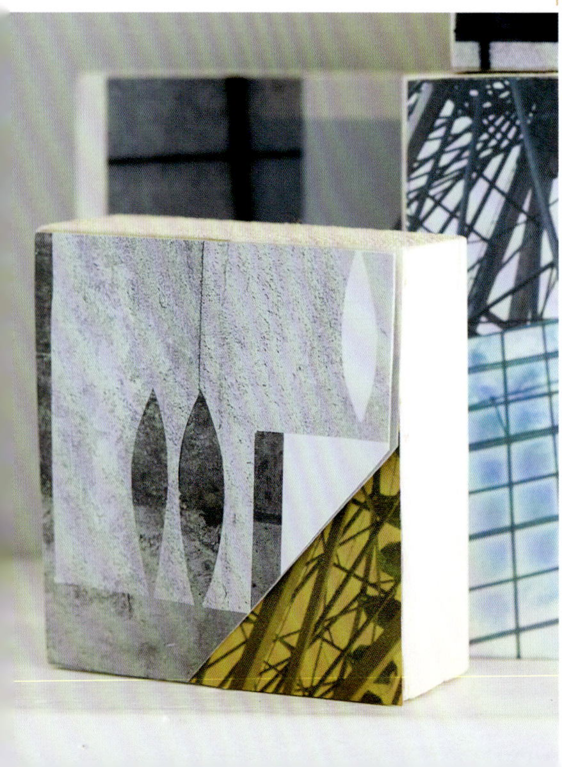

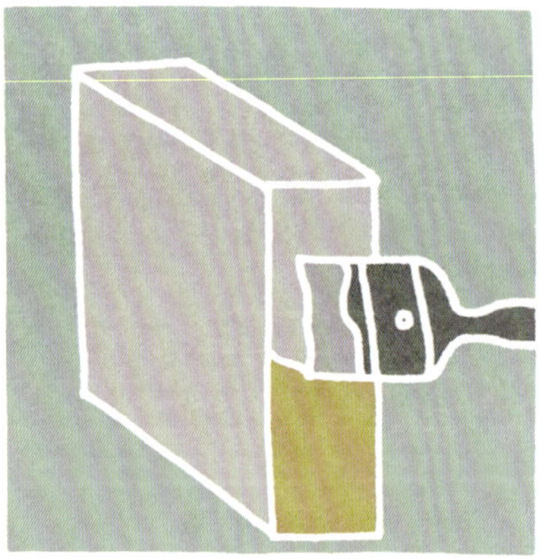

1 Falls gewünscht, streichen Sie die Seitenflächen der Holzblöcke weiß an und lassen Sie die Farbe trocknen.

2 Drucken Sie die Fotos auf verschiedenfarbiges Buntpapier und Transparentpapier aus. Einige der Fotografien habe ich so vergrößert oder verkleinert, dass daraus abstrakte grafische Figuren entstanden.

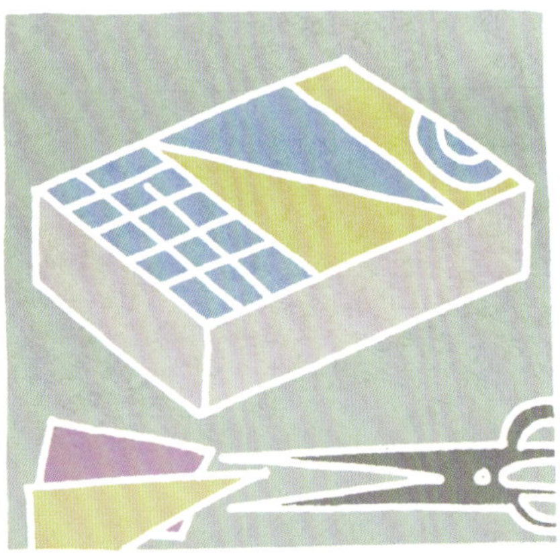

3 Zerschneiden Sie Ihre Bilder, um sie anschließend auf die Holzblöcke zu kleben. Für dieses Projekt habe ich Rechtecke, Quadrate und Dreiecke ausgewählt und diese unterschiedlich auf den Holzblöcken angeordnet.

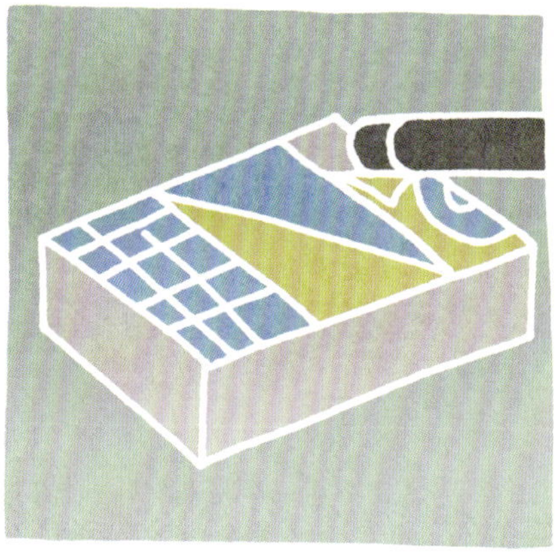

4 Sobald Ihnen Ihre Komposition gefällt, können Sie die einzelnen Elemente festkleben. Um eine vielschichtige Gestaltung zu kreieren, habe ich als Abschluss eine Schicht bedrucktes Transparentpapier aufgeklebt.

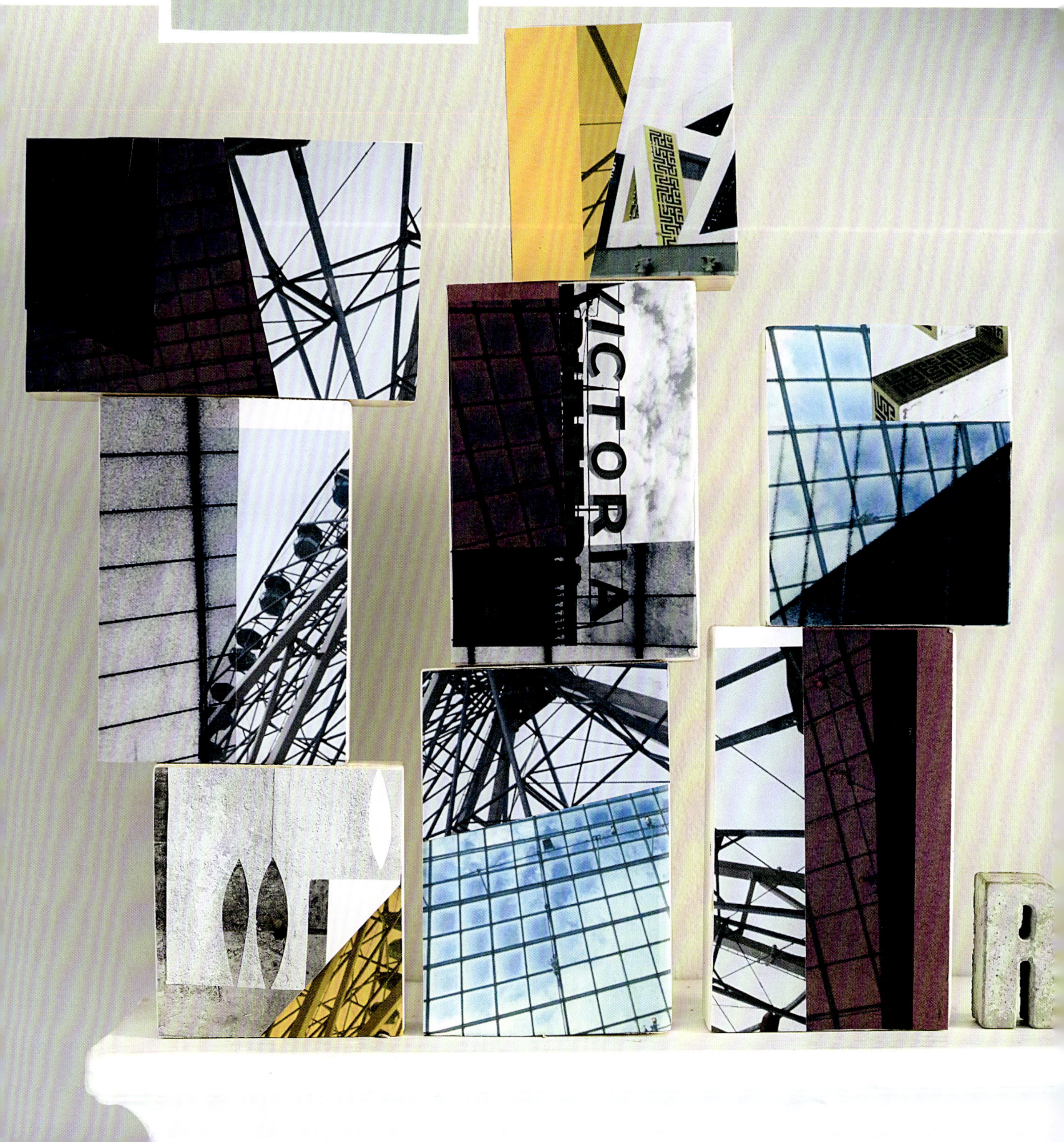

✿ Die fachgerechte Montage der Lampe überlassen Sie am besten einem Elektriker! Achten Sie darauf, dass der Lampenschirm richtig positioniert ist und dass Ihr Leuchtmittel nicht das Papier berührt. Und verwenden Sie für diese Lampe unbedingt eine LED-Leuchte, da sich LEDs nicht so stark erhitzen.

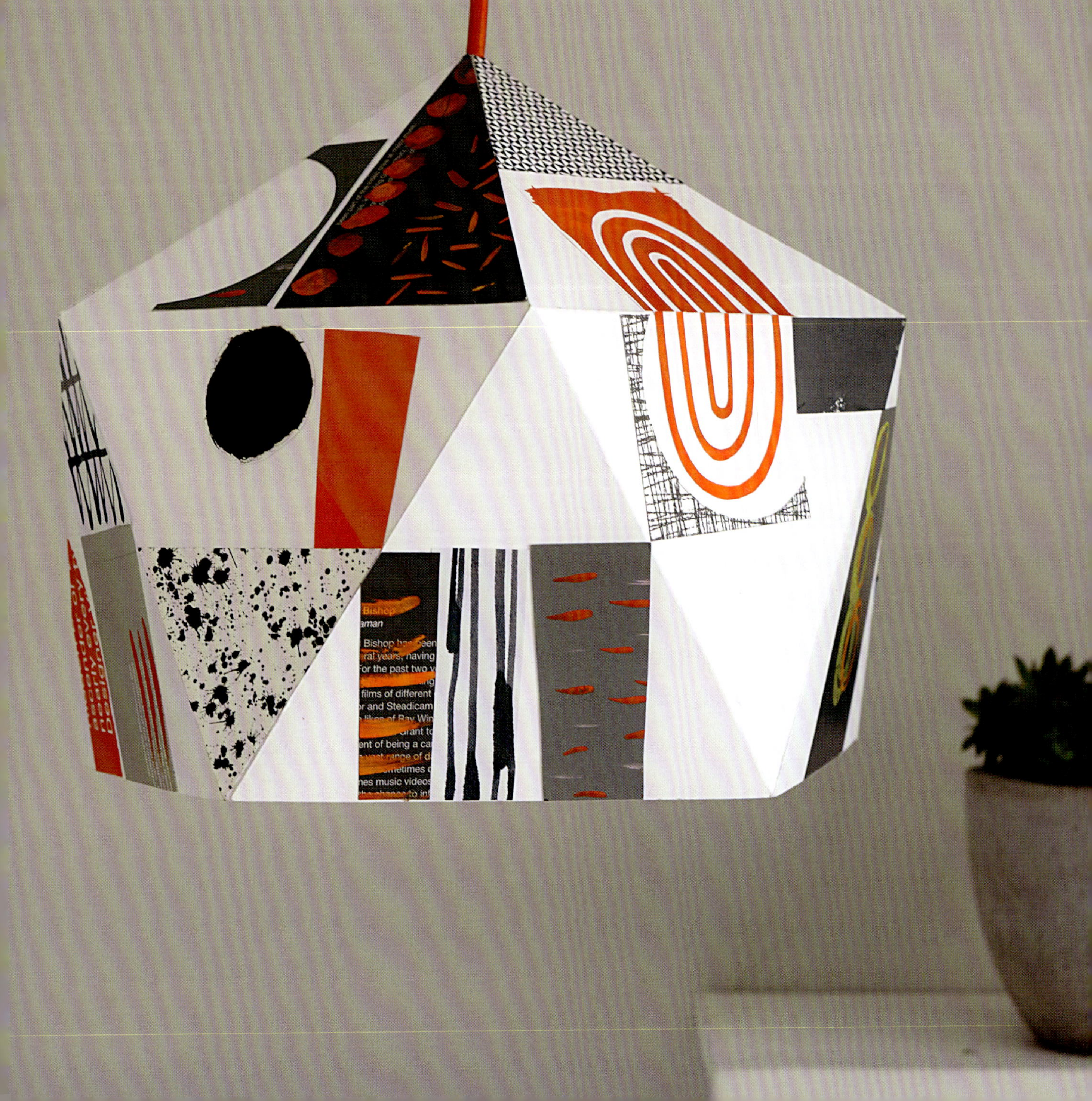

SELBST GEMACHTER LAMPENSCHIRM

Einen Lampenschirm zu gestalten ist erstaunlich einfach. Für dieses Modell habe ich weißes Tonpapier in Form gebracht und es mit Papierschnipseln in Schwarz, Orange und Grau beklebt. Kombiniert mit einem coolen, **orangefarbenen Kabel** ist dieser Lampenschirm ein modernes Wohnaccessoire und ein echter Blickfang. Textilummantelte Kabel gibt es in den unterschiedlichsten Farben. Sie müssen nur die Farbe finden, die am besten zu Ihrer Lampe passt.

1 Vergrößern Sie die dreieckige Vorlage, kleben Sie sie auf ein Stück Tonpapier und schneiden Sie sie aus.

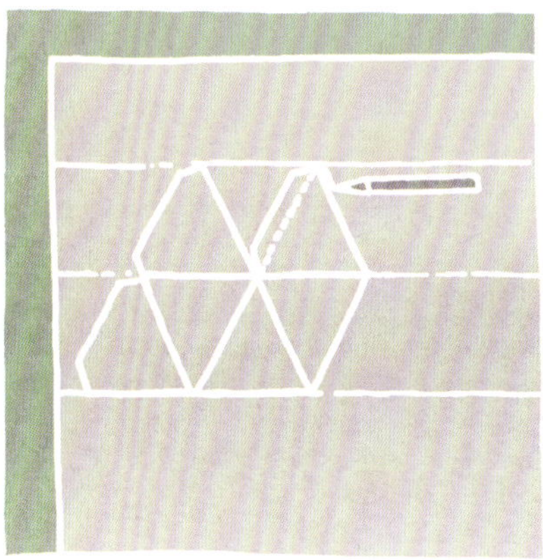

2 Mithilfe dieser Schablone konstruieren Sie nun den Lampenschirm. Seine Grundform wird in zwei Teilen aufgezeichnet, die später an einer der Klebelaschen miteinander verbunden werden. Zeichnen Sie drei parallele Linien im Abstand von jeweils 14 cm auf das Tonpapier, verwenden Sie dafür ein Geodreieck bzw. Zeichenwinkel. Zwischen diese Hilfslinien zeichnen Sie anschließend zwei Reihen Dreiecke, wobei Sie auch an dem kleinen Entwurf von Seite 125 orientieren können. Denken Sie daran, einen spitzen Bleistift und ein Lineal zu verwenden!

▼ DAS BRAUCHEN SIE

- Vorlagen, siehe Seite 125
- großformatiges weißes Tonpapier
- Klebestift
- Schere
- Geodreieck bzw. Zeichenwinkel
- Bleistift
- Lineal
- Cuttermesser
- Schneidematte
- PVA-Klebstoff
- stumpfes Messer oder Falzbein
- Buntpapier, darunter bemaltes Papier und Ausschnitte aus Zeitschriften

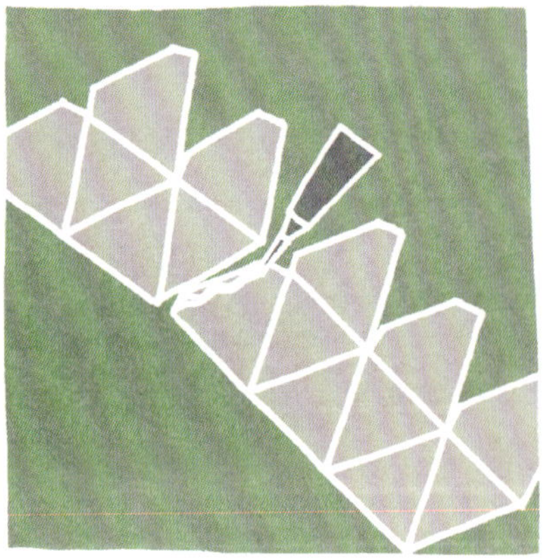

3 Schneiden Sie die beiden Teile mit einem Cuttermesser aus, verwenden Sie dabei eine Schneidematte, um Ihre Arbeitsfläche vor Kratzern zu schützen. Geben Sie etwas PVA-Klebstoff auf die markierte Lasche und kleben Sie beide Teile zusammen.

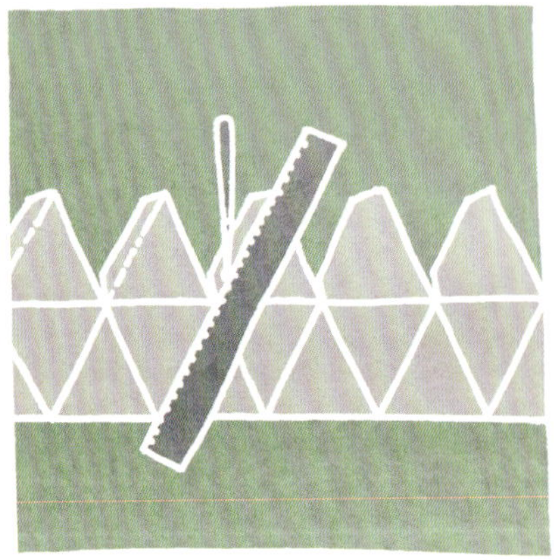

4 Ritzen Sie alle Falzlinien, die auf der Vorlage als gestrichelte Linien eingezeichnet sind, mit einem stumpfen Gegenstand vorsichtig ein.

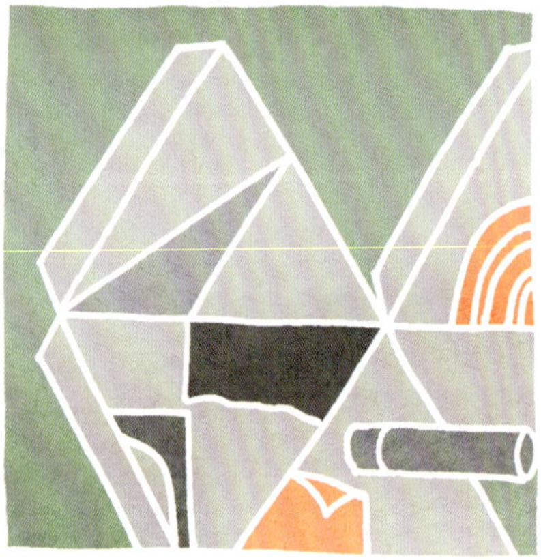

5 Schneiden Sie aus Ihrem bunten und gemusterten Papier ein paar abstrakte Formen aus, um damit die Seitenflächen zu verzieren.

6 Knicken Sie die Dreiecke entlang der Falzlinien und kleben Sie sie nacheinander an den Klebelaschen zusammen – so nimmt Ihr Lampenschirm allmählich Gestalt an. Ein Dreieck sparen Sie dabei aus.

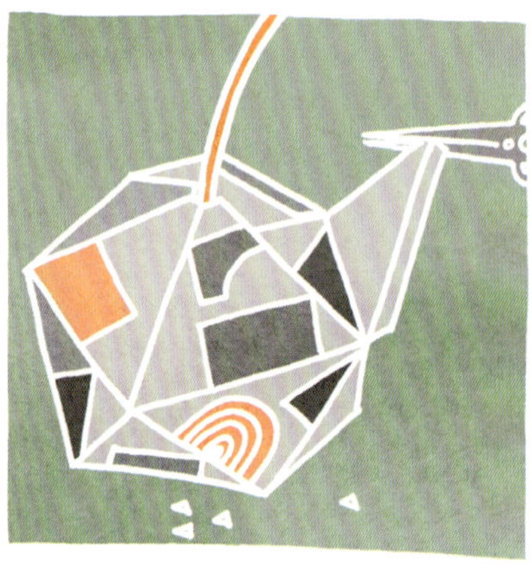

7 Platzieren Sie die das Leuchtmittel im Inneren des Schirms. Kappen Sie die Spitzen des Dreiecks, sodass eine Öffnung für das Kabel entsteht, und kleben Sie das letzte Dreieck fest.

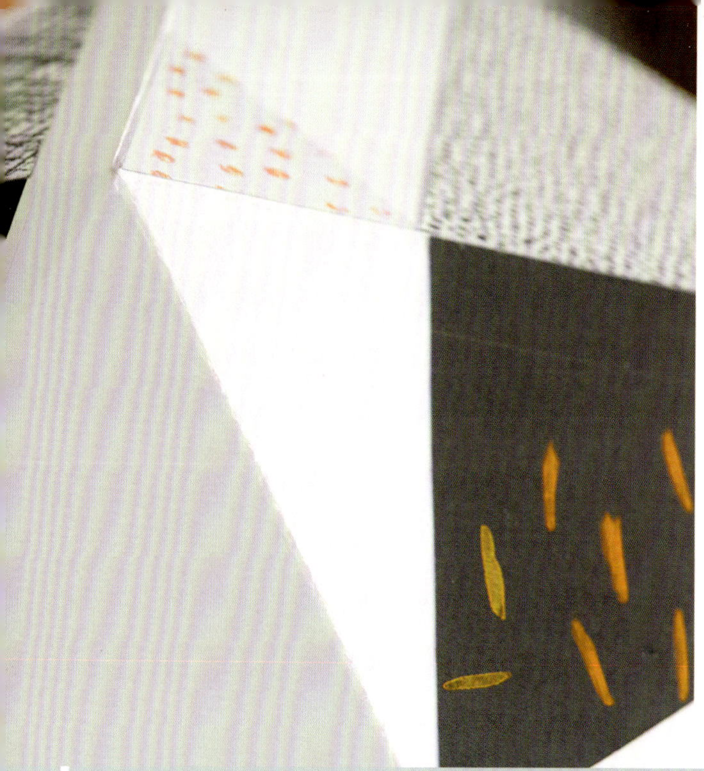

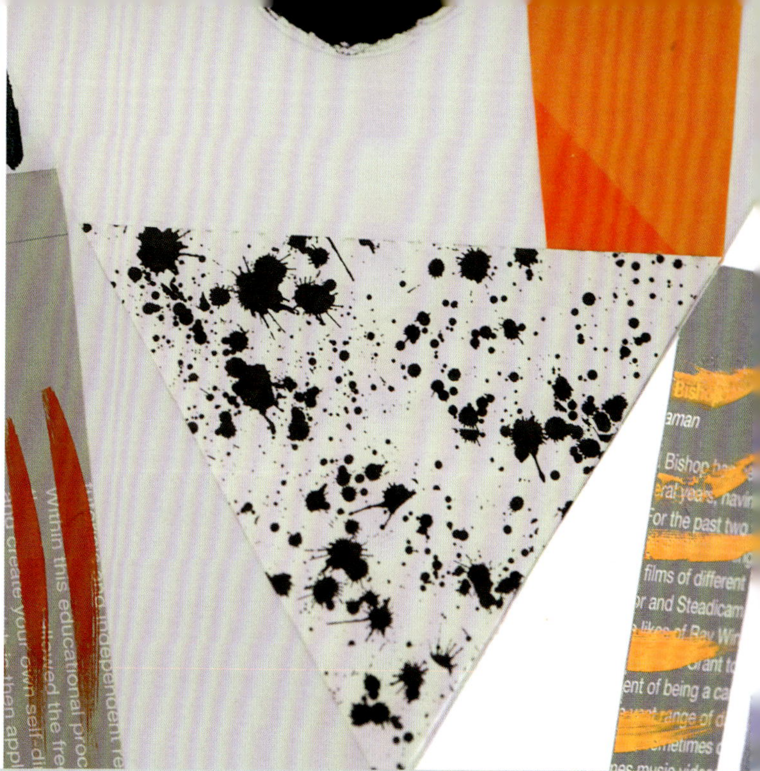

KREATIV-TIPP

Dieses Projekt können Sie wunderbar mit anderen Collage-Projekten kombinieren. Gestalten Sie Ihre Werke z. B. als Patchwork und entwerfen Sie für jede Lampenschirmfläche ein eigenes Muster. Oder Sie greifen auf dekorative Blumenbilder und alte Schrifttypen zurück – die perfekte Kombination für einen botanischen Einrichtungsstil.

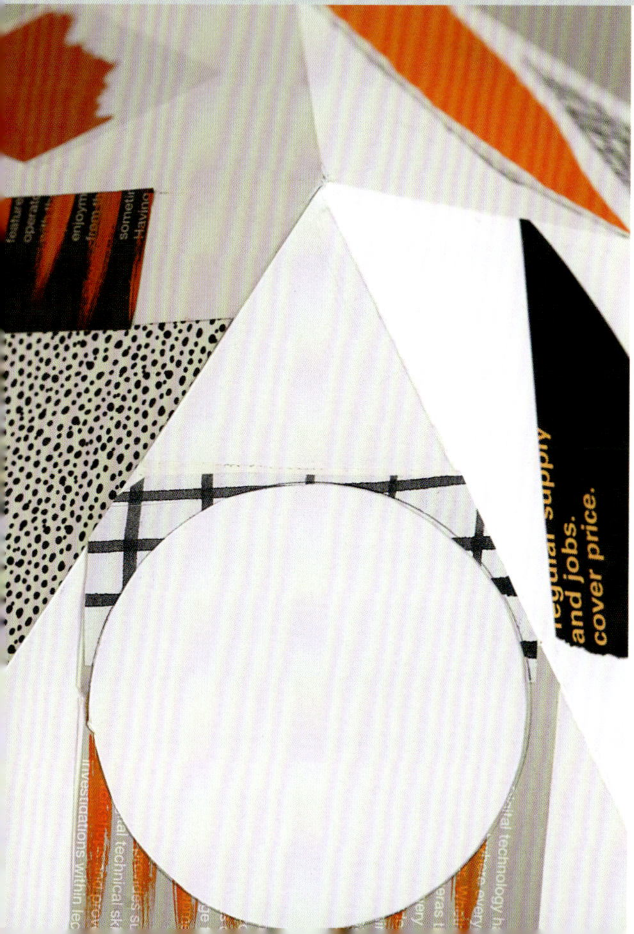

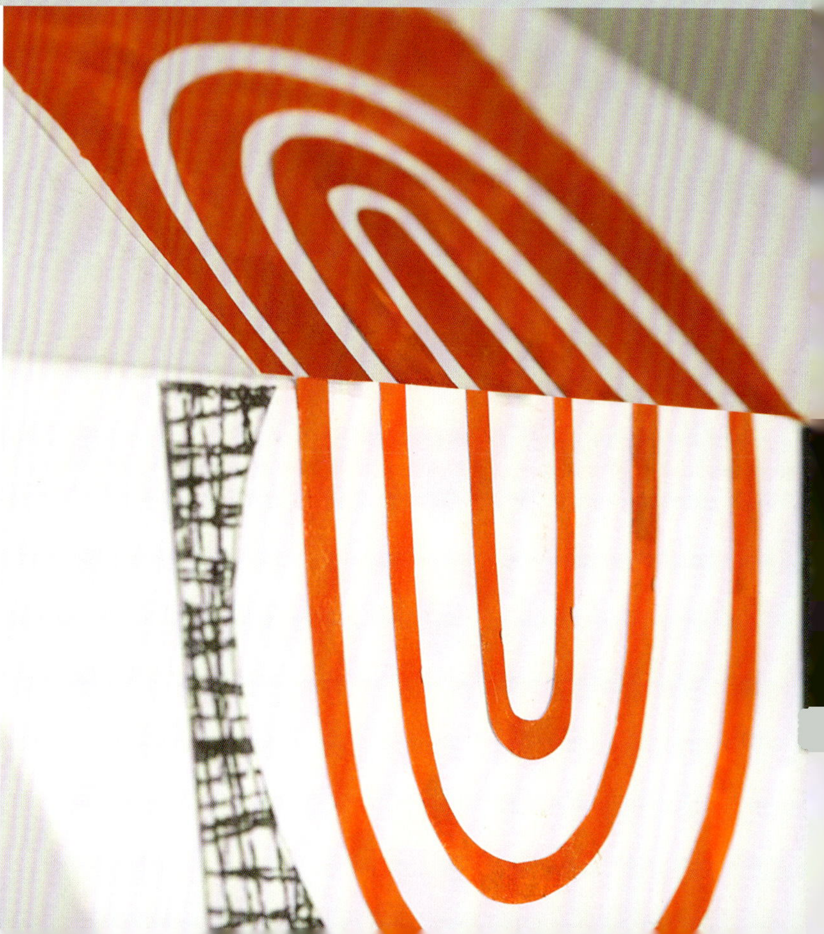

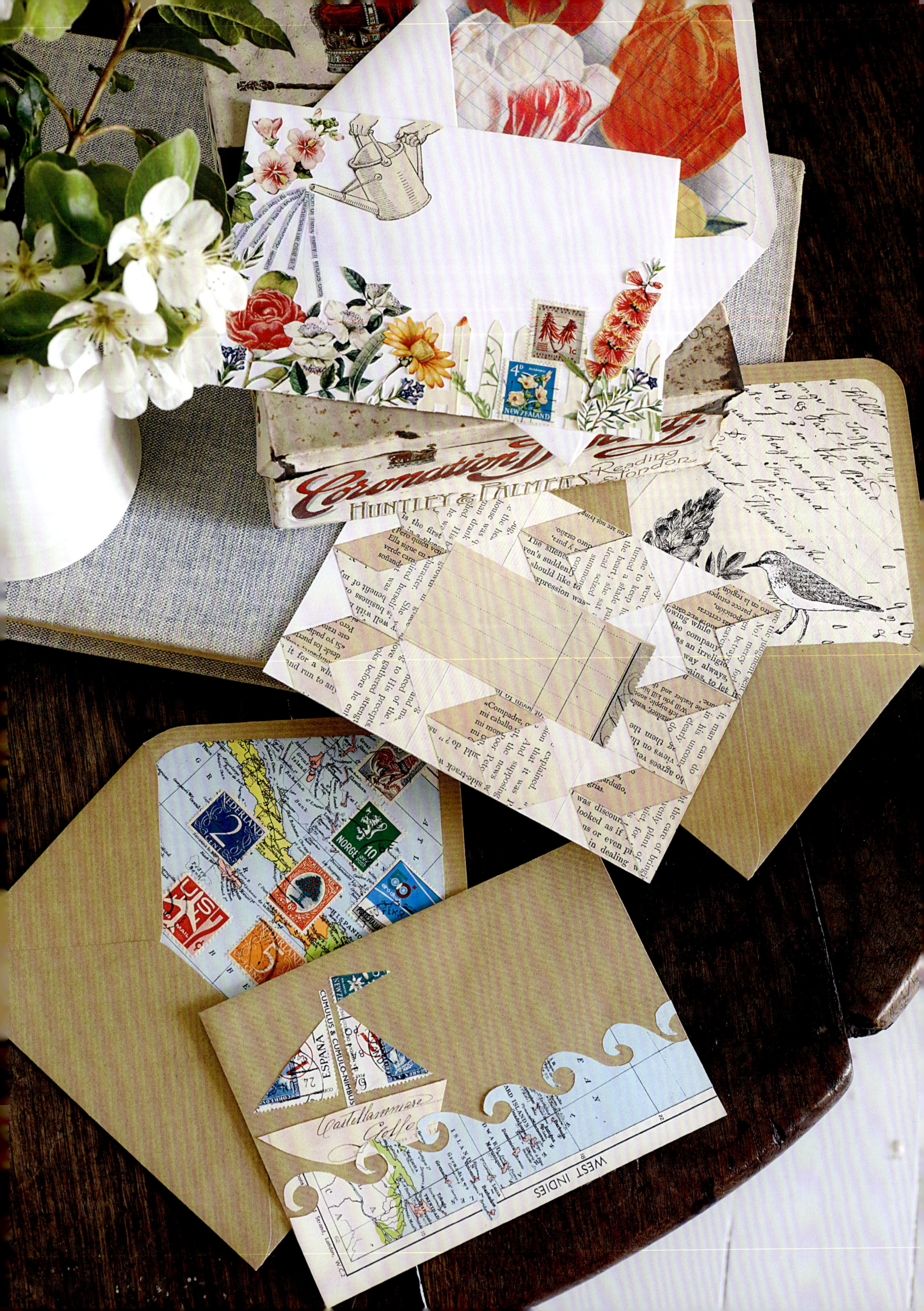

Coronation
HUNTLEY & PALMERS
Reading London
NEW ZEALAND
NEDERLAND
NORGE
ESPAÑA
CUMULUS & CUMULO-NIMBUS
Castellammare Golfo
WEST INDIES

BRIEF-UMSCHLÄGE

Im Zeitalter von SMS und E-Mails ist es doch immer wieder schön, wenn man einen persönlichen Brief per Post bekommt. Verzieren Sie Ihre Briefumschläge mit einer ganzen Reihe von Collagen. So wird aus einem **eigentlich unscheinbaren Umschlag** ein ganz besonderes, kostbares Geschenk.

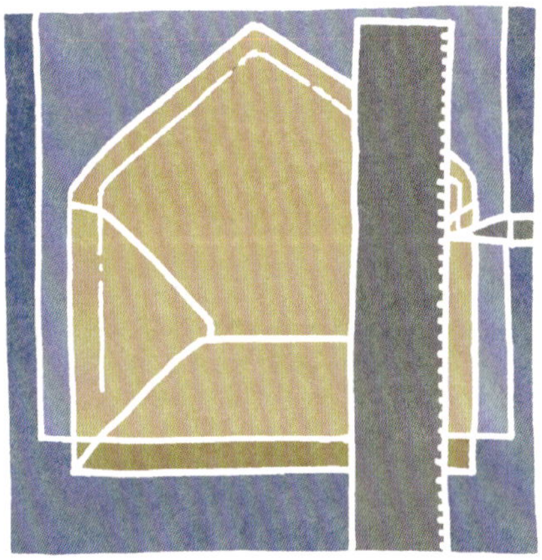

DAS BRAUCHEN SIE

- Briefumschläge
- Transparentpapier
- Lineal
- Bleistift
- Papierschnipsel aus alten Büchern und Zeitschriften
- Schere
- Klebestift

1 So fertigen Sie eine Vorlage für das Innenfutter Ihres Umschlags an: Legen Sie ein Blatt Transparentpapier über den geöffneten Briefumschlag und zeichnen Sie eine Linie entlang des Klebestreifens, setzen Sie diese Linie an beiden Seiten des Umschlags fort, sodass sie zu zwei Dritteln in den Umschlag hineinreicht. Verwenden Sie dafür Lineal und Bleistift, damit Ihre Linien gerade und sauber werden. Die Rundungen können Sie jedoch per Hand zeichnen. Ziehen Sie am unteren Rand eine weitere Linie.

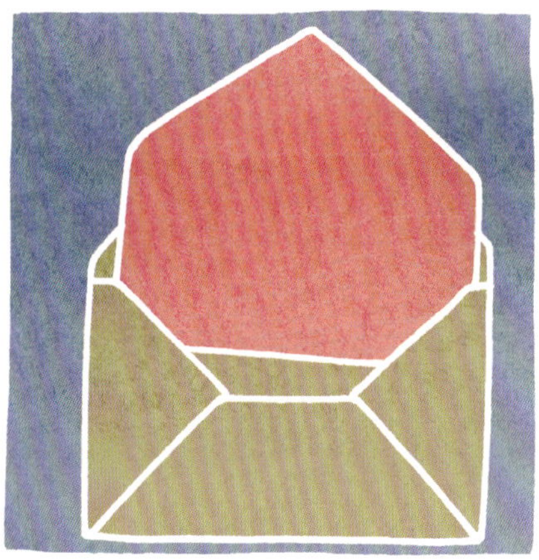

2 Mithilfe dieser Vorlage wird nun das Innenfutter Ihrer Umschläge hergestellt. Für das florale Modell habe ich Blumenmotive auf Karopapier kopiert. Für das Innenfutter mit nautischen Motiven verwendete ich Ausschnitte einer alten Landkarte sowie ein paar Briefmarken. Für das Futter in Buch-Optik wurden Textpassagen aus einem alten Rezept mit schwarz-weißen Illustrationen von Vögeln und Pflanzen kombiniert. Tragen Sie auf die Rückseite Ihres Innenfutters etwas Kleber auf, schieben Sie das Futter in den Umschlag und drücken Sie es fest, damit später nichts verrutschen kann.

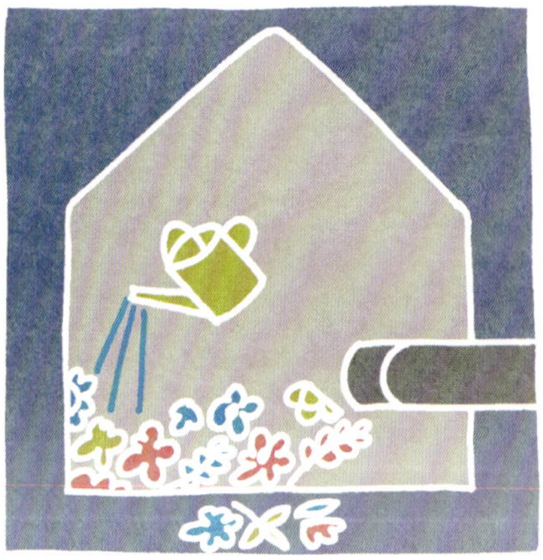

3 Für das florale Modell habe ich verschiedene Blumen ausgeschnitten und zusammen mit der kleinen Gießkanne auf der Vorderseite des Umschlags arrangiert. Achten Sie dabei aber unbedingt darauf, genügend Platz für das Adressfeld und die Briefmarke zu lassen!

4 Für den Umschlag mit nautischen Motiven habe ich ein kleines Segelboot von einer alten Postkarte ausgeschnitten. Außerdem verwendete ich für die See Ausschnitte aus einem alten Atlas.

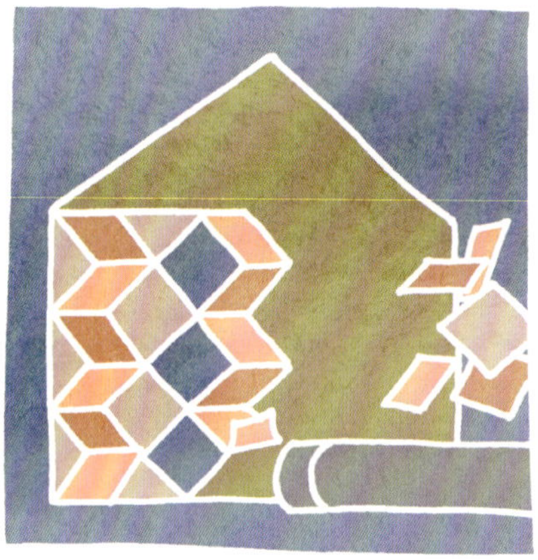

5 Für den Umschlag in Buch-Optik habe ich ein geometrisches Gitter entworfen und es mit verschiedenen Ausschnitten aus Buchseiten ausgefüllt. Durch die feinen Farbunterschiede der einzelnen Seiten entsteht so ein dreidimensionales Muster. Für das Adressfeld verwendete ich ein Stück liniertes Papier aus einem alten Geschäftsbuch.

KREATIV-TIPP

Stellen Sie Ihre eigenen Briefumschläge her. Falten Sie dafür einen handelsüblichen Umschlag auch an den verklebten Stellen auseinander und nutzen Sie ihn als Vorlage. So können Sie anschließend mit den unterschiedlichsten Papieren arbeiten, z. B. mit alten Buchseiten, Notenblättern oder Karopapier. Um besonders schöne, halbdurchsichtige Umschläge zu kreieren, können Sie auch bedrucktes Transparentpapier verwenden.

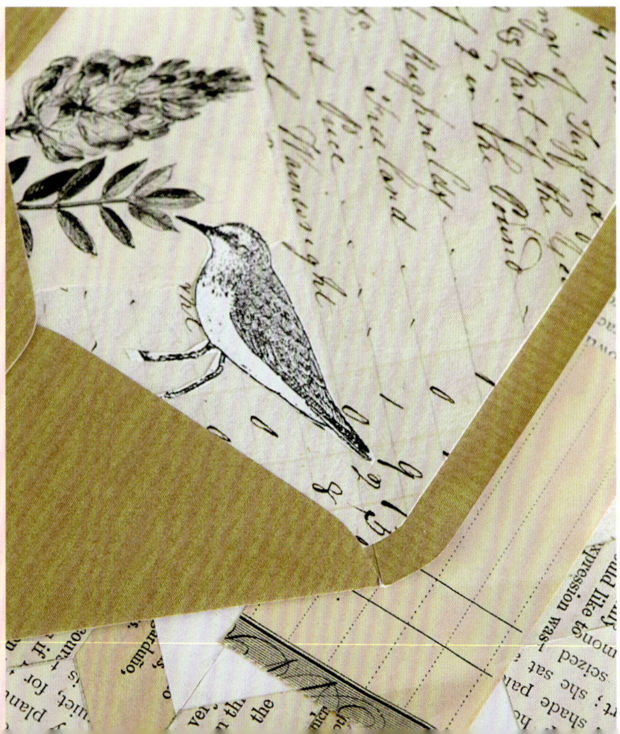

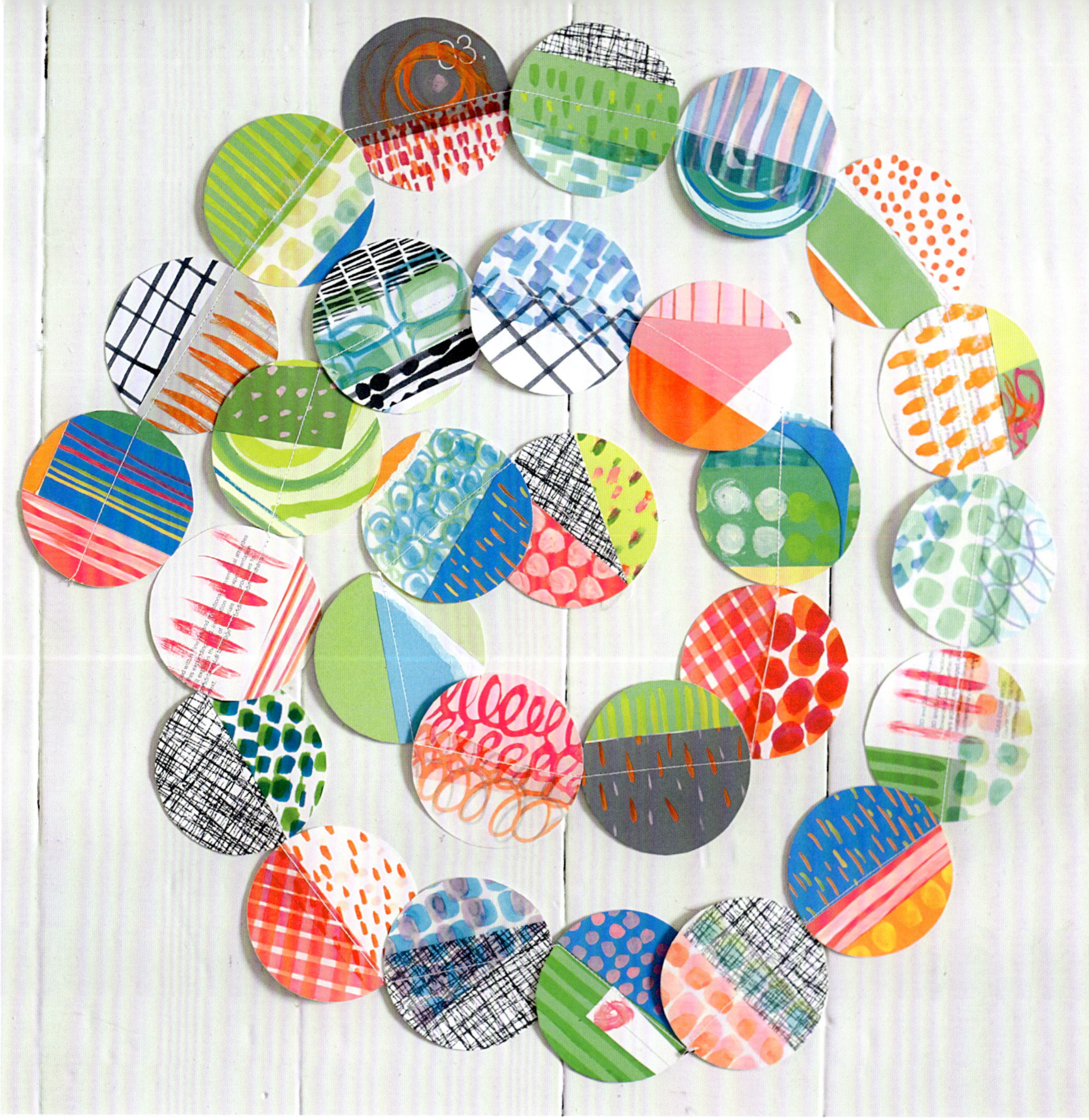

PARTYGIRLANDE

Für diese Partygirlande verwenden Sie am besten **möglichst farbenfrohe Papierschnipsel.** Meine habe ich mithilfe einer Nähmaschine zusammengenäht – so lässt sich schnell und einfach eine lange Girlande zaubern. Alternativ können Sie auch ein dünnes Band oder eine Kordel nehmen und diese jeweils zwischen zwei Kreisflächen festkleben.

▼ DAS BRAUCHEN SIE

- Papierschnipsel
- Schere
- weißes Tonpapier im Format DIN A4
- Klebestift
- Kreisvorlage mit 8 cm Durchmesser
- Nähmaschine

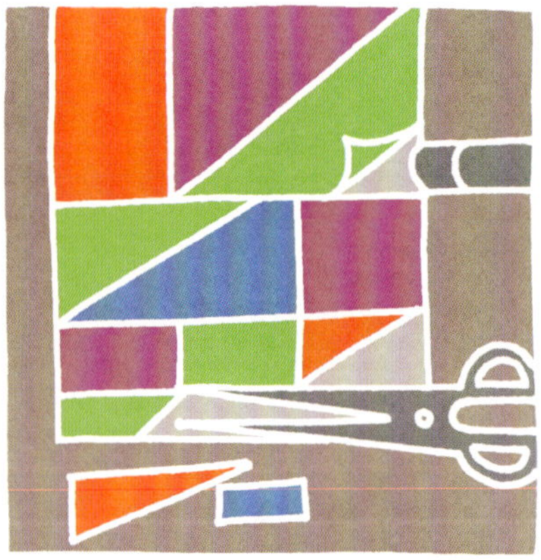

1 Schneiden Sie verschiedenförmige Papierschnipsel aus. Es sollten genug Schnipsel sein, um damit die gewünschte Menge an Tonpapier beidseitig zu verzieren. Kleben Sie die Papierschnipsel fest.

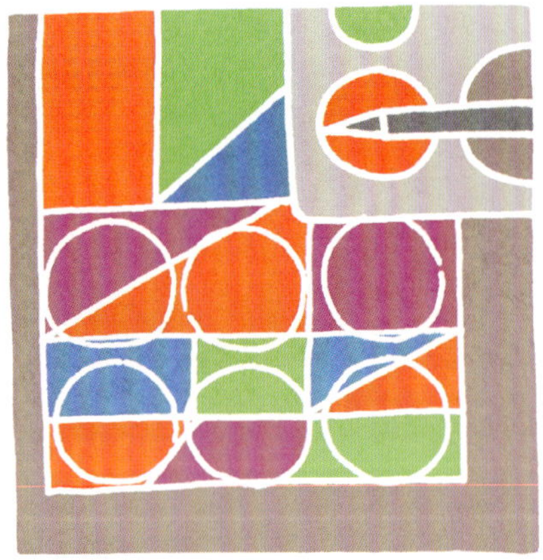

2 Zeichnen Sie mithilfe der Kreisvorlage mehrere Reihen Kreise auf das Tonpapier.

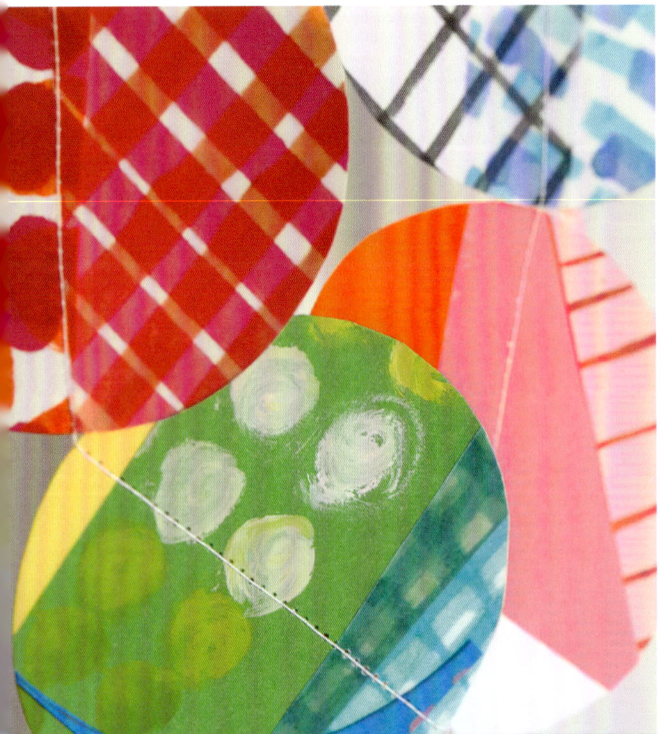

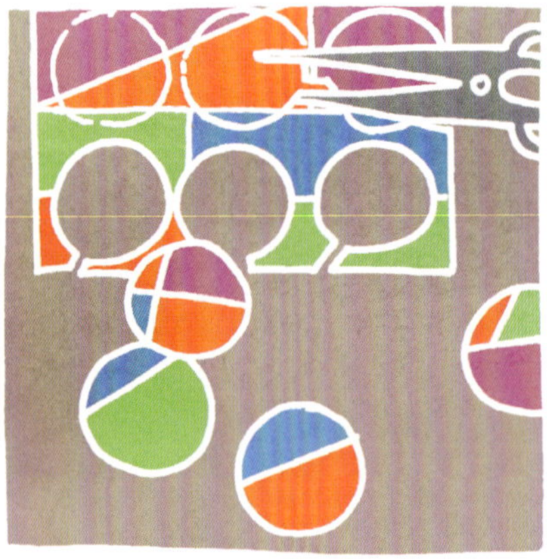

3 Schneiden Sie die Kreise aus.

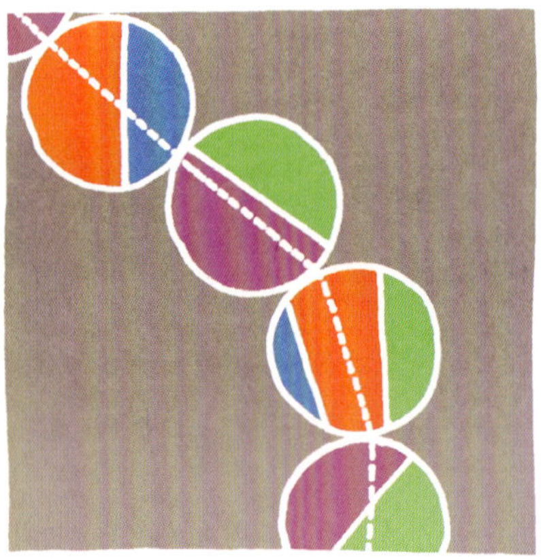

4 Nähen Sie die Kreise mit der Nähmaschine aneinander. Achten Sie darauf, dass die Steppnaht stets durch die Mitte der Kreisfläche verläuft und reihen Sie die Kreise möglichst dicht aneinander.

KREATIV-TIPP

Fertigen Sie weitere Kreisflächen an. Beschriften Sie z. B. einzelne Kreise mit den Namen Ihrer Gäste und verwenden Sie sie als Tischkärtchen. Oder bekleben Sie einen langen Papierstreifen mit einer Reihe von Kreisen und drapieren Sie ihn als Bordüre um den Geburtstagskuchen. Und probieren Sie einfach weitere Formen aus! Sterne, Rauten und schlichte Blumenmotive eigenen sich z. B. ganz hervorragend für eine farbenfrohe Tischdekoration.

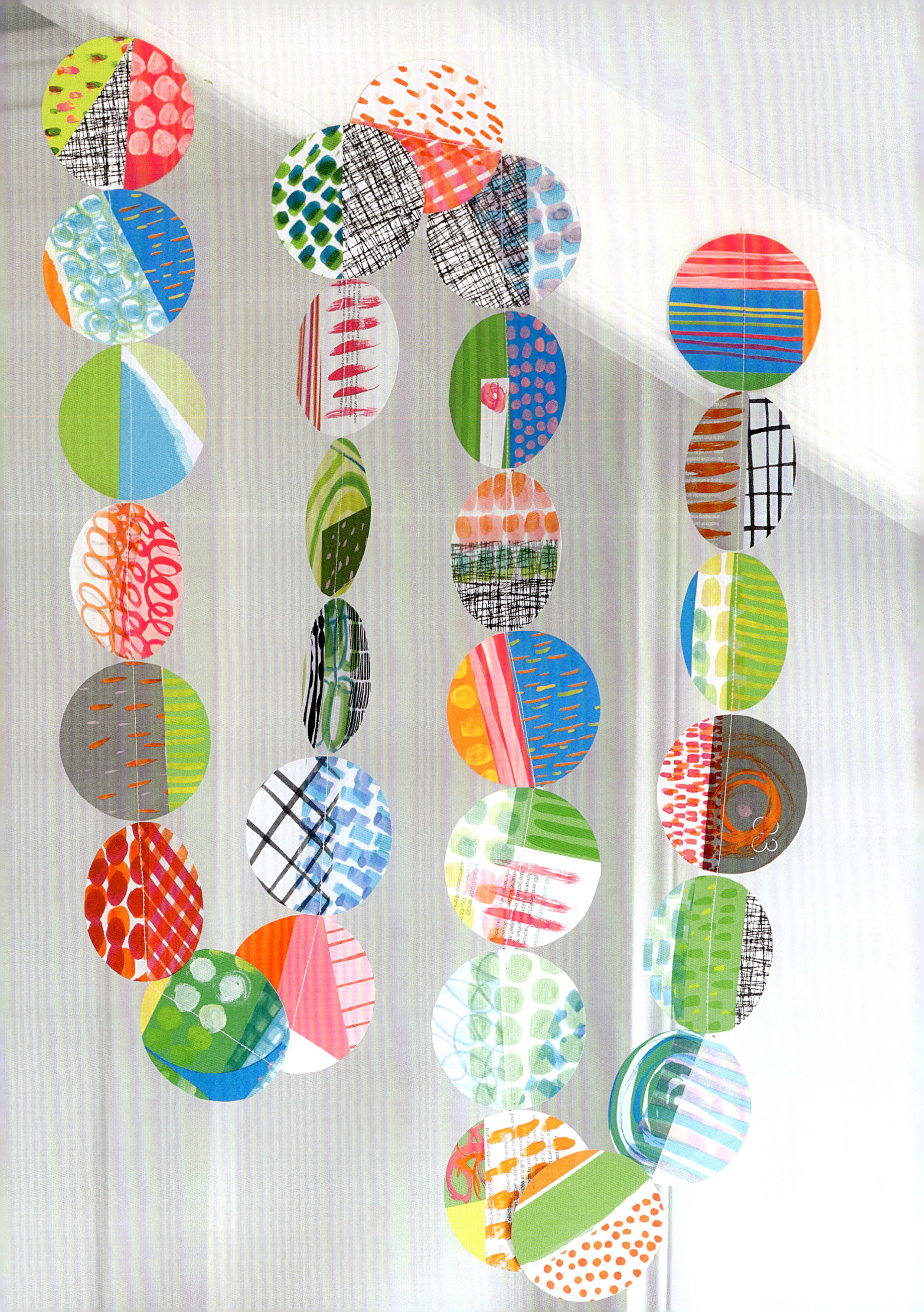

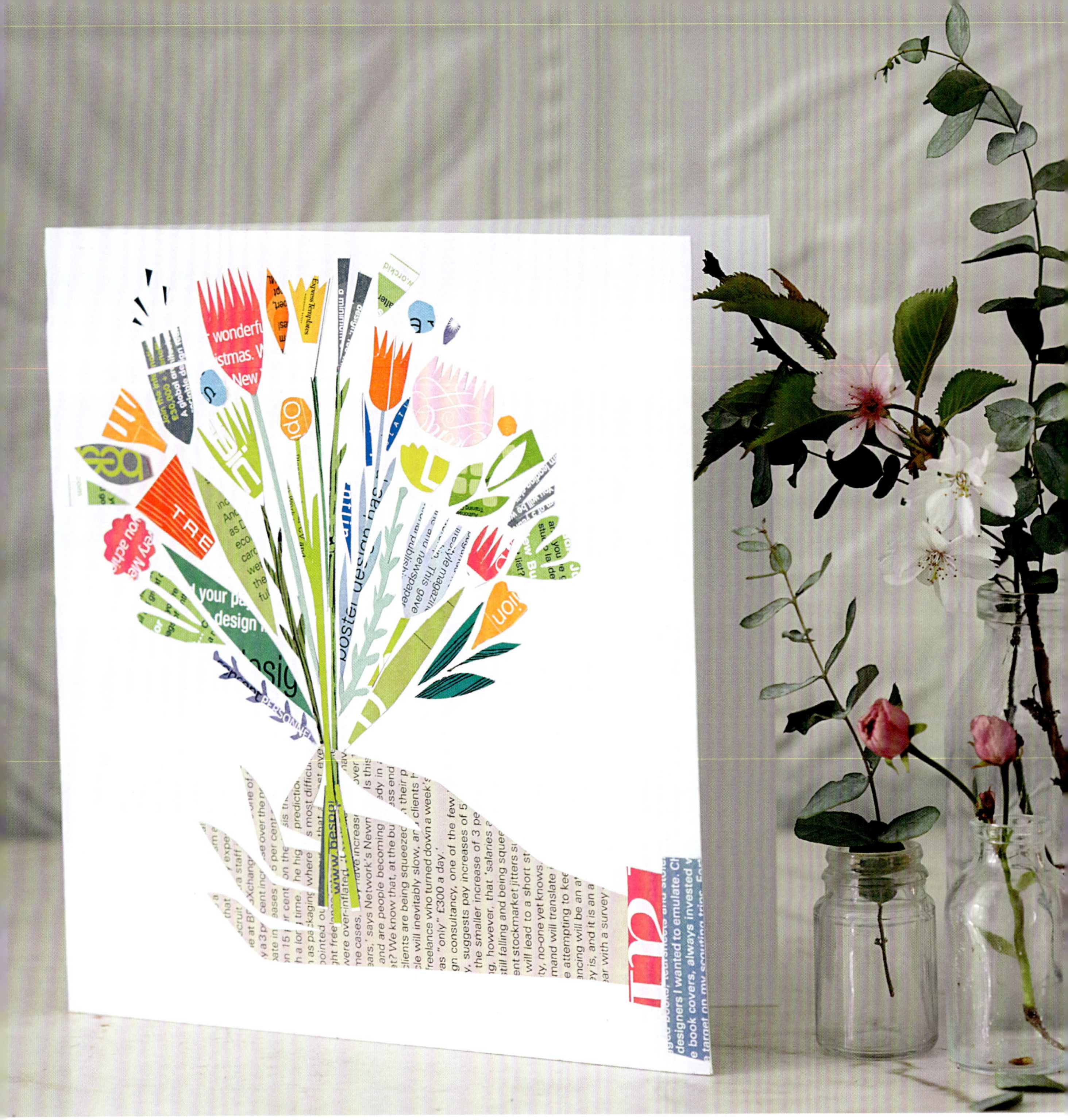

FRÜHLINGS-GRUSSKARTE

Einige der schönsten Stücke meiner Sammlung stammen aus alten Zeitschriften, die ich aus dem Altpapier gerettet habe. Außerdem verwende ich gerne **Textpassagen auf farbigem Hintergrund**. Für dieses Projekt benötigen Sie zunächst die Vorlage für die Hand, anschließend wird die Grußkarte mit **Blumen und Blättern** beklebt.

▼ DAS BRAUCHEN SIE

- ❍ Vorlage, siehe Seite 123
- ❍ Transparentpapier
- ❍ Kreppband
- ❍ Bleistift
- ❍ Ausschnitte aus alten Zeitschriften
- ❍ Schere
- ❍ Tonpapier (Einmal gefaltet, sollte es noch groß genug für Ihren Entwurf sein.)
- ❍ Klebestift

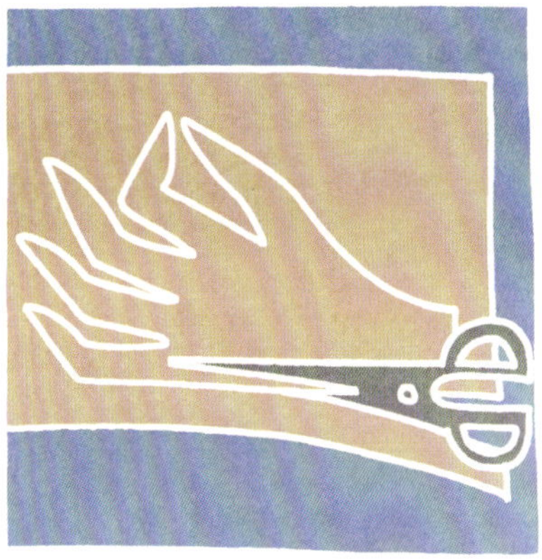

1 Pausen Sie die Vorlage für die Hand ab und übertragen Sie sie auf bedrucktes Papier. Anschließend schneiden Sie die Form aus.

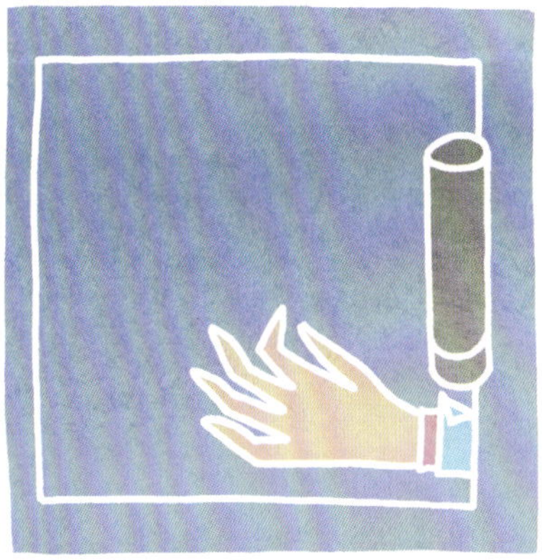

2 Falten Sie das Tonpapier einmal in der Mitte. Kleben Sie die Hand darauf und fügen Sie noch ein Stück Ärmel hinzu.

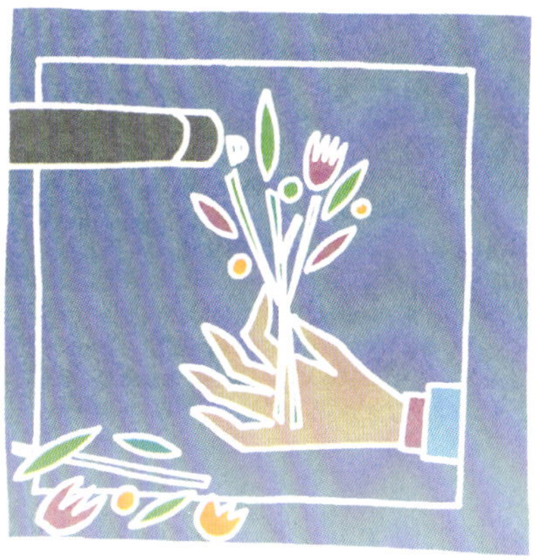

3 Schneiden Sie nun Blütenstiele, Blüten und Blätter aus Papier zu. Bei meiner Collage sind die Blumen sehr schlicht gestaltet. Kleben Sie die einzelnen Formen so auf, dass sie zusammen einen prächtigen Blumenstrauß ergeben.

KREATIV-TIPP

Bekleben Sie unifarbenes Geschenkpapier mit vielen kleinen Sträußen aus Blättern und Blüten. Seidenpapier können Sie ebenso dafür verwenden. Entwerfen Sie für jede Karte einen floralen Geschenkanhänger, um das Set zu vervollständigen.

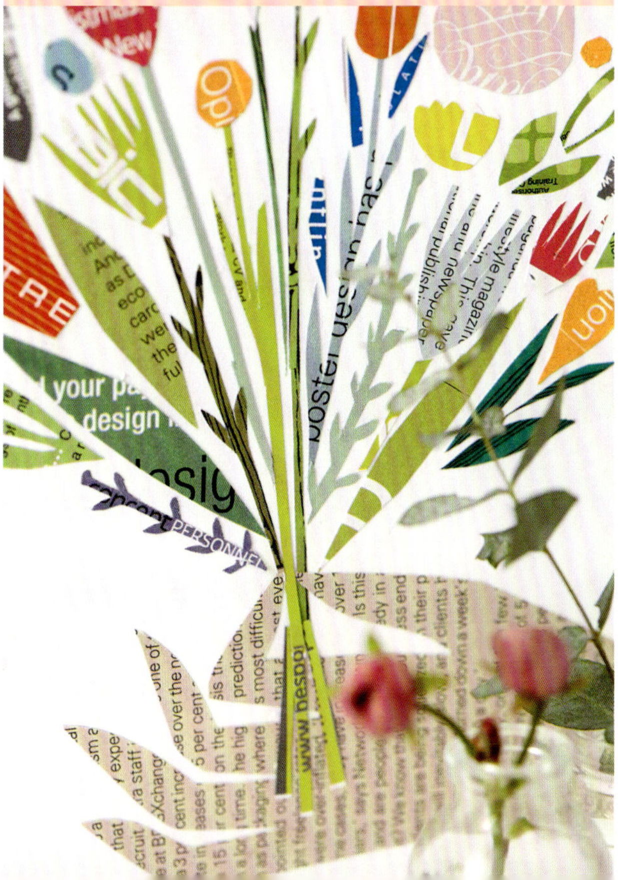

VORLAGEN

Auf den folgenden Seiten finden Sie alle Vorlagen, die Sie für die Projekte in diesem Buch brauchen. Einige sind in Originalgröße dargestellt und andere müssen vor der Verwendung am Fotokopierer **vergrößert** werden. Um wieviel Prozent die einzelnen Vorlagen vergrößert werden sollten, ist jeweils in dem Kasten am Rand vermerkt. Sollte eine Vorlage zu groß sein, können Sie sie in mehrere Teile zerlegen, diese nacheinander vergrößern und mit Tesafilm zusammenkleben. Alternativ können Sie auch die unten beschriebene Rastermethode anwenden.

VERGRÖSSERN VON VORLAGEN MITHILFE DER RASTERMETHODE

1 Übertragen Sie Ihre Vorlage – wie auf den folgenden Seiten abgebildet – auf ein Blatt Papier im Format DIN A4. Dafür verwenden Sie entweder Transparentpapier oder einen Fotokopierer.

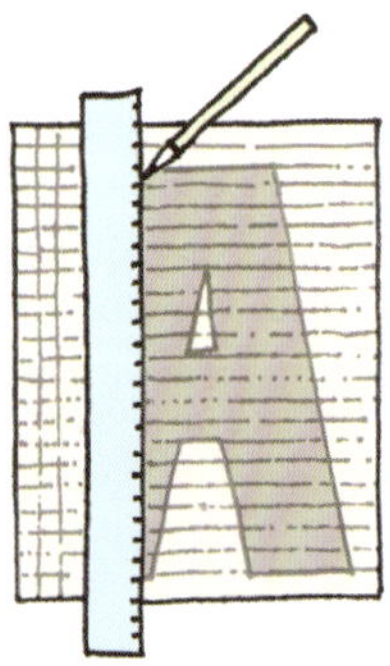

2 Setzen Sie am oberen und unteren Rand des Blatts Markierungen im Abstand von jeweils 2 cm. Verbinden Sie die gegenüberliegenden Punkte mithilfe von Lineal und Bleistift. Mit den Seitenrändern verfahren Sie ebenso. Allerdings verbinden Sie die Markierungen hier durch horizontale Linien, sodass ein Raster entsteht.

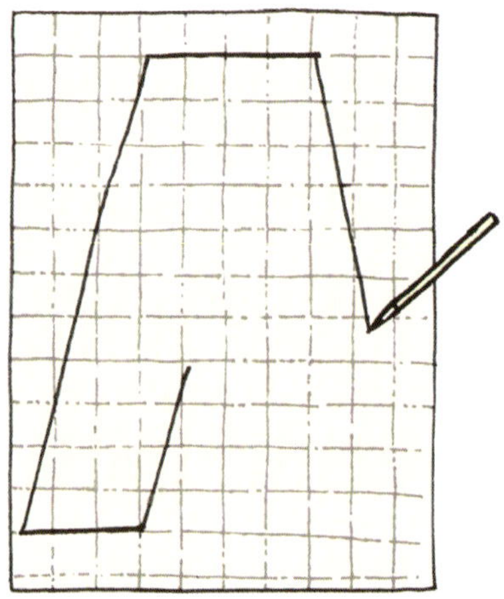

3 Wiederholen Sie das Ganze auf einem großen Bogen Papier oder Transparentpapier, nur zeichnen Sie dieses Mal Markierungen im Abstand von je 4 cm ein. So erhalten Sie eine Vorlage, die doppelt so groß ist wie das Original (200 %). Um eine Vorlage um das Vierfache zu vergrößern, müssen die Abstände dementsprechend jeweils 8 cm betragen.

DURCHPAUSEN

Bei einer Vielzahl von Projekten müssen Sie – mithilfe von Transparentpapier – eine Vorlage auf Papier oder Pappe übertragen. Dazu legen Sie das Transparentpapier auf die Vorlage und fixieren es mit Kreppband. Zeichnen Sie die Umrisse mit einem harten Bleistift (2H) nach, drehen Sie das Transparentpapier einmal um und ziehen Sie die Linien auf der Rückseite mit einem eher weichen Bleistift (HB) nach. Dann wenden Sie das Transparentpapier erneut und platzieren es auf dem gewünschten Papier bzw. der Pappe. Ziehen Sie alle Linien nochmals mit dem harten Bleistift (2H) nach und entfernen Sie anschließend das Transparentpapier. So bekommen Sie eine schöne, saubere Umrisslinie.

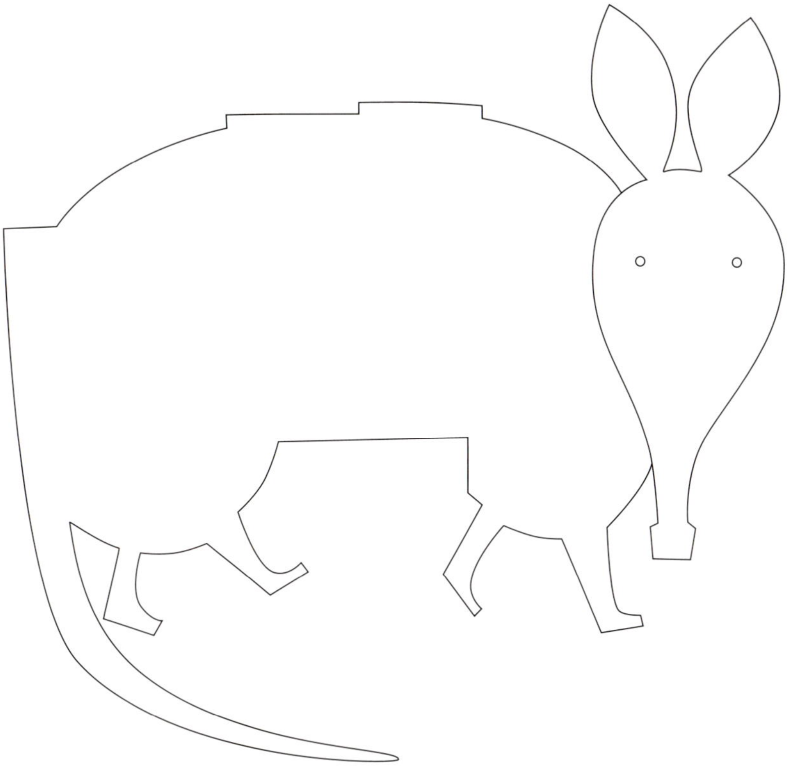

WANDBEHANG MIT GÜRTELTIER

Seite 78

Abbildung um 200 % vergrößern

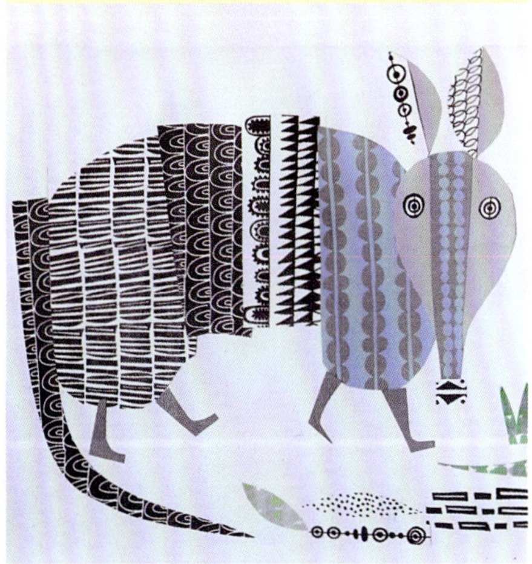

MINI-NOTIZBUCH

Seite 42

Abbildung um 200 % vergrößern

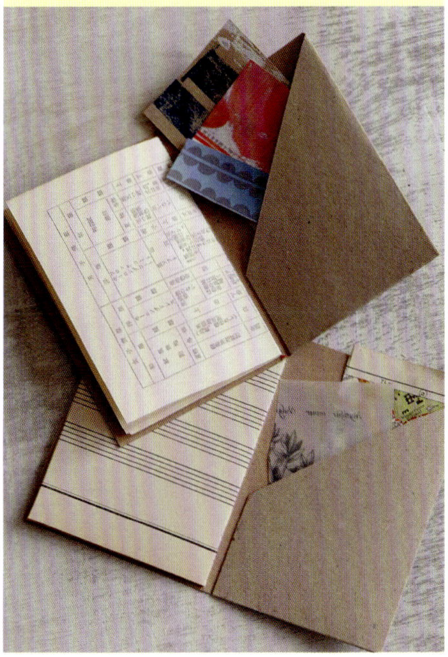

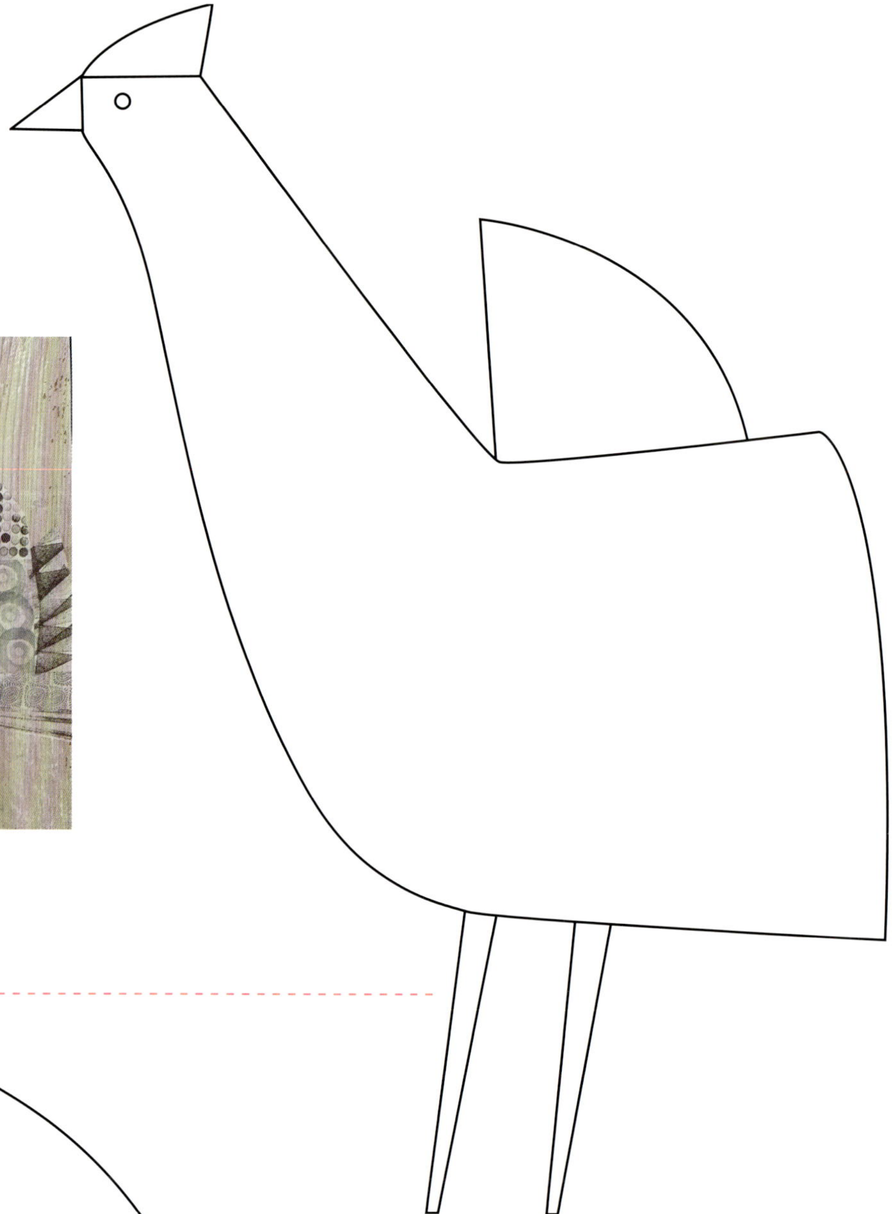

VOGELMOTIV AUF HOLZ

Seite 48

Abbildung um 200 % vergrößern

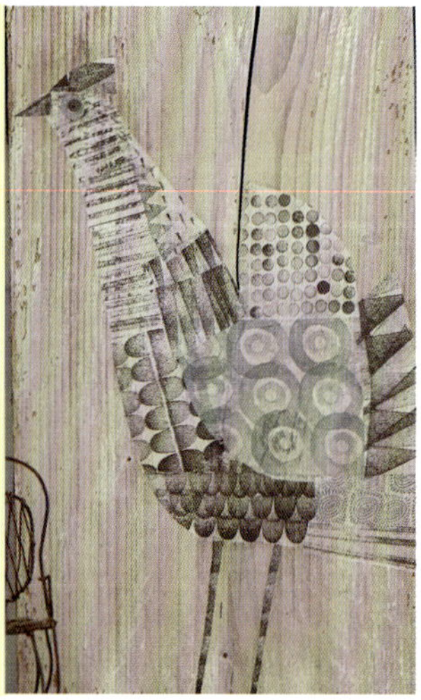

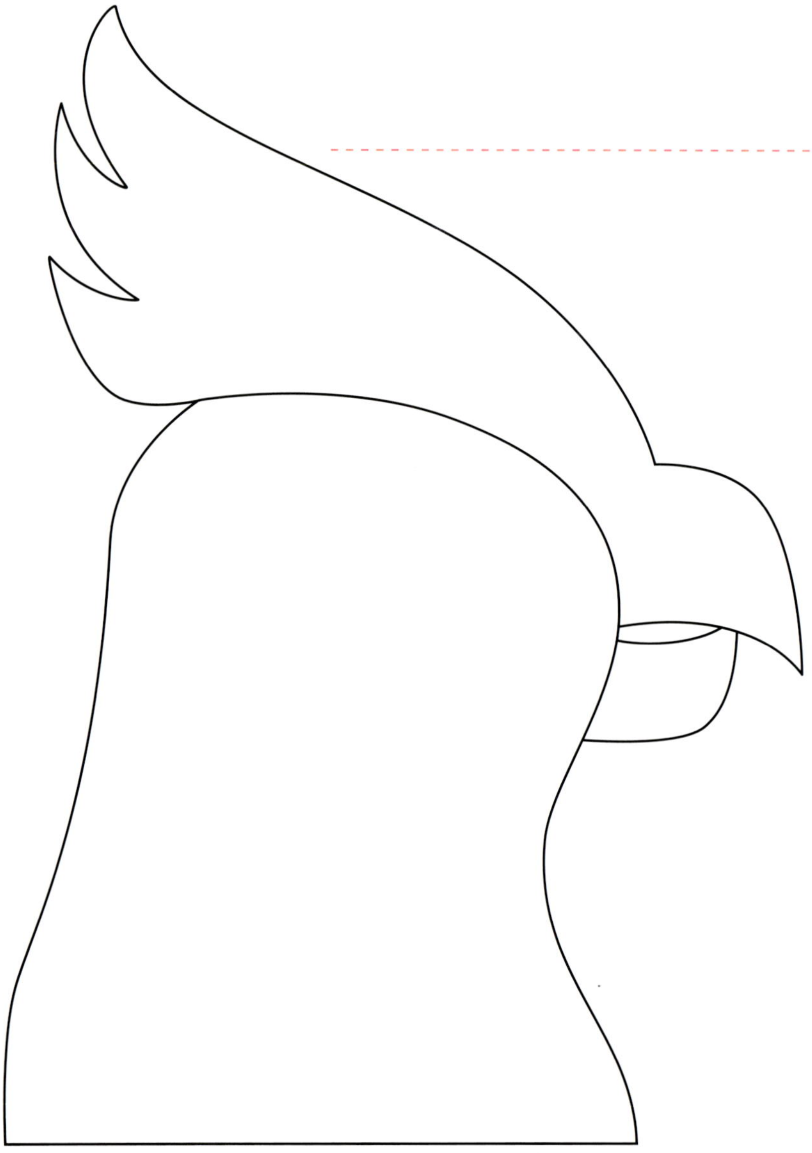

KAKADU-WANDBILD

Seite 33

Abbildung mithilfe der Rastermethode (siehe Seite 118) um 400 % vergrößern.

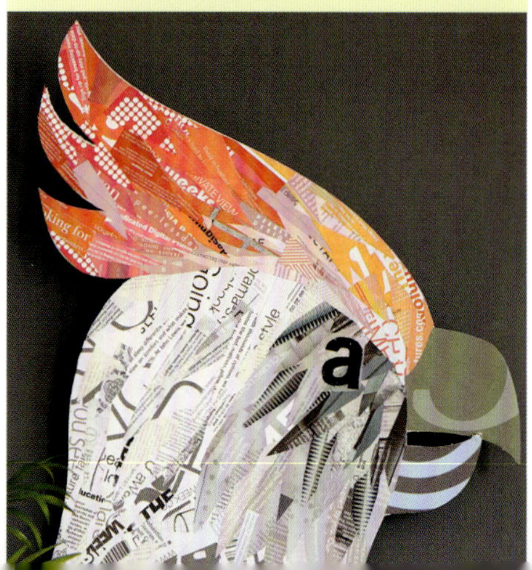

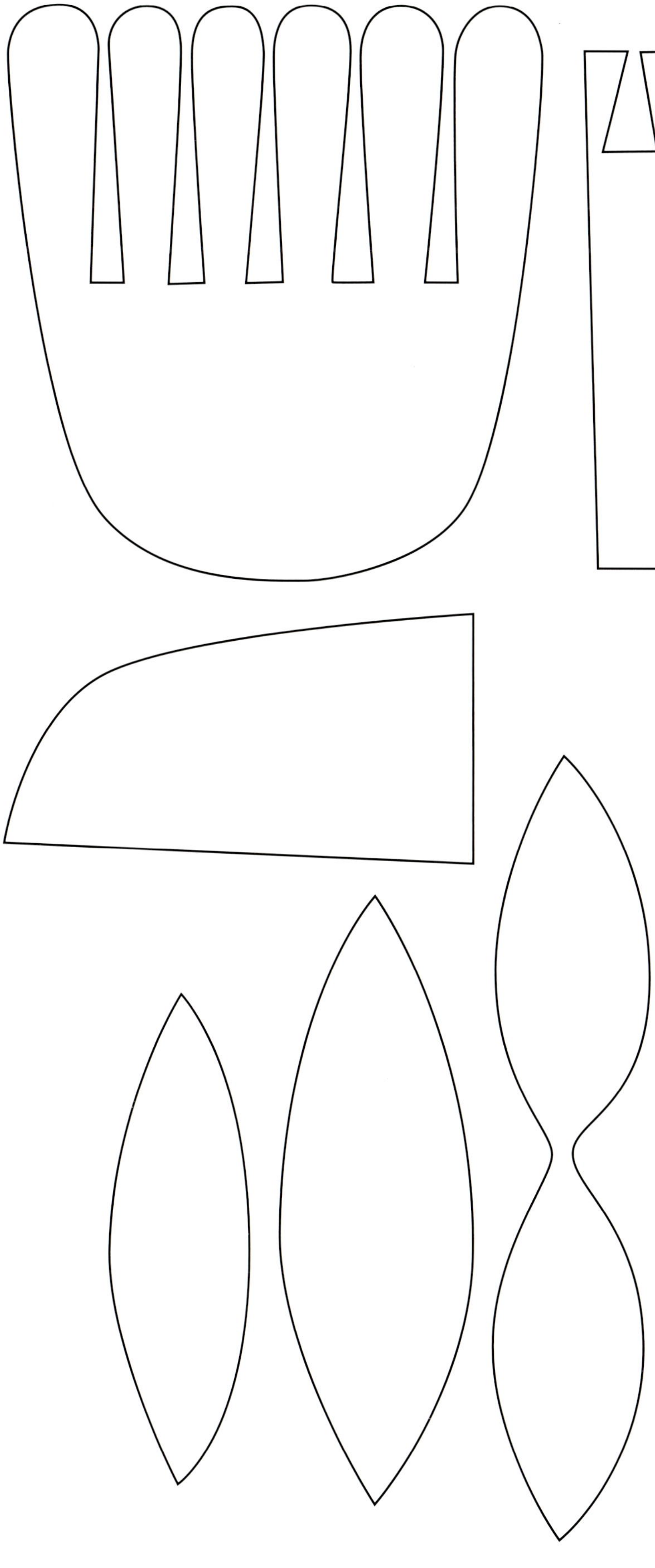

FLORALE DEKORATION

Seite 98

Originalgröße

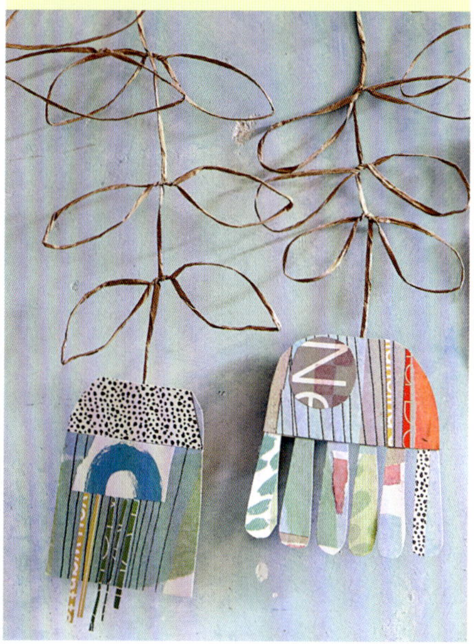

BUNTE PAPIER-INSEKTEN

Seite 87

Originalgröße

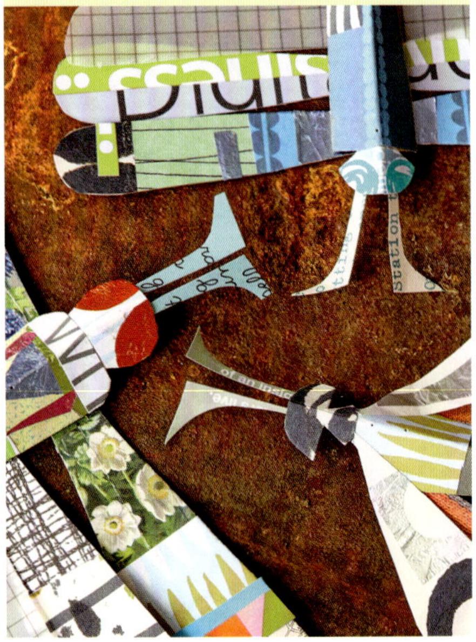

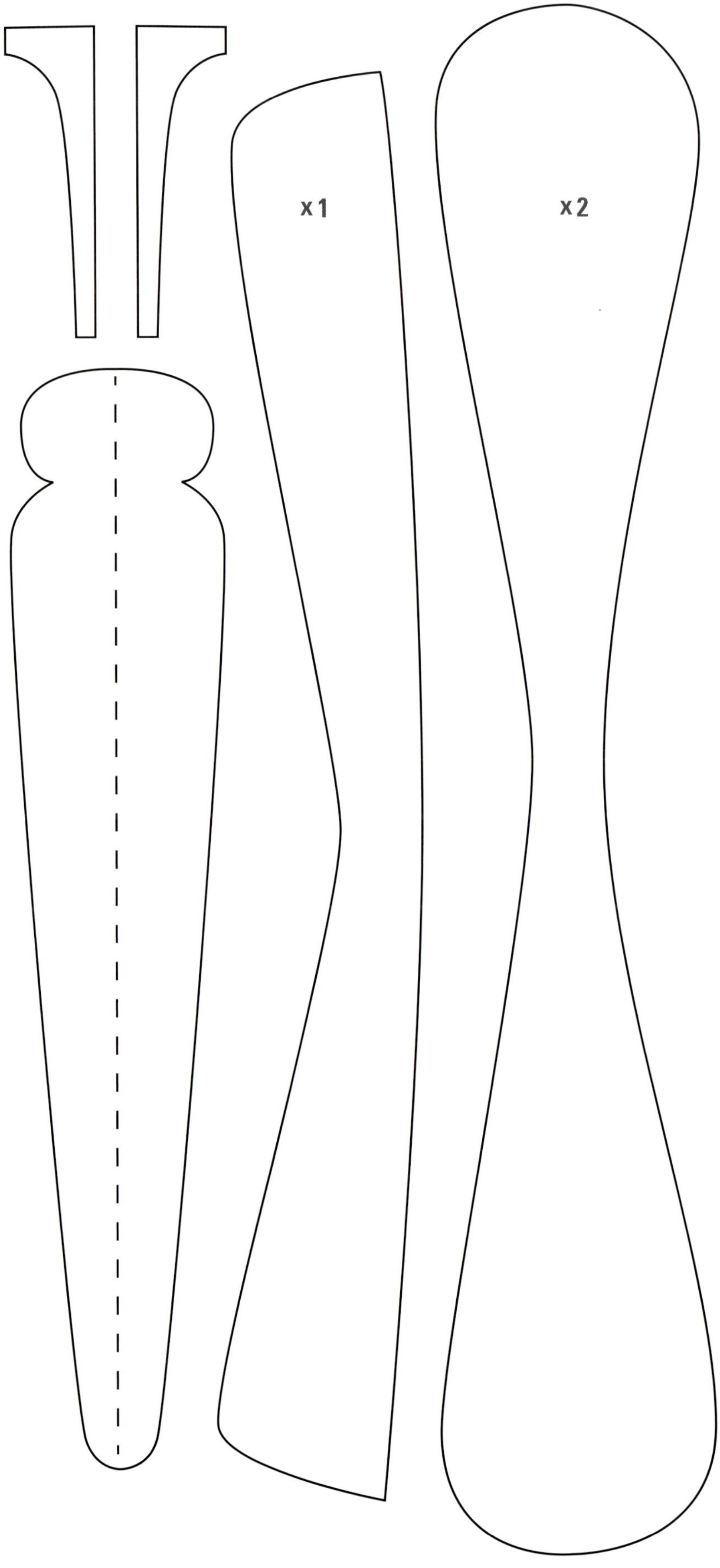

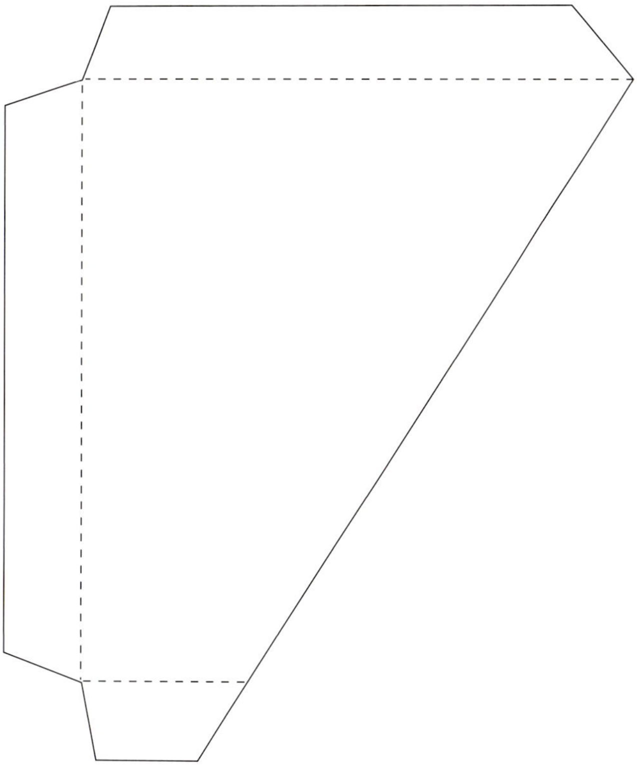

REISETAGEBUCH

Seite 51

Abbildung um 200 % vergrößern

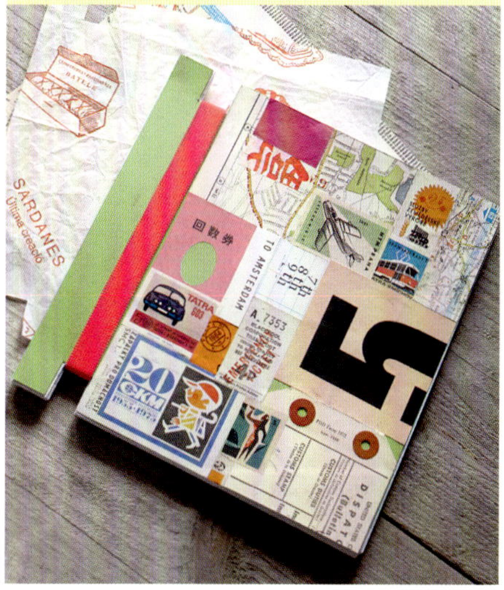

FRÜHLINGSGRUSSKARTE

Seite 116

Originalgröße

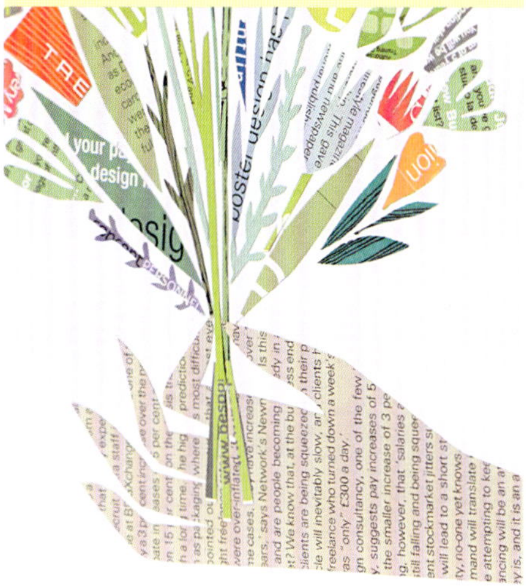

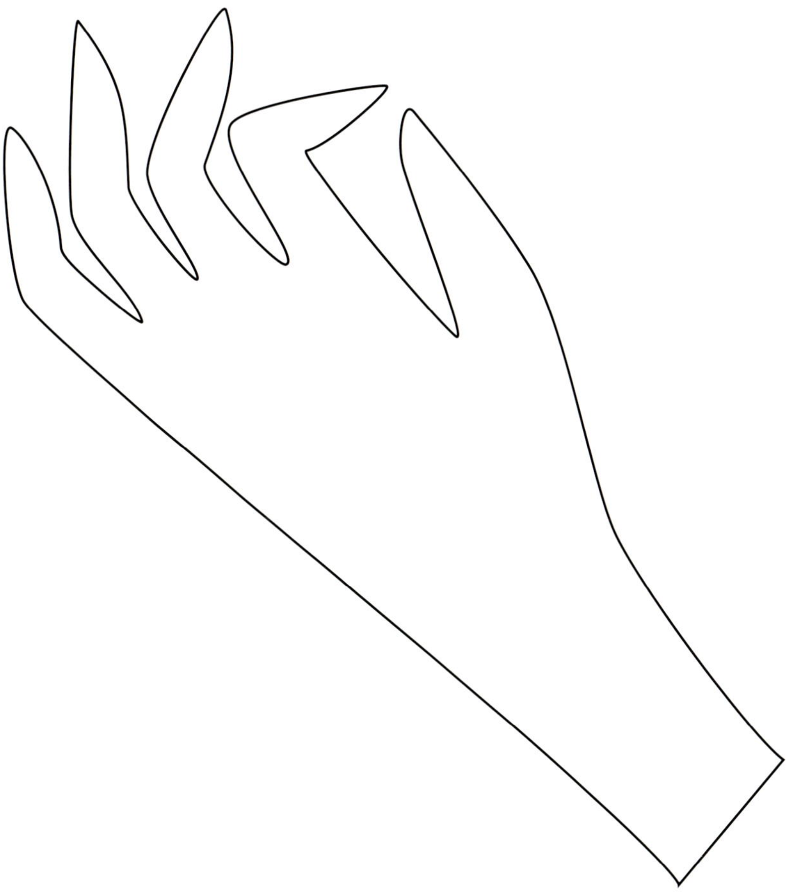

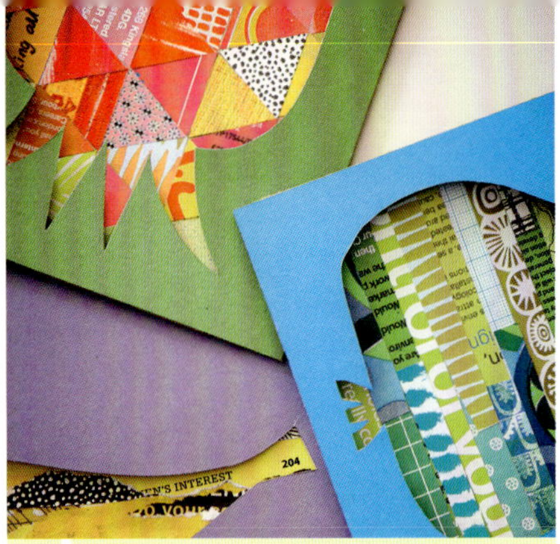

FRUCHTIGE GRÜSSE

Seite 81

Originalgröße

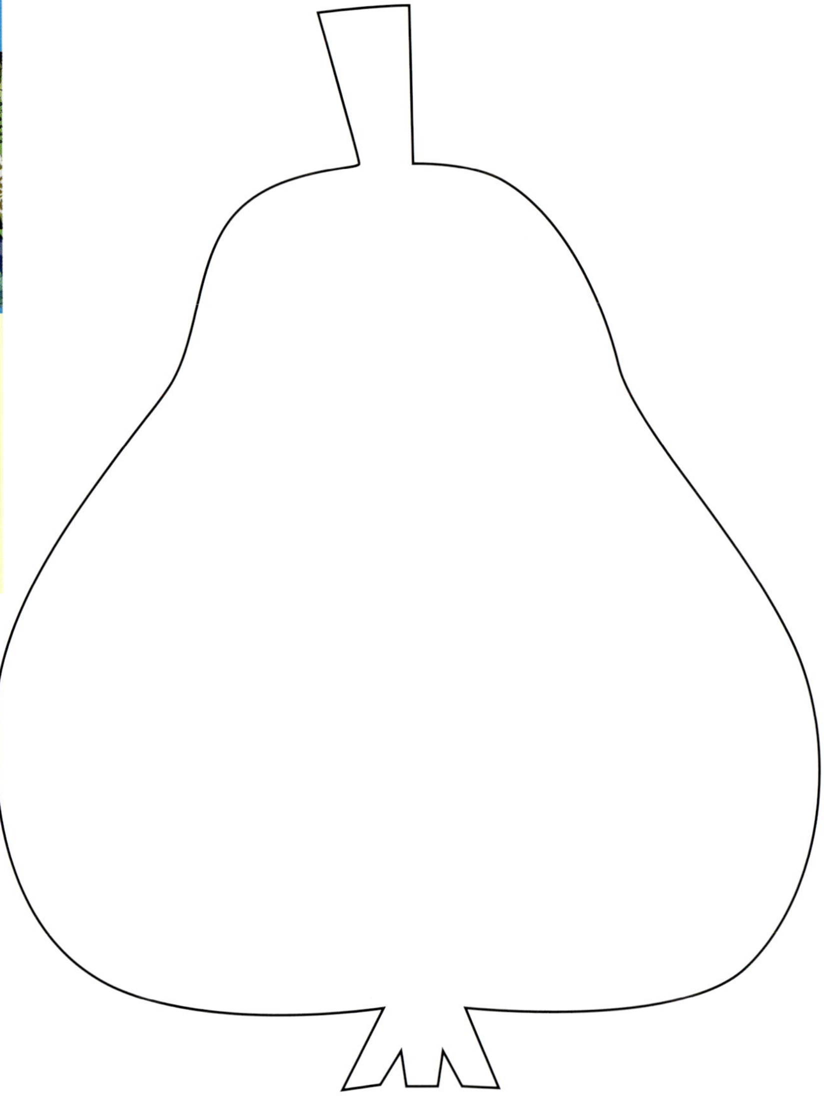

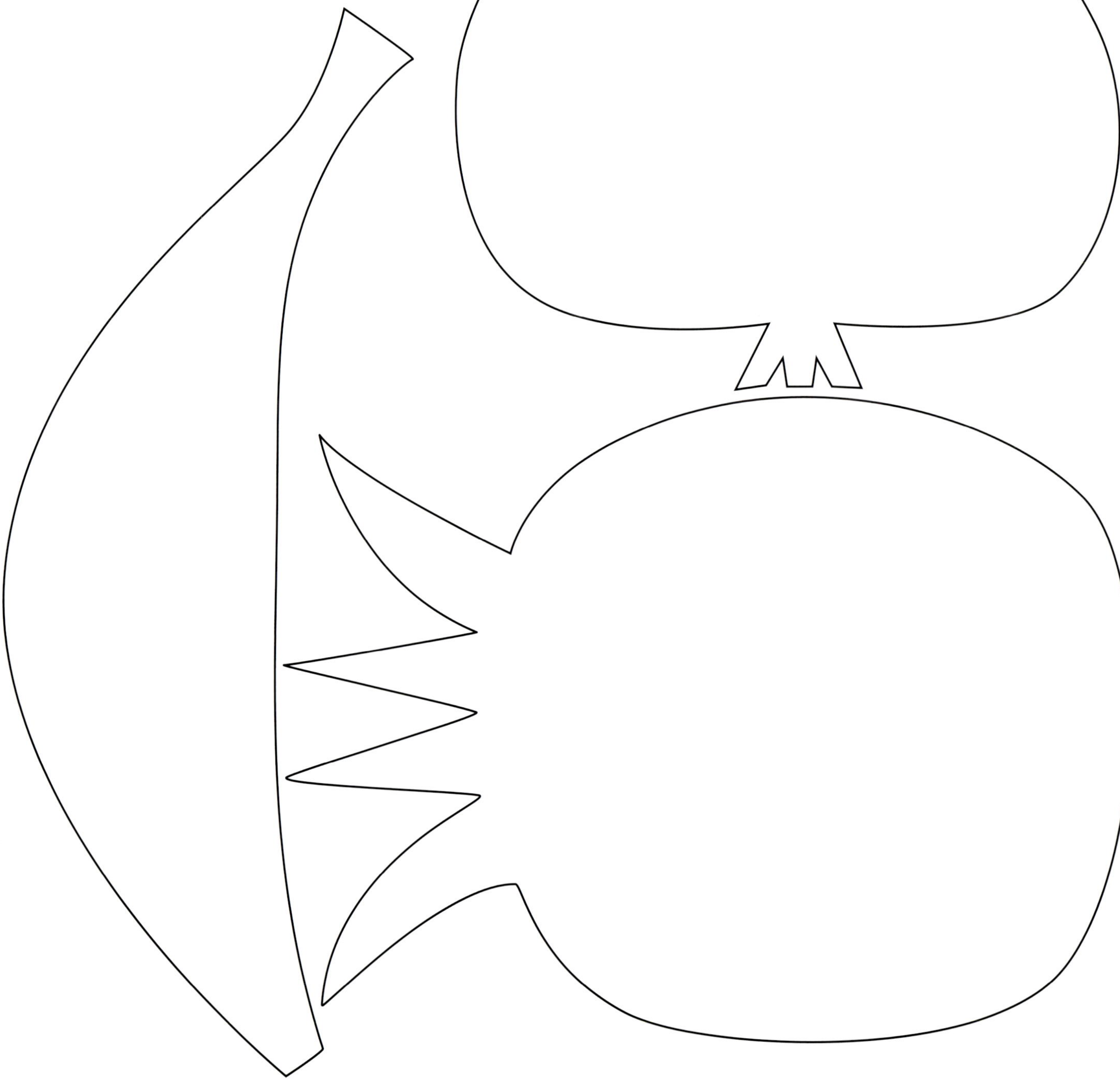

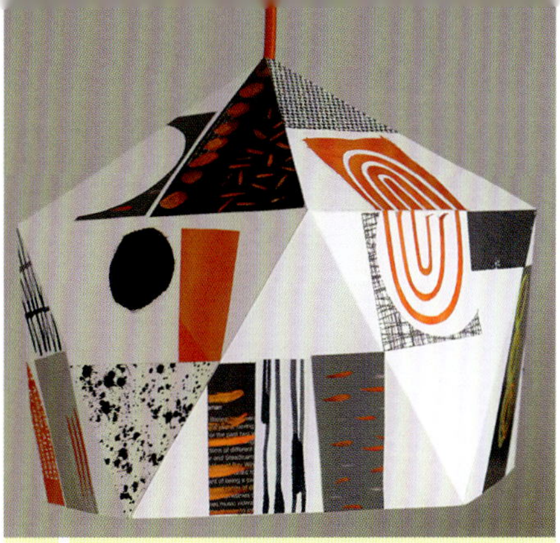

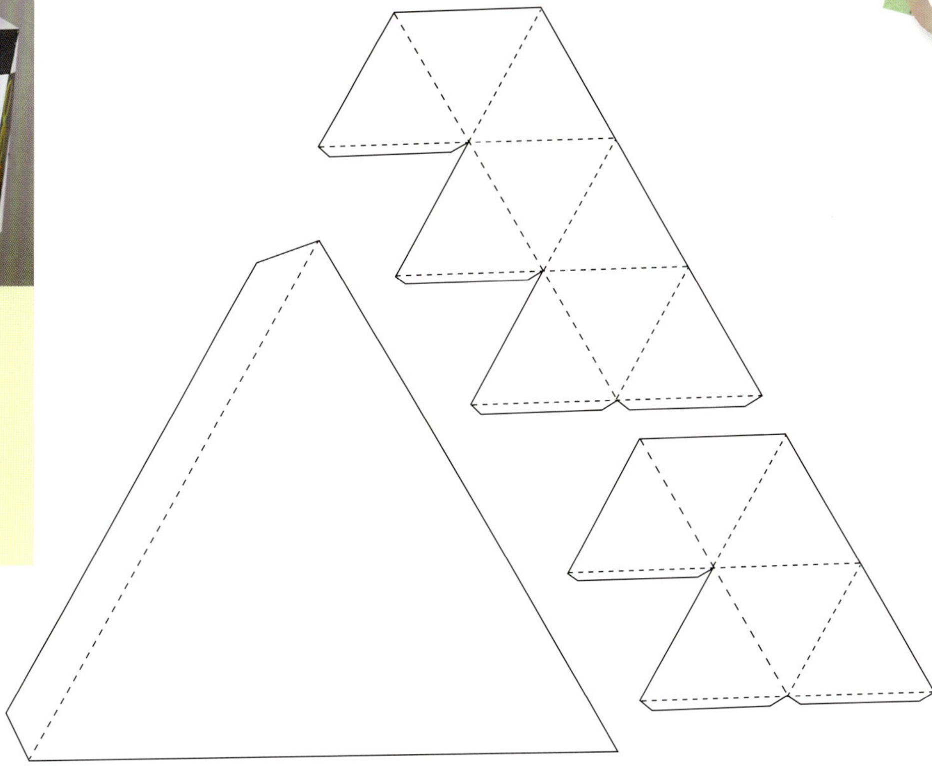

SELBST GEMACHTER LAMPENSCHIRM

Seite 106

Abbildung um 200 % vergrößern

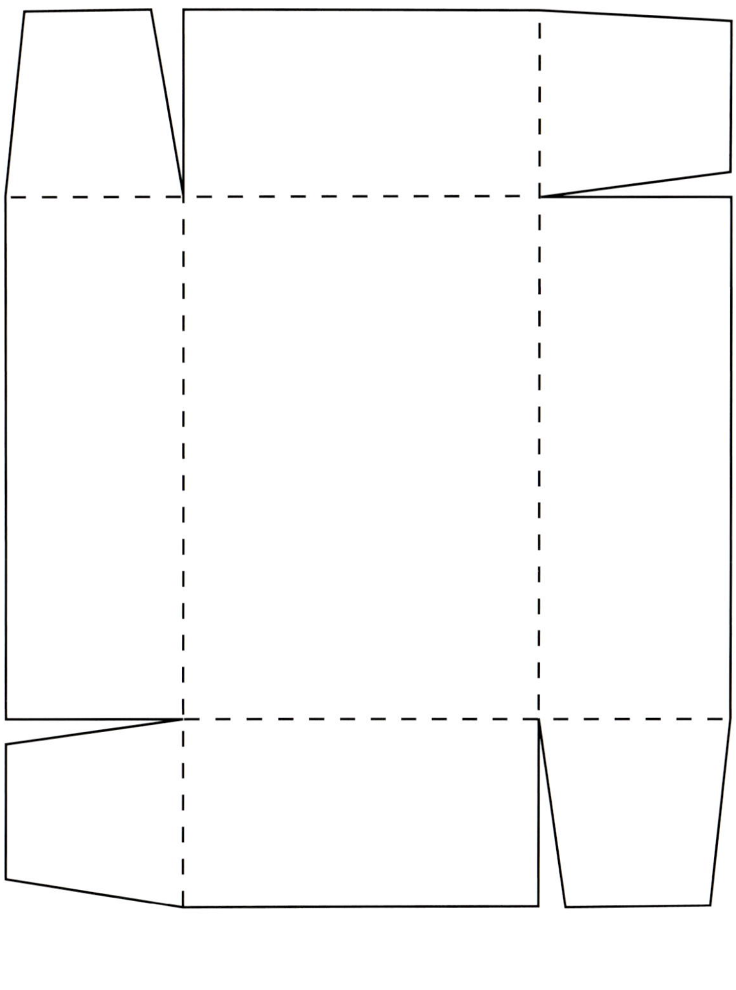

KLEINE SCHACHTELN

Seite 39

Originalgröße

WILDE TIERCOLLAGEN (VOGEL)

Seite 66

Originalgröße

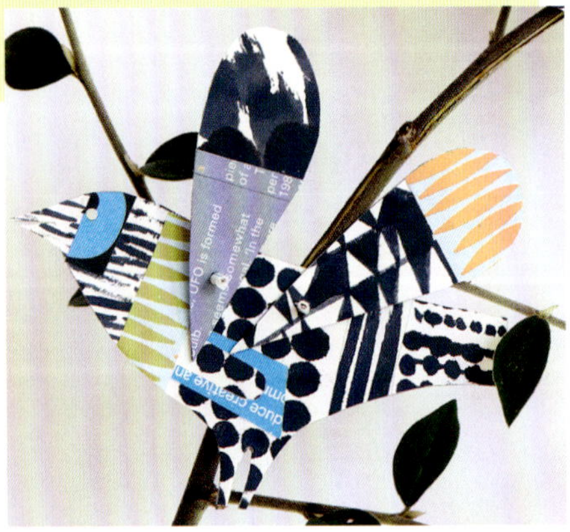

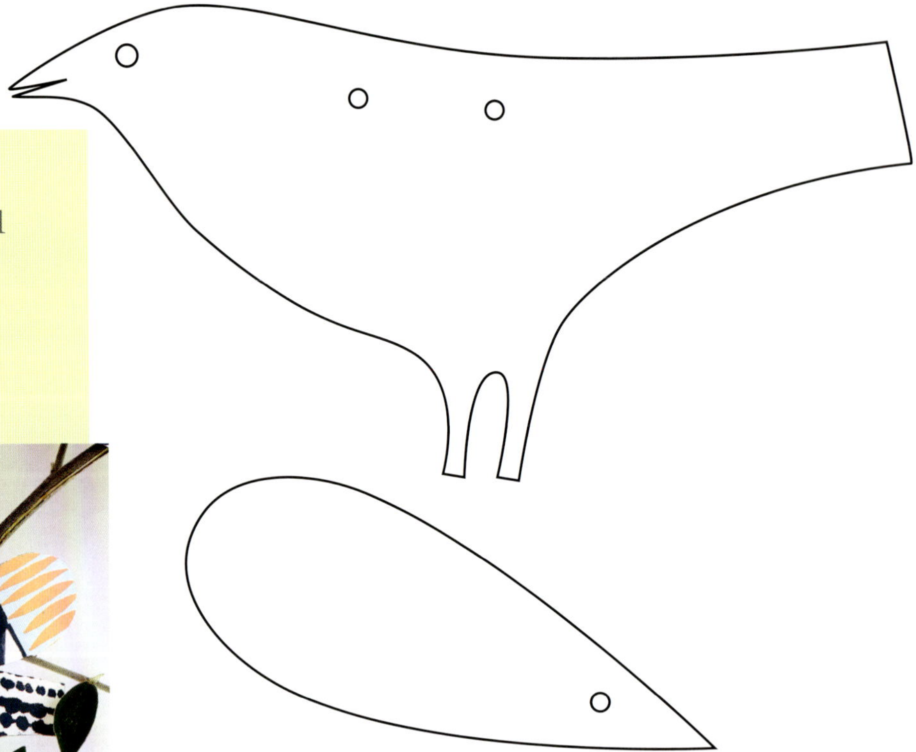

WILDE TIERCOLLAGEN (TIGER)

Seite 66

Abbildung um 200 % vergrößern

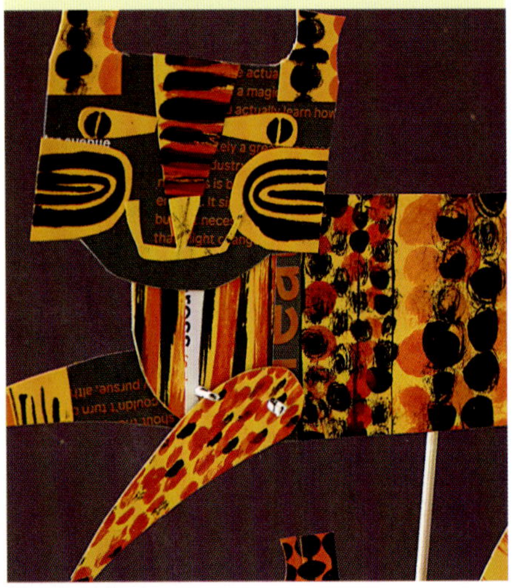

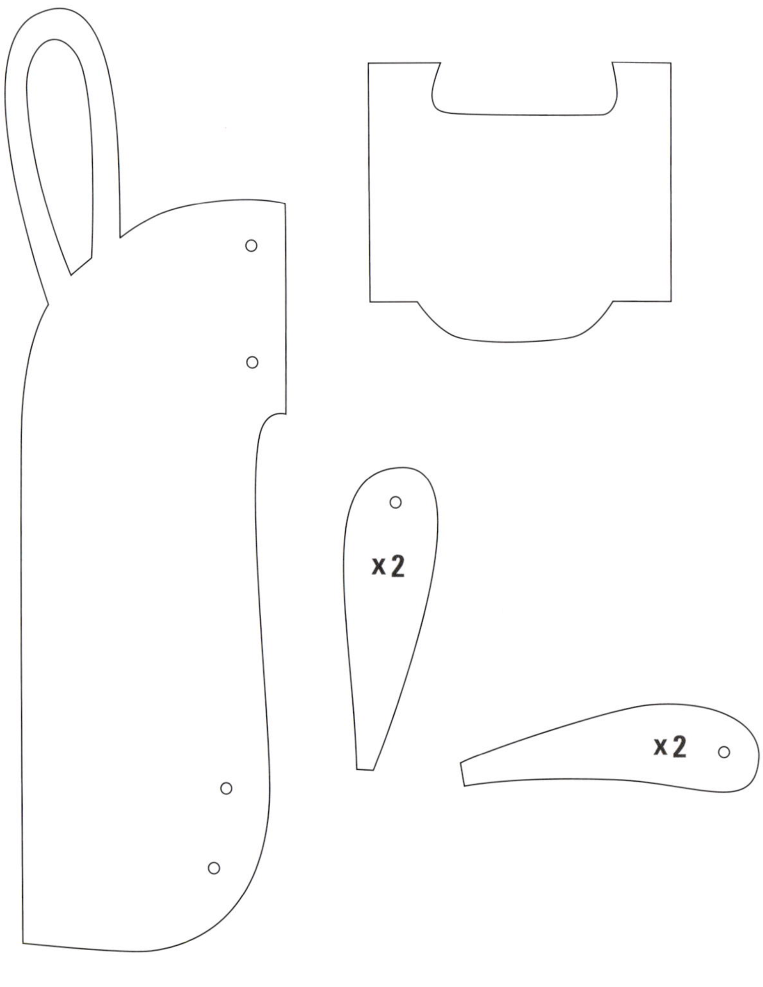

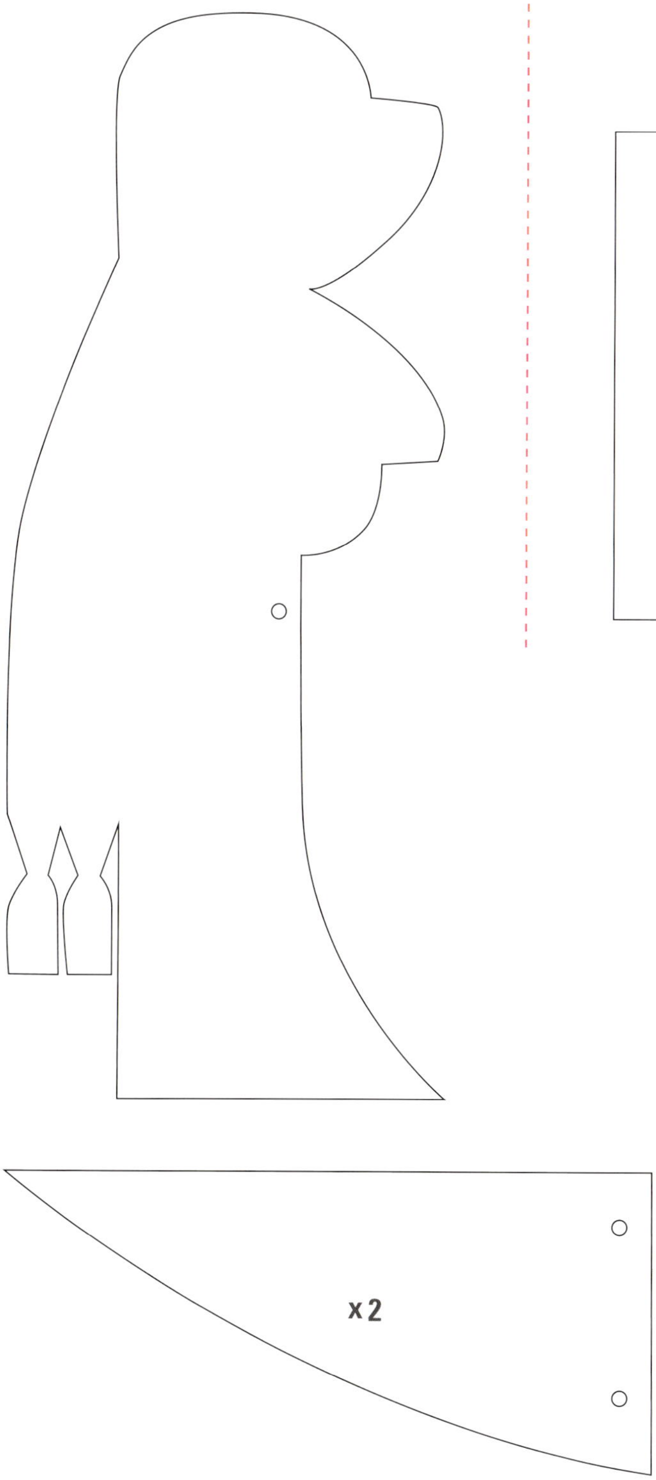

KOMMODE IN COLLAGE-TECHNIK

Seite 30

Abbildung um 200 % vergrößern

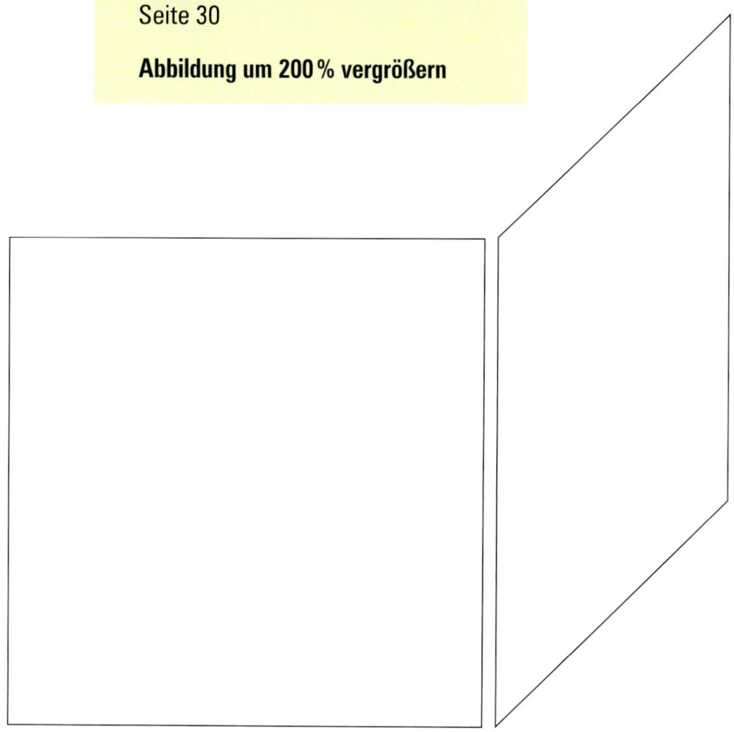

WILDE TIERCOLLAGEN (EULE)

Seite 66

Abbildung um 200 % vergrößern

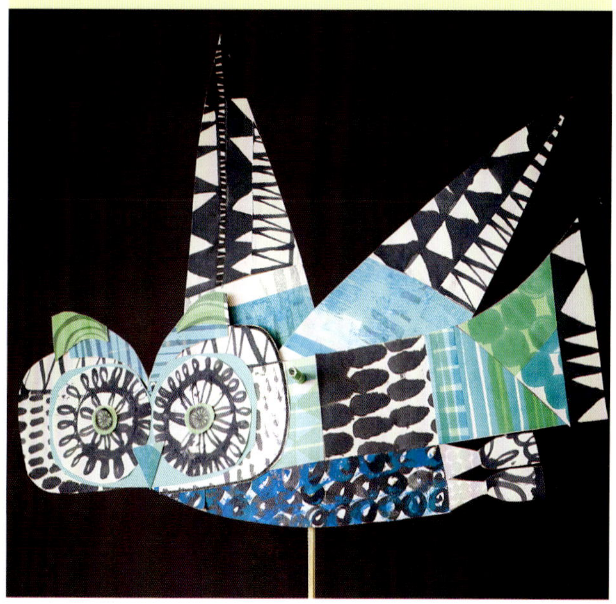

BEZUGSQUELLEN

Boesner
Deutschland: www.boesner.com
Schweiz: www.boesner.ch
Österreich: www.boesner.at
Fachhändler für Künstler-, Buchbinder- und Kunsthandwerksbedarf mit großer Auswahl sowie einem umfangreichen Papier-Sortiment

Buch-Kunst-Papier
www.buch-kunst-papier.de
Online-Shop für Buchbinderbedarf, reichhaltiges Sortiment an unterschiedlichen Papieren

Gerstäcker
Deutschland: www.gerstaecker.de
Schweiz: www.gerstaecker.ch
Österreich: www.gerstaecker.at
Fachhändler für Künstler- und Kunsthandwerksbedarf

Idee. Der Kreativmarkt
www.idee-shop.com
Kreativ-Shop für Bastel-, Hobby- und Künstlerbedarf; Foto Patch Transfer Medium

Kreativ-Depot
www.kreativ-depot.de
Transparente Farbe zum Malen auf Glas, Kunststoff und Papier (Creall-trans)

Modulor
www.modulor.de
Online-Shop für Design, Architektur, Modellbau, DIY, Kunst und Papeterie

Simplydeko
www.simplydeko.de
Washi-Tape, Motivstempel

Lizenzfreie Bilddatenbanken
https://picjumbo.com
https://pixabay.com/de/
www.pixelio.de
Zum Herunterladen und zur Verwendung lizenzfreier Bilder, siehe Seite 20

REGISTER

DANKSAGUNG

Es war schon immer mein Wunsch, ein Buch über eines meiner Lieblingsthemen, die Collage, zu schreiben. Daher bin ich überglücklich, dass CICO BOOKS mir genau das ermöglicht hat. Die Arbeit mit dem gesamten Team ist immer wieder eine Freude für mich, und dafür möchte ich jedem Einzelnen danken. Mein besonderer Dank geht an Cindy, Penny, Sally und Kerry. Danke an Carmel, der für einen reibungslosen Ablauf sorgte, und an Anne für ihre Unterstützung während der Schlussredaktion. Danke auch an Anna Southgate für die sorgfältige Bearbeitung und ihren Blick fürs Detail. Ebenso möchte ich Elizabeth Healey für das wunderschöne Design sowie Johanna Henderson für die großartigen Fotografien danken. Meinem liebevollen Ehemann, Ian, verdanke ich, dass aus meinen Rohentwürfen wundervolle Kunstwerke entstanden sind. Und wie immer danke ich auch Ian, Milly, Florence, Henrietta und Harvey für all ihre Unterstützung, ihre Motivation und ihre wertvollen Ratschläge.